西安财经大学丝绸之路经济带（中亚）农业国际合作与发展研究中心系列成果

吉尔吉斯斯坦农业
（1991—2021）

宁泽逵　张学会　苏珊珊　张文静　景琴玲
[吉尔吉斯斯坦] 阿米娜　著

中国财经出版传媒集团
中国财政经济出版社

图书在版编目（CIP）数据

吉尔吉斯斯坦农业.1991—2021/宁泽逵等著.--北京：中国财政经济出版社，2021.11
ISBN 978-7-5223-0808-1

Ⅰ.①吉⋯　Ⅱ.①宁⋯　Ⅲ.①农业经济史-吉尔吉斯斯坦-1991-2021　Ⅳ.①F336.49

中国版本图书馆CIP数据核字（2021）第192440号

责任编辑：彭　波　　　　　责任印制：史大鹏
封面设计：卜建辰　　　　　责任校对：徐艳丽

中国财政经济出版社　出版

URL：http://www.cfeph.cn
E-mail：cfeph@cfeph.cn

（版权所有　翻印必究）

社址：北京市海淀区阜成路甲28号　邮政编码：100142
营销中心电话：010-88191522
天猫网店：中国财政经济出版社旗舰店
网址：https://zgczjjcbs.tmall.com
北京财经印刷厂印刷　各地新华书店经销
成品尺寸：170mm×240mm　16开　16.75印张　220 000字
2021年11月第1版　2021年11月北京第1次印刷
定价：68.00元
ISBN 978-7-5223-0808-1
（图书出现印装问题，本社负责调换，电话：010-88190548）
本社质量投诉电话：010-88190744
打击盗版举报热线：010-88191661　QQ：2242791300

内容简介

本书对吉尔吉斯斯坦自 1991 宣布独立以来的 30 年农业发展历史进行了梳理分析。主要包括三大部分合计 10 章研究内容，第一部分为吉尔吉斯斯坦农业地理环境、资源及人口（即第 1 章和第 2 章），第二部分为吉尔吉斯斯坦农业生产、组织、贸易、流动、政策法规及科技推广（即第 3 章至第 9 章），第三部分为吉尔吉斯斯坦农业国际合作（即第 10 章）。本书的目的在于遵循农业经济学与计量史学基本原理与方法，通过系统收集、梳理及分析近 30 年来吉尔吉斯斯坦农业发展实践资料，以期实现对吉尔吉斯斯坦农业发展现状、主要经验及可能教训的总结与提炼。

本书适合从事国别和区域研究的学者、外国农业经济学教学研究的教师、政府相关决策部门工作人员、从事农产品国际贸易领域人员、农业企业经营者和其他对吉尔吉斯斯坦学界合作研究或商界投资贸易感兴趣的读者参考。

Summary

The book analyzes the agricultural development history of Kyrgyzstan in the 30 years since it declared independence in 1991. It mainly consists of three parts and a total of 10 chapters. The first part is about the agricultural geographical environment, resources and population of Kyrgyzstan (chapter 1 and 2), and the second part aims to introduce the agricultural production, organizations, trades, marketing, policies and regulations, and scientific and technological promotion of Kyrgyzstan (chapter 3 to Chapter 9). The third part focuses on the international agricultural cooperation in Kyrgyzstan (Chapter 10). The purpose of this book is to summarize and extract the present situation, main experience and possible lessons of agricultural development in Kyrgyzstan by systematically collecting, sorting and analyzing the practical data of agricultural development in Kyrgyzstan in the past 30 years in accordance with the basic principles and methods of *Agricultural Economics* and *Econometric History*.

This book is suitable for scholars engaged in national and regional research, faculties of agricultural economics teaching and research around foreign countries, staff of relevant government decision – making departments, personnel engaged in the field of international trade of agricultural products, agricultural businessmen and other readers interested in academic cooperation or business investments and trade in Kyrgyzstan.

Резюме

Эта книга посвящена тридцатилетней истории развития сельского хозяйства Кыргызстана с момента провозглашения Независимости страны в 1991 году. Она разделена на три части и состоит из десяти глав: первая часть книги охватывает первую и вторую главы, посвященные географии, окружающей среде, ресурсам и населению Кыргызстана; вторая часть, охватывает с третьей по девятую главы, в которых рассматриваются сельскохозяйственное производство, организация сельского хозяйства, торговля и маркетинг сельскохозяйственной продукции, сельскохозяйственная политика, распространение и продвижение сельскохозяйственной науки и техники; последняя, третья часть книги, включает в себя десятую главу, посвященную межнациональному сотрудничеству в области сельского хозяйства Кыргызстана, в особенности сотрудничество между Кыргызстаном и Китаем. Основываясь на теории и методологии экономики сельского хозяйства и эконометрической истории, целью данной книги является сделать выводы и конкретизировать определенный опыт, составить уроки и понять логику 30 – летнего развития сельского хозяйства Кыргызстана с помощью систематического сбора анализа данных.

Она может быть полезна и интересна следующим читателям: исследователям, изучающим страны или области, преподавателям колледжей, обучающим экономику сельского хозяйства за рубежом, государственным служащим, занимающимся международной торговлей, бизнесменам, ведущим международную торговлю сельскохозяйственной продукцией, сельскохозяйственным предпринимателям или семейным фермерам, потенциальным инвесторам, интересующимся сельским хозяйством Кыргызстана и другим представителям академической науки, проводящим совместные исследования с Кыргызстаном в будущем.

序

2021年7月12日早上8点，我已经起床，正靠着新加坡莱佛士大酒店的窗户，爽爽地沐浴着来自印度洋和太平洋交汇交融后的晨风。突然间微信响起，看到是一个来自中国西安名叫宁泽逵的朋友正新加我好友。我很激动，但显然是有心理准备的。因为几天前，我的一位正在西安攻读博士学位的吉尔吉斯斯坦好友阿米娜已经通过微信和我谈起，她正和西安的宁泽逵教授团队合作撰写一部关于吉尔吉斯斯坦农业30年的学术著作，希望邀请一个既熟悉中国也精通吉尔吉斯斯坦的学者担任本书的顾问并撰写一个推荐序。我通过了宁泽逵教授的微信好友请求，然后微信响起，接通后，微信那头响起了充满南方口音的中年男子的声音。他简单、精炼、热情地向我介绍起他们团队正在做的工作内容、意义及未来规划等，并邀请我写一个序。通话结束后，我凭窗极目远眺，思绪也随着那个祖国南方的余音飞远了，飞回去了……

我于1996年抵达吉尔吉斯斯坦，从此与这个国家结下了不解之缘，我与爱人在这里成家、立业、生子，这里是我们的第二故乡。2001年，我通过俄罗斯语言文学副博士答辩之后，便受邀在比什凯克人文大学（现更名为比什凯克国立大学）任教，直到 2020 年。同时，协助爱人经营管理吉尔吉斯德隆电视台（我爱人是公司股东之一）。在吉尔吉斯斯坦工作生活 25 年，让我有机会深度融入、系统观察、全面感悟吉尔吉斯斯坦自然风光、民族文化和社会经济发展。在苏联时期的近 70 年里，吉尔吉斯斯坦主要承担了农业生产功能及任务，因此，农业对吉尔吉斯斯坦有着特殊且重要地位。梳理和总结吉尔吉斯斯坦农业发展，有助于系统、全面了解吉尔吉斯斯坦的社会经济发展。从这个意义上讲，本书选题是精准的。

  吉尔吉斯斯坦和中国是传统的山水相连的友好邻邦。中古及以前，两地社会经济交融、民族文化融合：楚河因西汉王朝在此地驻防的将士多为楚人而得名；唐代诗仙李白，更诞生于碎叶城（即今吉尔吉斯斯坦托克马克城西南阿克—贝希姆遗址）。直至今日，中国依然是吉尔吉斯斯坦最重要的贸易来源国。虽是互为地理近邻、贸易频繁的友好邦国，但多数中国民众并不十分了解吉尔吉斯斯坦，多数吉尔吉斯斯坦民众对中国的认知也较为模糊。2013 年 9 月 7 日，中共中央总书记、国家主席习近平在哈萨克斯坦纳扎尔巴耶夫大学发表主题为《弘扬人民友谊 共创美好未来》的重要演讲，提出了共建"丝绸之路经济带"倡议，自此，"一带一路"倡议成为全球重要的政策话语和学术术语。吉尔吉斯斯坦作为"丝绸之路经济带"沿线重要国家之一，应该在共建"一带一路"高质量发展中发挥更大作用。我作为长期旅居吉尔吉斯斯坦的中国人，理应在延拓两国关系，强化两国共识，增进两国友谊中做出更大贡献。因此，自接到宁泽逵教授的微信邀请与拜读其团队书稿开始，思绪就一直无法平静,以宁泽逵教授为首的研究团队通过艰辛努力,系统梳理了吉尔吉斯斯坦农业30年实践经验,这既有利于中国读者了解吉尔吉斯斯坦,也有利于吉尔吉斯斯坦反思自己的农业发展实践。从这个意义上讲,本书的出版从一定程度上弥补了我多年的一个夙愿,当然从学术专业角度,本书更是走在本领域的前列。

我的专业虽然不在农学,也不在农林经济管理,但是,通过阅读本书,我能深深理解该研究的重要现实意义和历史价值。我愿意担任本书的推荐者,以自己绵薄之力,向吉尔吉斯斯坦的朋友推介,向在吉尔吉斯斯坦投资发展的华人朋友推介,向计划到吉尔吉斯斯坦投资创业的华人朋友推介。愿中国和吉尔吉斯斯坦两国友谊长青,愿吉尔吉斯斯坦农业在现代化、高质量发展路上行稳走远,愿吉尔吉斯斯坦优质农产品惠及更多的华人朋友。

陈金玲
2021年8月于吉尔吉斯斯坦·比什凯克

目　　录

第1章　吉尔吉斯斯坦地理环境状况 …………………………… 1

  1.1　国家概况 ……………………………………………………… 2

  1.2　地形地貌 ……………………………………………………… 15

  1.3　气候资源 ……………………………………………………… 20

第2章　吉尔吉斯斯坦农业资源 ……………………………………… 29

  2.1　土地资源 ……………………………………………………… 30

  2.2　水资源 ………………………………………………………… 36

  2.3　农业劳动力资源 ……………………………………………… 40

第3章　吉尔吉斯斯坦农业生产结构及其变迁 ………………… 45

  3.1　种植业 ………………………………………………………… 47

  3.2　畜牧业 ………………………………………………………… 56

  3.3　林业 …………………………………………………………… 60

第4章　吉尔吉斯斯坦农业政策体系及其变迁 ………………… 63

  4.1　农业政策体系及其演变 ……………………………………… 64

  4.2　农业土地政策 ………………………………………………… 71

  4.3　农业税收政策 ………………………………………………… 79

4.4　农业补贴政策 ………………………………………… 83
　　4.5　农业金融政策 ………………………………………… 88
　　4.6　农产品价格政策 ……………………………………… 90

第5章　吉尔吉斯斯坦农业经济组织及其演变 …………………… 95
　　5.1　独立前的农业经济组织 ……………………………… 96
　　5.2　独立后过渡期农业经济组织 ………………………… 98
　　5.3　过渡期后农业经济组织演变 ………………………… 108

第6章　吉尔吉斯斯坦农产品流通与加工 ………………………… 117
　　6.1　农产品流通与加工体系的演变 ……………………… 118
　　6.2　主要农产品的加工和流通 …………………………… 129
　　6.3　农产品流通及加工主要政策法规 …………………… 139

第7章　吉尔吉斯斯坦农产品消费 ………………………………… 143
　　7.1　农产品的消费现状 …………………………………… 144
　　7.2　主要农产品消费的演变 ……………………………… 153
　　7.3　影响农产品消费的主要因素 ………………………… 160

第8章　吉尔吉斯斯坦农产品贸易现状及趋势 …………………… 171
　　8.1　农产品贸易发展概况 ………………………………… 172
　　8.2　农产品出口贸易 ……………………………………… 179
　　8.3　农产品进口贸易 ……………………………………… 185
　　8.4　与中国农产品贸易竞争性与互补性分析 …………… 190

第9章　吉尔吉斯斯坦农业科研机构 ……………………………… 199
　　9.1　农业科研机构概况 …………………………………… 200
　　9.2　农业科研机构的演变历程 …………………………… 202

9.3　各农业科研机构的职能定位及作用发挥 …………… 203

第10章　吉尔吉斯斯坦农业国际合作 ……………………… 207

10.1　农业国际合作现状概述 ………………………………… 208
10.2　与国际组织及主要国家农业国际合作基本概况 ……… 209
10.3　中吉两国农业合作情况 ………………………………… 215
10.4　加强中吉两国农业合作的建议 ………………………… 219

参考文献 ………………………………………………………… 224
附录　吉尔吉斯斯坦 FARM. KG 项目：农业经营新探索 ……… 232
后记 ……………………………………………………………… 238

Contents

Chapter 1　Geography and Environment on Kyrgyzstan ············ 1

   1.1　Mainly Introduction of Kyrgyzstan ···························· 2
   1.2　Topography and Geomorphology ···························· 15
   1.3　Climate Resources ·· 20

Chapter 2　Agricultural Resources of Kyrgyzstan ················ 29

   2.1　Land Resources ··· 30
   2.2　Water Resources ··· 36
   2.3　Agricultural Labor Resources ····································· 40

Chapter 3　Agricultural Production Structure and Its Changes in Kyrgyzstan ················ 45

   3.1　Crop Farming ·· 47
   3.2　Stock Farming ··· 56
   3.3　Forestry ··· 60

Chapter 4　Agricultural Policy System and Its Changes in Kyrgyzstan ················ 63

   4.1　Agricultural Policy System and Its Evolution ············· 64
   4.2　Agricultural Land Policy ··· 71

4.3　Agricultural Tax Policy ………………………………… 79
4.4　Agricultural Subsidy Policy ……………………………… 83
4.5　Agricultural Financial Policy ……………………………… 88
4.6　Price Policy for Agricultural Products ………………………… 90

Chapter 5　Agricultural Economic Organization and Its Evolution in Kyrgyzstan ……………………………… 95

5.1　Agricultural Economic Organizations: before 1991 ……… 96
5.2　Changes in Agricultural Economic Organizations during the Transitional Period: 1991–1995 ………………………… 98
5.3　Evolution of Agricultural Economic Organizations after Transitional Period: after 1995 ……………………… 108

Chapter 6　Processing and Marketing of Agricultural Product of Kyrgyzstan ……………………………… 117

6.1　Evolution of Processing and Marketing of Agricultural Products ………………………………………………… 118
6.2　Processing and Marketing of Major Agricultural Products ………………………………………………… 129
6.3　Main Policies and Regulations on Processing and Marketing of Agricultural Products ……………………………… 139

Chapter 7　Consumption of Agricultural Products in Kyrgyzstan ……………………………… 143

7.1　Consumption Status of Agricultural Products …………… 144
7.2　Consumption Changes of Major Agricultural Products …… 153
7.3　Main Factors Affecting the Consumption of Agricultural Products ………………………………………………… 160

Contents

Chapter 8 Trade Status and Trend of Agricultural Products in Kyrgyzstan 171

    8.1 Overview of Trade in Agricultural Products 172

    8.2 Export Trade of Agricultural Products 179

    8.3 Import Trade of Agricultural Products 185

    8.4 Analysis of Trade Competitiveness and Complementarity of Agricultural Products with China 190

Chapter 9 Agricultural Research Institutes of Kyrgyzstan 199

    9.1 Overview of Agricultural Research Institutions 200

    9.2 Evolution of Agricultural Research Institutions 202

    9.3 Functional Orientation and Role of Agricultural Research Institutes 203

Chapter 10 International Cooperation in Agriculture in Kyrgyzstan 207

    10.1 Overview of Current Situation of International Agricultural Cooperation 208

    10.2 Overview of International Agricultural Cooperation with International Organizations and Major Countries 209

    10.3 Agricultural Cooperation between China and Kyrgyzstan 215

    10.4 Suggestions on Strengthening Agricultural Cooperation between China and Kyrgyzstan 219

References 224

Appendix Kyrgyzstan FARM. KG Project：A New Try on Agriculture Business ··· 232

Postscript ··· 238

Содержание

Глава 1 География и окружающая среда Кыргызстана ········ 1

   1.1 Общее представление Кыргызстана ············· 2

   1.2 Топография и геоморфология ················ 15

   1.3 Климатические ресурсы ···················· 20

Глава 2 Сельскохозяйственные ресурсы Кыргызстана ········ 29

   2.1 Земельные ресурсы ······················· 30

   2.2 Водные ресурсы ························· 36

   2.3 Сельскохозяйственные трудовые ресурсы ·········· 40

Глава 3 Структура сельскохозяйственного производства и ее изменения в Кыргызстане ···················· 45

   3.1 Растениеводства ························· 47

   3.2 Животноводство ························· 56

   3.3 Лесное хозяйство ························ 60

Глава 4 Система сельскохозяйственной политики и ее изменения в Кыргызстане ···················· 63

   4.1 Система сельскохозяйственной политики и ее эволюция ···························· 64

	4.2	Сельскохозяйственная земельная политика ·········	71
	4.3	Сельскохозяйственная налоговая политика ·········	79
	4.4	Политика субсидирования сельского хозяйства ······	83
	4.5	Сельскохозяйственная финансовая политика ········	88
	4.6	Ценовая политика на сельскохозяйственную продукцию ·······································	90
Глава 5		Сельскохозяйственная экономическая организация и ее эволюция в Кыргызстане ···················	95
	5.1	Сельскохозяйственные экономические организации: до периода независимости 1991 года ·············	96
	5.2	Изменения в сельскохозяйственных экономических организациях в переходный период: 1991 – 1995 годы ·····································	98
	5.3	Эволюция сельскохозяйственных экономических организаций после переходного периода: после 1995 года ····································	108
Глава 6		Переработка и сбыт сельскохозяйственной продукции Кыргызстана ·························	117
	6.1	Эволюция переработки и сбыта сельскохозяйственной продукции ·································	118
	6.2	Переработка и сбыт основных сельскохозяйственных продуктов ···································	129
	6.3	Основная политика по переработке и сбыту сельскохозяйственной продукции ···············	139

Содержание

Глава 7 Потребление сельскохозяйственной продукции в Кыргызстане ⋯⋯ 143

7.1 Состояние потребления сельскохозяйственной продукции ⋯⋯ 144

7.2 Изменения в потреблении основных сельскохозяйственных продуктов ⋯⋯ 153

7.3 Основные факторы, влияющие на потребление сельскохозяйственной продукции ⋯⋯ 160

Глава 8 Состояние торговли и тенденций сельскохозяйственной продукции в Кыргызстане ⋯⋯ 171

8.1 Обзор торговли сельскохозяйственной продукцией ⋯⋯ 172

8.2 Экспортная торговля сельскохозяйственной продукцией ⋯⋯ 179

8.3 Импортная торговля сельскохозяйственной продукцией ⋯⋯ 185

8.4 Анализ конкурентоспособности торговли и совместимости сельскохозяйственной продукции с Китаем ⋯⋯ 190

Глава 9 Институты сельскохозяйственных исследований Кыргызстана ⋯⋯ 199

9.1 Обзор сельскохозяйственных научно-исследовательских институтов ⋯⋯ 200

9.2 Процесс эволюции сельскохозяйственных научно-исследовательских институтов ⋯⋯ 202

9.3 Функциональная ориентация и роль сельскохозяйственных научно-исследовательских институтов ⋯⋯ 203

Глава 10　Международное сотрудничество сельского хозяйства
　　　　　 в Кыргызстане ················ 207

　　10.1　Обзор текущего положения в области международного
　　　　　сельскохозяйственного сотрудничества ············ 208

　　10.2　Обзор международного сельскохозяйственного
　　　　　сотрудничества с международными организациями и
　　　　　основными странами ················ 209

　　10.3　Сельскохозяйственное сотрудничество между Китаем
　　　　　и Кыргызстаном ················ 215

　　10.4　Предложения по укреплению сельскохозяйственного
　　　　　сотрудничествамежду Китаем и Кыргызстаном ······ 219

Библиография ················ 224

Приложение　Проект FARM. KG Кыргызстан: Новая форма в
　　　　　　 ведении сельскохозяйственного бизнеса ········ 232

Эпилог ················ 238

吉尔吉斯斯坦农业
（1991—2021）
Chapter 1

第1章　吉尔吉斯斯坦地理环境状况

吉尔吉斯共和国（Kyrgyz Republic，Кыргызская Республика）通称"吉尔吉斯斯坦"（Kyrgyzstan，Кыргызстан），原是苏联一个加盟共和国。1990年12月15日，发表"主权宣言"。1991年8月31日，宣布独立。1992年3月2日，加入联合国，成为国际社会的一员。"吉尔吉斯斯坦"在突厥语中是"吉尔吉斯人的国家"或"吉尔吉斯人生活的地方"的意思。关于"吉尔吉斯"的族名来源众说纷纭，莫衷一是。有人说，"吉尔吉斯"是指"四十'百户'"，也就是"四十个部落"；有人说，"吉尔吉斯"是指"四十个姑娘"；有人把"吉尔吉斯"解释为"草原人"；也有人认为"吉尔吉斯"是"黑头发人"的意思（刘庚岑、徐小云，2010）。本章主要宏观介绍吉尔吉斯斯坦地理环境类背景知识，为深化对吉尔吉斯斯坦农业发展的认识打下基础。

1.1 国家概况

吉尔吉斯斯坦位于中亚东北部，是中亚五国之一。吉尔吉斯斯坦东南和东面与中国接壤，两国边境线全长1100多千米，是中国西北最重要的中亚邻国之一，也是"丝绸之路经济带"沿线重要国家之一。行政首府比什凯克市（Bishkek，Бишкек），位于国家北部吉尔吉斯阿拉套山山麓；第二大城市奥什（Osh，Ош），位于国家南部的费尔干纳盆地东南端，被称为"吉尔吉斯斯坦的南方之都"。吉尔吉斯语为国语，俄语为官方语言。吉尔吉斯斯坦货币索姆（som，сом）是吉尔吉斯共和国的法定货币，1索姆可分为100提因（тыйын）。索姆在1993年5月10日起通用，以1索姆比200卢布的兑换率取代苏联卢布。截至2020年7月15日，1吉尔吉斯斯坦索姆可兑0.0129美元、0.0901元人民币。

1.1.1 中亚及其由来

"中亚"这个概念最早由德国地理学家亚历山大·冯·洪堡（Alexander von Humboldt，1769～1859 年）于 1843 年提出。洪堡认为，"中亚"的地理范围西起里海，东达兴安岭，南自喜马拉雅山，北至阿尔泰山。在俄罗斯文化中，关于"中亚"有两个概念：一个是 Средняя Азия（英语可译成 Middle Asia），是较为狭窄的概念，是指历史上曾经为俄罗斯所统治的位于亚洲中部的非斯拉夫人居住的地区；另一个是 Центральная Азия（英语可译成 Central Asia），范围较为广泛，即指亚洲中部地区而不论这些地区是否曾受俄罗斯统治。甚至，苏联学者认为"中亚"一词专指中亚五个加盟共和国所在地区，即哈萨克斯坦、乌兹别克斯坦、吉尔吉斯斯坦、塔吉克斯坦、土库曼斯坦（周伟洲、丁景泰，2006）。

1993 年，已独立的吉尔吉斯斯坦、乌兹别克斯坦、塔吉克斯坦和土库曼斯坦的领导人在塔什干举行会议，宣布中亚地区应当包括哈萨克斯坦在内，并决定放弃原来广泛使用的"Средняя Азия"这一专门术语，而以"Центральная Азия"一词取而代之，以示"新中亚"的诞生。从此，"中亚五国"成了中亚在国际社会最为普遍接受和使用的概念界定（李琪，2015）。

1.1.2 吉尔吉斯斯坦与中亚

吉尔吉斯斯坦地理位置在东经 69°16′～80°10′、北纬 39°11′～43°15′之间，全境东西长 925 千米，南北宽 453.9 千米，总面积 19.99 万平方千米，与中国陕西省省域面积（20.56 万平方千米）几乎相当。吉尔吉斯斯坦北部和东北部接哈萨克斯坦（Kazakhstan，Казахстан），南邻塔吉克斯坦（Tajikistan，Таджикистан），西南毗连乌兹别克斯坦（Uzbekistan，Узбекистан），东南和东面与中国接壤。吉尔吉斯斯坦边界线全长约4503千米，其中，中国和吉尔吉斯斯坦边界线全长1100多千米。

吉尔吉斯斯坦是典型的内陆小国，没有出海口。在中亚五国，其国土面积与总人口规模排第4位，新生婴儿预期寿命与人力资本指数排在第3位（见表1-1）。吉尔吉斯斯坦也是典型的农业国家，农业人口占到总人口比例接近2/3，仅次于塔吉克斯坦；2019年农业增加值占到GDP的11.65%，高于哈萨克斯坦与土库曼斯坦。中国和吉尔吉斯斯坦双边贸易往来频繁，中国是吉尔吉斯斯坦至关重要的贸易对象国，2018年双边贸易总额为63.46亿美元，占到吉尔吉斯斯坦全部对外贸易总额的92.39%。同时，中国和吉尔吉斯斯坦有超过1100千米的国境线，在中亚五国中仅次于中国和哈萨克斯坦国境线。因此，深入研究吉尔吉斯斯坦相关问题，对中国和吉尔吉斯斯坦建构稳健的双边关系具有重要的意义。

表1-1 中亚五国基本情况一览表

指标及单位		国家 吉尔吉斯斯坦	哈萨克斯坦	乌兹别克斯坦	塔吉克斯坦	土库曼斯坦
国土面积（万平方千米）		19.99	272.49	44.89	14.31	49.12
常住人口	总人口（万人）	654.2	1863.22	3403	931.68	566
	农业人口占比（%）[c]	63.65	42.57	49.52	72.87	48.41
民族	民族数量（个）	80多	约140	130多	86	120多
	主体民族人口占比（%）	72.8	65.6	80	80	94.7
新生婴儿预期寿命（岁）[a]		71.40	73.15	71.57	70.88	68.07
世界银行人力资本指数[b]		0.58	0.75	ND[c]	0.53	ND
国内生产总值	GDP总量（亿美元）	84.59	1512.14	583	79	433.30
	人均（美元/人）	1293.03	8115.74	1713.19	847.93	7655.48
	农业增加值占GDP（%）[c]	11.65	4.4	28.79	19.2	9.3
	工业增加值占GDP（%）[c]	27.46	33.5	28.42	27.4	56.97

续表

指标及单位	国家	吉尔吉斯斯坦	哈萨克斯坦	乌兹别克斯坦	塔吉克斯坦	土库曼斯坦
进出口贸易	与全球总额（亿美元）	68.69	747.39	471.51	45.24	134.65
	与中国贸易（亿美元）e	63.46	219.91	72.14	16.74	91.17
与中国边界线长度（千米）		1100多	1770	不接壤	500多	不接壤

资料来源：中国外交部（2020年5月更新）；中国商务部（2020年2月更新）；f.中国海关（2020年1月）；吉尔吉斯斯坦、乌兹别克斯坦、塔吉克斯坦国家统计局；e.一带一路大数据平台（2018年数据）；世界银行数据库.

注：a.本表数据主要是反映了2019年最新的数值信息，但预期寿命数据为2018年的；b.世界银行人力资本指数（HCI）是对由健康与教育构成的人力资本对下一代工人生产力贡献的定量测度，取值为0~1，该指数越大说明人力资本的贡献就越大；c.ND表示无相应数据。

1.1.3 行政区划

吉尔吉斯斯坦目前的行政区划沿袭苏联时期，分为：州、区、市、镇、村。全国共分为7个州2个直辖市，即首都比什凯克市、奥什市，及楚河州、塔拉斯州、伊塞克湖州、奥什州、贾拉拉巴德州、纳伦州、巴特肯州（姜振军、王彩霞、常玮娜，2018）。6个州均与其他国家接壤，其中伊塞克湖州、纳伦州、奥什州与中国的新疆接壤（见图1-1）。

（1）纳伦州（Naryn，Нарынская）。位于吉尔吉斯斯坦东南部，总面积为4.52万平方千米，是吉尔吉斯斯坦最大的州，行政中心是纳伦市；纳伦州下辖5区、1市、63村，共计28.38万人（截至2017年底）。其北部与楚河州相邻，西部与奥什州和贾拉拉巴德州交界，东部与伊塞克湖州接壤，南部和中国毗邻。该州创建几经波折，最早建于1939年11月27日，时名天山州；1962年12月20日被撤销；1970年12月11日再次成立；1988年与伊塞克湖州合并；1990年12月14日与伊塞克湖州分开，恢复为纳伦州。

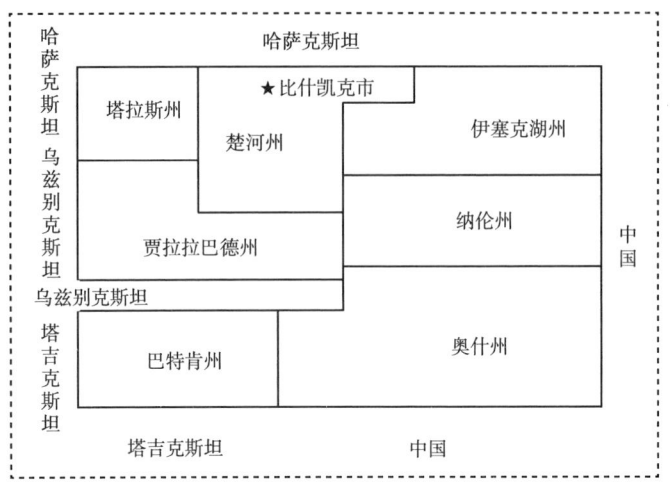

图1-1 吉尔吉斯斯坦地理位置与行政区划示意图

（2）伊塞克湖州（Yssykköl，Иссык-Кульская）。位于吉尔吉斯斯坦东部，总面积为4.31万平方千米，因坐拥吉尔吉斯斯坦最大的内陆湖"伊塞克湖"而得名，行政中心为卡拉科尔市；伊塞克湖州下辖5区、3市、2镇、61村，合计48.3万人（截至2017年底）。其北部和东北部与哈萨克斯坦接壤，西北部、西部和楚河州交界，西南部、南部和纳伦州相邻，东南部、东部和中国毗邻。伊塞克湖州始建于1939年11月21日，20世纪80年代末与纳伦州历经了合并与分开。

（3）贾拉拉巴德州（Dschalalabat，Джалал-Абадская）。位于吉尔吉斯斯坦西南部，总面积为3.37万平方千米，行政中心为贾拉拉巴德市；贾拉拉巴德州下辖8区、8市、7镇、68村，合计119.06万人（截至2017年年底）。其北部与塔拉斯州、楚河州相邻，西部、南部与乌兹别克斯坦接壤，东南部与奥什州相交，东部与纳伦州交界。贾拉拉巴德州始建于1939年11月21日。

（4）奥什州（Osch，Ошская）。位于吉尔吉斯斯坦南部，总面积为2.92万平方千米，行政中心为奥什市；奥什州下辖7区、3市、

88村，合计131.41万人（截至2017年底）。其北部与贾拉拉巴德州相邻，东北部与纳伦州相交，西北部与乌兹别克斯坦接壤，西部与巴特肯州交界，南部、东南部分别与塔吉克斯坦、中国毗邻。奥什州始建于1939年11月21日。

（5）楚河州（Tschüi，Чуйская）。位于吉尔吉斯斯坦北部，总面积为2.02万平方千米，行政中心为楚河市；楚河州下辖8区、7市、1镇、105村，合计92.17万人（截至2017年年底）。其北部、西北部与哈萨克斯坦相邻，西部与塔拉斯州交界，西南部与贾拉拉巴德州相交，南部、东南部分别与纳伦州、伊塞克湖州接壤。楚河州始建于1939年11月21日，当时名为伏龙芝州（Frunze，Фрунзе），1990年改称楚河州，成为吉尔吉斯斯坦直属管辖区。

（6）巴特肯州（Batken，Баткенская）。位于吉尔吉斯斯坦西南部，总面积为1.7万平方千米，行政中心为巴特肯市；巴特肯州下辖3区、6市、1镇、31村，合计51.36万人（截至2017年年底）。其北部与乌兹别克斯坦相邻，西北部、西部、南部与塔吉克斯坦接壤，东部、东南部与奥什州交界，是吉尔吉斯斯坦最为"国际化"的州，3/4的州界线实质上是国际边界线。巴特肯州是吉尔吉斯斯坦最为年轻的州，于1999年10月13日由从奥什州剥离的巴特肯区、卡达姆扎伊区、莱列克区和克孜勒柯雅市、休柳克丘市组建。

（7）塔拉斯州（Talas，Таласская）。位于吉尔吉斯斯坦西北部，总面积为1.14万平方千米，行政中心为塔拉斯市；塔拉斯州下辖4区、1市、37村，合计25.90万人（截至2017年年底）。其北部、西部与哈萨克斯坦相邻，西南部与乌兹别克斯坦接壤，南部与贾拉拉巴德州交界，东部与楚河州相交。塔拉斯州是吉尔吉斯斯坦面积最小的州，始建于1944年6月22日，曾并入楚河州，后于1990年12月恢复州建制。

（8）比什凯克市（Bischkek，Бишкек）。位于吉尔吉斯斯坦北部，总面积为127平方千米，是国家首都所在，合计100.21万人

（截至2017年年底）。比什凯克是中亚地区的古代重镇，是古代丝绸之路其中一条经过天山山脉，贯通西域和中亚草原的要道所经的驿站。建市于1825年，时名皮什佩克；1926年，为纪念生于该市的苏联军事家米·瓦·伏龙芝，改名为伏龙芝；1991年2月5日，改称为比什凯克市。比什凯克在吉尔吉斯语中的意思是"搅拌马奶的棒子"。比什凯克市下设五一区、列宁区、十月区和斯维尔德洛夫区等4个区，以及乔—阿雷克镇和奥尔托—萨伊村。目前比什凯克是区域贸易中心，是与中国、哈萨克斯坦和俄罗斯之间贸易往来的枢纽，拥有中亚地区最大的批发和零售市场。拥有皮什佩克站、比什凯克站、阿拉梅金站三个火车站，西站、东站两个长途汽车站，以及1个飞机场——玛纳斯机场，是中亚地区最大的机场之一。比什凯克市已与中国银川市、武汉市、深圳市结为友好城市。

（9）奥什市（Osch，Ош）。位于吉尔吉斯斯坦南部的费尔干纳盆地的东南端，阿克布拉河出山口附近，总面积为49.3平方千米，是国家第二大城市，第二首都，被称为"吉尔吉斯斯坦的南方之都"，合计28.88万人（截至2017年年底）。奥什市是一座历史悠久的古城，据考古至少有3000年的历史，是丝绸之路重镇，也是伊斯兰教古城，宗教氛围浓厚。1876年，浩罕汗国灭亡后，被纳入俄罗斯帝国版图。现代意义上的奥什市，成立于1939年11月21日，一直担任奥什州的行政中心，下设11个镇。奥什市拥有中亚所有城市当中最大的露天巴扎（即"市场"），市内建有2个火车站、2个汽车站，以及1个飞机场——奥什机场，吉尔吉斯斯坦两大航空港之一。奥什市已与中国佛山市、石家庄市、西安市、兰州市结为友好城市。

1.1.4 人口及结构

（1）人口总量及变化。自1960年以来，吉尔吉斯斯坦总人口整体呈现稳健的增长趋势,从 1960 年不到 220 万人,增至 2018 年逼近 640 万人,至 2020 年 2 月,吉尔吉斯斯坦全国登记的常住人口达到 654.2 万人。就总人口变化趋势而言,1991 年独立后的三年间出现了一个微弱的调整,并于 2007 年步入快速增长的区间。然而,吉尔吉斯斯坦多数国民还是居住在农村地区,如图 1-2 所示。

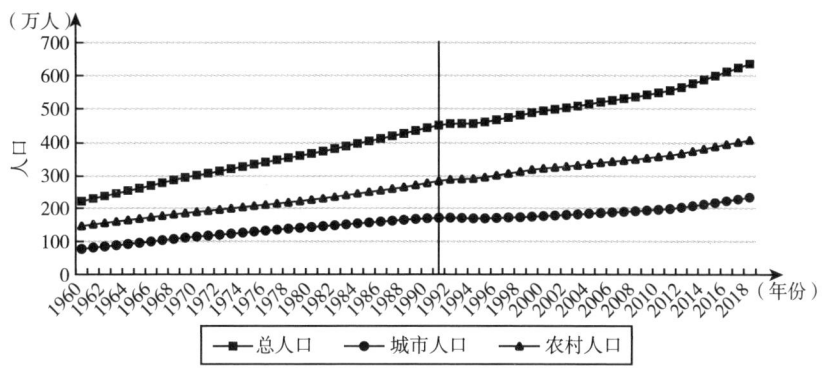

图 1-2　吉尔吉斯斯坦的人口规模及城乡结构变化

资料来源:西安财经大学"一带一路"大数据平台。

(2)人口年龄结构及变化。总体而言,吉尔吉斯斯坦属于尚未进入人口老龄化阶段的国家,65 岁及以上人口占到总人口的比重长期低于 7%,且自 2003 年以来有持续下降的趋势。相应地,15~64 岁年龄段的人口占比长期超过半数,特别是自 2001 年以来一直是高于 60%(见图 1-3)。因此,年轻的吉尔吉斯斯坦人口抚养负担轻,劳动力资源充裕,为国家经济建设准备了充足的人口红利。

(3)城市人口。吉尔吉斯斯坦城市化发展水平较低,城市人口占比长期处于 30%~40%,特别是 1991 年独立以后,城市人口占比呈现下滑趋势,这种趋势直至 2010 年才有所遏制。较低程度的城市化率,却有着极高的人口聚集率,绝大部分城市人口都集中在全国为数不多的几个大城市(见图 1-4),如比什凯克、奥什等。这种城市人口向特大城市聚集的趋势,自独立以后呈现出极为明显的增长态

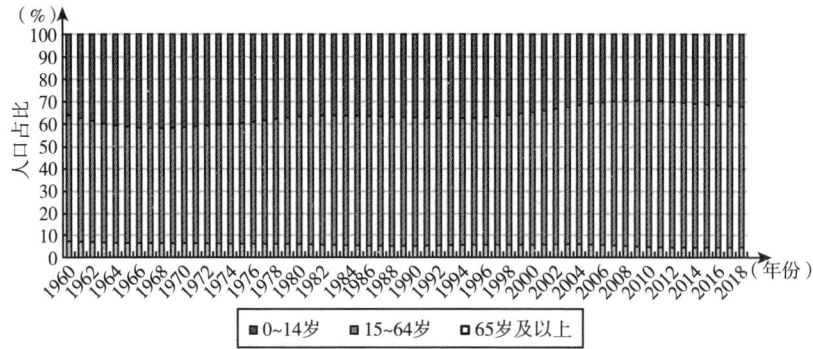

图1-3 吉尔吉斯斯坦的人口年龄结构变化

资料来源：西安财经大学"一带一路"大数据平台。

势，直至2000年才开始调整、回落。据此，推断吉尔吉斯斯坦存在极为明显的城乡二元结构问题。

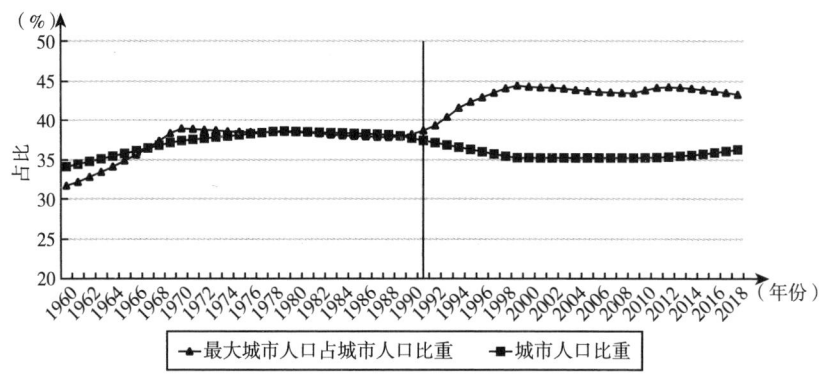

图1-4 吉尔吉斯斯坦的城市人口占比及变化

资料来源：西安财经大学"一带一路"大数据平台。

（4）人口质量。吉尔吉斯斯坦国民教育普及良好，小学总体入学率多数年份实现了100%。高等院校总体入学率偏低，1991年独立前后历经了一个短暂的调整，自1996年开始逐步得到恢复，多数年份能稳定在40%~45%。但2015年以来出现了下滑趋势（见图1-5）。

第1章 吉尔吉斯斯坦地理环境状况

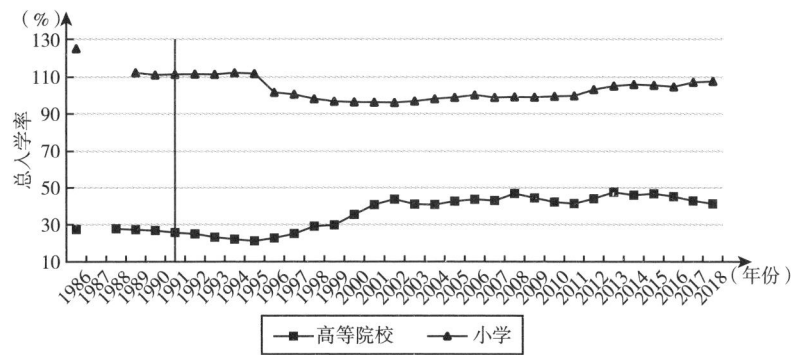

图 1-5 吉尔吉斯斯坦的居民小学、大学总入学率及变化

资料来源：西安财经大学"一带一路"大数据平台。

（5）人口贫困。贫困问题一直困扰着吉尔吉斯斯坦。进入21世纪以来，吉尔吉斯斯坦在推进反贫困工作方面取得了明显成效，国民中贫困发生率整体呈现下滑趋势，特别是以"每日1.90美元标准"衡量的极度贫困人口占比长期接近0；但是，以"每日5.50美元标准"衡量的相对贫困人口占比依然在60%～70%（见图1-6）。因此，吉尔吉斯斯坦的反贫困工作还任重道远。

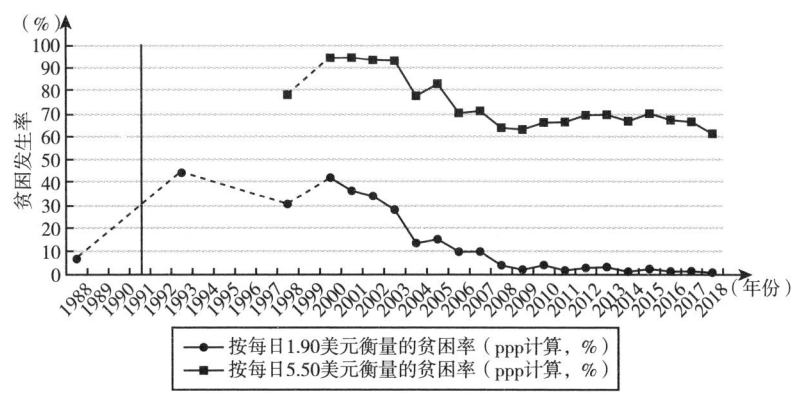

图 1-6 吉尔吉斯斯坦的居民贫困发生率变化

资料来源：西安财经大学"一带一路"大数据平台。

1.1.5 民族及宗教

（1）民族结构。吉尔吉斯斯坦是一个典型的多民族国家，全国共有80多个民族。从截至2020年2月的人口数据发现，吉尔吉斯族占72.8%，乌孜别克族占14.5%，俄罗斯族占6.2%，东干族占1.1%，维吾尔族占0.9%，塔吉克族占0.9%，土耳其族占0.7%，哈萨克族占0.6%，其他为鞑靼、阿塞拜疆、朝鲜、乌克兰等民族（外交部，2020）。自20世纪70年代以来，随着吉尔吉斯人民族意识的增强，俄罗斯人感到自己的文化遭受排斥，引发了以俄罗斯人为代表的欧洲民族族裔的外迁（居努斯，2004），作为国家主体民族的吉尔吉斯人占比稳步提升，特别是1991年独立以后。相对于1991年，目前吉尔吉斯族作为主体民族人口占比大幅度提升了20.5个百分点；俄罗斯族占比相对30年前下降15.3个百分点（见图1-7）。与此同时，东干族人口占比从以前排位第七开外，跃升到当前的第四位，仅次于乌孜别克族。

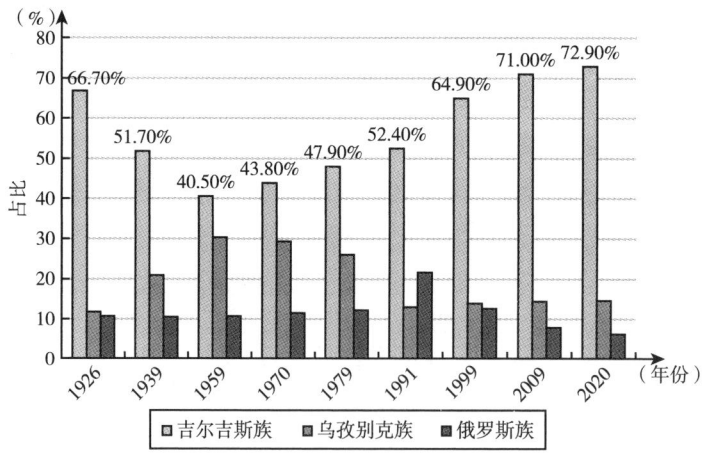

图1-7 吉尔吉斯斯坦三大主要民族人口占比变化

资料来源：作者整理。

（2）东干族及其分布。中亚东干族是清末中国西北回族移民的后裔，属中亚地区特有的华裔少数民族（王国杰，1997）。据统计，中亚东干族聚集点共有25处，总人口超过14万人，其中位于哈萨克斯坦境内的10处，约7万人；位于吉尔吉斯斯坦境内的14处，约6.8万人；位于乌兹别克斯坦境内的1处，约0.4万人（魏鹏等，2018）。吉尔吉斯斯坦作为中亚东干族的重要居住地之一，其境内东干族主要分布在比什凯克市、奥什市、纳伦市、托克马克市、卡拉科尔市（见表1-2）。

表1-2　吉尔吉斯斯坦境内东干族聚落及空间分布

序号	聚居点	人口（千人）	祖籍来源地	最近距离城市		最近聚居点	
				名称	距离（千米）	名称	距离（千米）
1	萨多维村	2.5	陕西和甘肃、新疆	比什凯克	49.72	坎不隆	7.69
2	纳伦市	4.0	陕西和甘肃、新疆	纳伦市	0.34	纳伦	150.99
3	比什凯克市	7.2	陕西和甘肃、新疆	比什凯克	12.46	托克马克	10.37
4	奥什市	2.2	青海、新疆	奥什	0.86	伊斯克拉	273.86
5	伊万诺夫卡村	6.0	青海、新疆	比什凯克	24.58	稻地村（哈萨克斯坦）	3.16
6	伊尔迪克乡	4.7	甘肃、新疆	卡拉科尔	7.61	卡尔·马克思农庄（乌兹别克斯坦）	8.02
7	哨葫芦村	5.0	甘肃、新疆	比什凯克	37.00	伊斯克拉	6.21
8	杰尼索夫卡村	1.5	陕西和甘肃、新疆	比什凯克	13.50	黑水村（哈萨克斯坦）	2.40

续表

序号	聚居点	人口（千人）	祖籍来源地	最近距离城市 名称	最近距离城市 距离（千米）	最近聚居点 名称	最近聚居点 距离（千米）
9	亚历山大诺夫卡镇	12.5	甘肃、新疆	比什凯克	43.20	杰尼索夫卡	6.21
10	伊斯克拉镇	3.5	陕西和甘肃、新疆	比什凯克	54.10	纳伦	7.69
11	坎不隆村	1.8	陕西和甘肃、新疆	比什凯克	29.99	阿吾哈勒德乡（哈萨克斯坦）	1.74
12	米粮坊村	6.0	陕西和甘肃、新疆	比什凯克	9.27	亚历山大诺夫卡	9.44
13	托克马克市	11.0	陕西和甘肃、新疆	比什凯克	41.79	新渠乡乡（哈萨克斯坦）	4.67
14	卡拉科尔市	1.0	甘肃、新疆	卡拉科尔	0.63	哨葫芦村	8.02

资料来源：魏鹏，张晓婷，满路. 中亚东干族聚落空间研究 [J]. 兰州文理学院学报，2018（1）：44-49.

由于东干族经济发展较好，又鼓励生育，第二次世界大战结束后，特别是吉尔吉斯斯坦独立以后，东干族人口增长较为迅速。据可靠统计资料，吉尔吉斯斯坦境内主要年份的东干族人口规模情况依次是，1926年0.60万人，1939年0.59万人，1959年1.11万人，1970年1.98万人（王国杰，1997），1979年2.67万人（达耶尔，1994），1990年约4万人（王国杰，1997），1999年5.18万人，2009年5.84万人（史谢虹，2011），2020年7.20万人（外交部，2020）。东干族与其他华侨华人，已经成为吉尔吉斯斯坦经济建设与社会发展的重要力量来源之一。

（3）宗教信仰。宗教信仰方面，70%以上居民信仰伊斯兰教，多数属逊尼派。属于俄罗斯、乌克兰等东欧民族居民则多信仰东正教。

1.2 地形地貌

吉尔吉斯斯坦被称为"中亚山国",境内80%的国土是层峦叠嶂的山地;5.3%的是森林,4.4%的是水域,54.0%的是农业用地,36.3%的是其他用地。放眼全境,群山之中雪峰谷地错落成趣,风光如画,吉尔吉斯人把自己的国家称为"金色摇篮"。2000多年来,吉尔吉斯牧民从山顶牧场上一直俯视雪山环绕的巨型摇篮,而那些冰雪覆盖的山脉被昵称为"地球之翼"(买玉华、孙晋斐,2008)。

1.2.1 山脉与高峰

吉尔吉斯斯坦整个国土都处于天山和阿赖山山脉之间,东北部属于天山山脉西段,西南部处于阿赖山脉终端。山脉大致呈东西走向,地势高低悬殊,由东向西缓慢下降(买玉华、孙晋斐,2008)。吉尔吉斯斯坦全境海拔在500米以上,最高点海拔7439米,平均海拔2750米,大部分山地在海拔3800~4200米。90%以上的领土在海拔1500米以上,1/3的地区在海拔3000~4000米,平原区只占不足10%,集中在西南部的费尔干纳盆地和北部的楚河、塔拉斯河谷地一带。

天山山脉无疑是吉尔吉斯斯坦境内最主要的山脉。境内自西向东绵延不绝的高山中,共有88条山脉,其中87条都属于天山山系。大部分山脉长度为100~300千米,宽为10~40千米。长度在300千米以上的山脉主要有9条,其中最长的是卡可沙阿勒山脉582千米,其次是吉尔吉斯阿拉套山脉454千米(姜振军、王彩霞、常玮娜,2018)。而作为天山支脉的吉尔吉斯阿拉套山,被称为吉尔吉斯族人的民族摇篮(买玉华、孙晋斐,2008)。

吉尔吉斯斯坦境内高峰耸立，巍峨的胜利峰海拔7439米，是世界上最高的山峰之一。全境海拔超过6000米的山峰有10余座，海拔超过西欧最高峰勃朗峰（4807米）的山峰共有20余座（谢文庆、李越，1995；姜振军、王彩霞、常玮娜，2018）。多座高峰常年积雪，并且形成了许多冰川。据计算，吉尔吉斯斯坦由冰川作用的总面积达6578平方千米；如果这些冰川全部融化，那么，整个吉尔吉斯斯坦将会被淹没在3米深的汪洋大海之中（买玉华、孙晋斐，2008）。

1.2.2 河流、湖泊与水电

（1）河流。吉尔吉斯斯坦境内，10千米以上的大小河流共2044条，总长度约3.5万千米。代表性河流有纳伦河（535千米）、塔拉斯河（294千米）、楚河（260千米）、克孜勒苏河（222千米）、恰特卡勒河（205千米）、萨雷贾兹河（198千米）、阿克苏河（167千米）、阿克塞河（124千米）、秋普河（120千米）和吉尔加兰河（97千米）（买玉华、孙晋斐，2008）。其中，大多数河流属于中亚第二大河——锡尔河水系。吉尔吉斯斯坦的河水80%靠消融的冰水供应；雨水在河水供应中所占比重不大。

纳伦河源出天山冰川，在吉尔吉斯斯坦境内流域面积为5.37万平方千米，平均流量429立方米/秒，向西流入乌兹别克斯坦后与卡拉河汇合而成为中亚大河锡尔河，最终奔进咸海。同样源出天山冰川的楚河，在吉尔吉斯斯坦境内流域面积为2.2万平方千米，平均流量70立方米/秒，向西穿过伊塞克湖盆地、楚河盆地，最后转向西北消失于哈萨克斯坦的别克帕克达拉荒漠。位于楚河西北方的塔拉斯河，在吉尔吉斯斯坦境内流域面积为11.43平方千米（Myktybkovna，2014），平均流量15立方米/秒，向西穿越塔拉斯河谷，在哈萨克斯坦穆云库姆沙漠消失。

（2）湖泊。吉尔吉斯斯坦有1923个湖泊，湖面总面积6836平方千米，湖水储量 17060 亿立方米（见表 1-3）；湖泊占国土面积的 3.4%。全国 84% 的湖泊分布在海拔 3000~4000 米处的山地，多数山间湖泊集中在现代冰川带和高山带，湖泊空间分布的上线即为高山雪线（吴淼等，2011）。

表 1-3　吉尔吉斯斯坦代表性湖泊特征

湖名	海拔（米）	长度（千米）	宽度（千米）	深度（米）	湖面面积（平方千米）	水量（亿立方米）	类型 I	类型 II
伊塞克湖	1606	177	60	668	6247	17000	内陆	咸水
松克尔湖	3016	28	18	14	270	26.4	外流	淡水
恰特尔科尔湖	3530	23	10	16	161	6.2	内流	淡水
萨雷-切列克湖	1874	6.4	1.8	244	4.9	4.8	外流	淡水

资料来源：吴淼，张小云，王丽贤，陈曦，张捷斌，包安明. 吉尔吉斯斯坦水资源及其利用研究 [J]. 干旱区研究，2011（3）：455-462.

伊塞克湖位于伊塞克湖州的西北部，由 118 条高山河流注入、汇集而成。该湖水面面积 6247 平方千米。湖长 177 千米；最大宽度 60 千米，平均宽度 35 千米；最大深度 668 米，平均深度 278.4 米；湖岸线长 688 千米；蓄水量 17000 亿立方米。伊塞克湖位于海拔 1606 米的高山上，湖水冬季不结冰，其表层温度在 4℃（冬季）至 24℃（夏季）之间升降。伊塞克湖的吉尔吉斯文名称是"伊塞克库利"，即"热湖"的意思。该湖无出口，湖水矿化现象不断加重，从 19 世纪中叶到 20 世纪末，该湖水面下降 8.5 米；20 世纪 80 年代末，呈现稳定回升的趋势，3~13 厘米（买玉华、孙晋斐，2008；吴淼等，2011）。

伊塞克湖素有"中亚明珠"美誉，金色的沙滩、碧绿的湖水连同仿佛矗立在心的巍峨雪山，令人心旷神怡。湖泥中含有许多微量元素，可以治疗多种疾病，远近闻名。现今的伊塞克湖已成为游泳、钓鱼、疗养和观光游览的胜地。

（3）水力发电。众多的河流，丰富的水量与较高的落差，让吉尔吉斯斯坦拥有丰富的水电资源，是中亚五国唯一的水电净出口国（李湘权等，2010）。现有电站18座，其中水电站16座，主要有托克托库尔电站（120万千瓦）、库尔普萨伊电站（80万千瓦）、塔什·库梅尔电站（45万千瓦）等。在纳伦河上修建的电力枢纽包括5个电站，发电装机570万千瓦，年发电量可达300亿千瓦·时，年发电量约占全发电总量的80%。为充分挖掘丰富的水能资源，提高自身能源利用保证率和创造外汇收入，吉尔吉斯斯坦进一步加大了水电开发力度，仅2008年5月吉尔吉斯斯坦能源工业部就对媒体透露即将或已经启动6个大型水电站建设项目，总投资约40亿美元，并陆续与俄罗斯、哈萨克斯坦等国及世界银行、亚洲发展银行等国际组织就水电开发项目融资问题积极接触，拟以公开竞标形式拓展融资渠道（李湘权等，2010）。

1.2.3 盆地与谷地

"山地之国"的吉尔吉斯斯坦，拥有不足国土面积10%的平原区，且主要集中在西南部的费尔干纳盆地和北部的楚河、塔拉斯河谷地一带。

（1）费尔干纳盆地。费尔干纳盆地是历史上的大宛国所在地，位于天山和吉萨尔—阿赖山之间，东西长约300千米，南北最宽处约为150千米，面积约为2.2万平方千米，加上周围8万多平方千米的山区，总面积超过10万平方千米。费尔干纳盆地被群山环抱，西南部有一个不大的缺口，是出入盆地最方便的通道（张娜、吴良全，2013）。费尔干纳盆地土地肥沃、气候适宜、灌溉河水充足，并拥有广袤的绿洲，一度是中亚地区农业和经济较为发达的地区，明显区别于地处内陆、荒漠遍布的中亚其他地方，有着"黄金盆地"的美誉

(王梦霓，2018)。

苏联解体后，费尔干纳盆地分别隶属于吉尔吉斯斯坦、乌兹别克斯坦、塔吉克斯坦三个国家，其中隶属于吉尔吉斯斯坦的领土面积为7.99万平方千米，包括吉尔吉斯斯坦南部的奥什州、贾拉拉巴德州和巴特肯州，占吉尔吉斯斯坦总面积的40%，在此领土上居住的人口占到吉尔吉斯斯坦国家总人口的51%（张娜、吴良全，2013）。费尔干纳盆地分属于吉尔吉斯斯坦、乌兹别克斯坦、塔吉克斯坦三个国家，国际边界交织复杂，"飞地丛生"，呈现出"你中有我，我中有你"局面。近年来，剧烈的政治变革、严重的失业问题、不断下行的经济以及此起彼伏的局部冲突事件一直困扰着费尔干纳盆地，使"黄金盆地"的费尔干纳盆地成为潜在的分裂国家的冲突带，被部分学者称为"中亚的火药桶"（王梦霓，2018）。

（2）楚河谷地。楚河（又名碎叶河）河谷呈东西走向，长200千米，最宽处80千米，两边雪峰平均高度3700米，山里多温泉，谷地气候宜人。据考证，唐代中国在西域设的重镇——碎叶城遗址就位于楚河南岸，碎叶古城是中国历代王朝在西部地区设防最远的一座边陲城市。吉尔吉斯斯坦首都比什凯克市坐落在楚河谷地中心位置，楚河谷地东部，距离比什凯克市60千米的则是托克马克市（Tokmok，Токмок），他曾于2004~2006年担任过楚河州首府。

有传说，以"诗仙"享誉全球的中国唐代大诗人李白（701~762年）就出生于位于现今吉尔吉斯斯坦楚河谷地的碎叶城。吉尔吉斯斯坦人民对此也引以为豪。2001年11月23日，比什凯克人文大学举行了李白诞辰1300周年纪念大会和李白诗歌晚会，时任总统阿卡耶夫（Askar Akayev，1944年~）出席并发表演讲。阿卡耶夫指出，李白出生在吉尔吉斯斯坦楚河河畔的碎叶城，是自己的同乡，是吉尔吉斯斯坦的荣誉。2002年，阿卡耶夫在出版的个人专著中又一次强调，"李白是中国唐朝的著名诗人，而李白当时就出生在现今吉尔吉斯斯坦的碎叶城，这在继续发展吉尔吉斯斯坦与中国的传统友好历史关系中有着十分重要的意义"。同年，碎叶古城遗址上也树立起了李白纪念碑（买玉华、孙晋斐，2008）。

1.3 气候资源

吉尔吉斯斯坦地处欧亚大陆中心，远海洋近沙漠，是明显的大陆性气候，大部分地区属温带，南部属亚热带，一年四季分明。受到较高的海拔、复杂的山区地形和伊塞克湖的影响，吉尔吉斯斯坦气候呈现多样性与差异性，虽然大部分地区属于温带大陆性气候，但在伊塞克湖谷地中部地区则近似海洋性气候，在楚河和费尔干纳盆地地区接近亚热带气候。甚至同一地区不同海拔高度也表现出对比明显的多样气候特征，如山下被沙漠和荒漠环绕，山上是积雪和冰川覆盖。

1.3.1 气候总体特征

（1）高海拔地区气候。吉尔吉斯斯坦气候受到海拔的影响显著，大体可以分为4类（陈曦，Alamanov，2016）：

第一类，山谷—山麓带（海拔500~600米至900~1200米）。其特点是夏季凉爽（达到28℃），冬季无雪且降水稀少，特别是在近费尔干纳盆地及其附近，亚热带气候显著。山谷—山麓带顶部气温较高，冬季不冷，夏季气温（6月）达到20℃~25℃，冬季（1月）气温为零下4℃~7℃，夏季最高温度可达44℃，温度随高度升高而下降到27℃~30℃，冬季最低温度为零下22℃~30℃，有些地区可低至-40℃（例如，托克托古尔、楚河）。

第二类，中山带（900~1200米至2000~2200米）。为典型的温带气候，夏季炎热、冬季寒冷，有持续降雪覆盖。通常夏季（6月）

气温18℃~19℃，冬季（1月）气温7℃~8℃，12月和2月气温为-3℃~-5℃。但在1000~1500米高处约有7个月或更久气候温和，0℃积温为3500℃~4000℃，湿润条件有利于多种喜热植物生长；中山带上部，温暖时间持续近6个月，0℃温度总量为2700℃~3800℃，是典型的温带气候。

第三类，高山带（2000~2200米至3000~3500米）。夏季凉爽，冬季寒冷多雪。夏季（6月）平均温度为11℃~16℃；冬季持续时间长（11~3月），其中1月份平均温度为-8℃~-10℃，冬季其余月份的气温为-3℃~-7℃。在高山带上部温暖的时间更是缩短到3个月时间，但是夏季温度也有可能在0℃以下，该区域的0℃积温为2600℃~6000℃。

第四类，终年积雪带（3500米以上）。特点是干燥、异常寒冷，温度总量为0℃~500℃。该气候带有积雪覆盖，冰川、水分囤积，夏季（6月）平均气温为4℃~7℃，冬季（1月）平均气温为-19℃~-22℃。

（2）气候区域特点。依据吉尔吉斯斯坦客观的地形、海拔、山川、盆地等，可分为4个区域性气候（陈曦，Alamanov，2016）：

其一，温暖湿润的大陆性气候主要分布在北部和西北部的楚河、塔拉斯、克明斯基谷地和山脉。全年平均气温在5℃~10℃，其中夏季（6月）气温为20℃~25℃，冬季（1月）-10℃~5℃。谷地最高气温37℃~44℃，最低气温-36℃~-42℃；楚河谷地北部气温最低可达零下44℃~46℃。海拔每升高100米，气温就下降0.5℃~0.6℃，山麓的年平均气温为5℃~7℃，高山地区年平均气温为0℃~-2℃。楚河谷地降水受高度影响较大，年降水量北部谷地为370毫米，北部谷地沿山谷向上增加到425~500毫米。吉尔吉斯斯坦山脉山坡上部最大降水量在每年的4~5月，高处山坡最大降水量则在每年的5~6月。西南部气候以温暖湿润为主，与其他气候区不同。由于西南部受南部气旋影响，带来大量热带细润空气使该区冬季降水量多，其他气候区则受西伯利亚反气旋影响。

其二，亚热带大陆性气候主要分布在西南部的费尔干纳、恰特卡尔、阿赖谷地和山脉。费尔干纳谷地山麓年均气温为8℃~12℃，夏季（6月）气温为23℃~26℃，冬季（1月）气温为-3℃~4℃，极高温度可达40℃，极低温度可达-29℃。山麓年均降水量为300~650毫米，并随海拔升高而增加。费尔干纳谷地山麓夏季气温高，较干燥，降水量主要集中在冬季，是典型的亚热带大陆性气候，但冬季比温带更寒冷。阿赖谷地山坡气温则更低，该谷地底部年均气温为3℃，高山处-3℃，夏季（6月）平均气温16℃，冬季（1月）平均气温零下13℃~17℃，极高、极低气温分别为34℃、-40℃。阿赖山谷年均降水量为440毫米，雨季集中在每年3月，降水最少的是每年8~9月。

其三，海洋性气候主要分布在东北部的伊塞克湖盆地和山脉。由于伊塞克湖的影响，东北部海拔1600米以上的地区气候具有冬季温和、夏季温暖、全年温度变化不大等特征，近似海洋性气候。伊塞克湖盆地西部是吉尔吉斯斯坦最干旱的地方，年降水量只有100~120毫米；向东年降水量逐渐增加到400毫米，最大降水量出现在每年的6~8月，最小降水量则出现在每年的1~2月。在伊塞克湖盆地东部的山坡，年降水量更是明显增多，达到800毫米。盆地底部年均气温为6℃~8℃，夏季（6月）为17℃~23℃，冬季（1月）为-3℃~-7℃，但该地区随着海拔高度的上升，气温下降，气候变化更加恶劣。

其四，多变的大陆性气候主要分布在位于南塔拉斯、吉尔吉斯斯坦山脉、杰茨科耶阿拉套和东费尔干纳山脉的内天山山区。该地区四面环山，湿润度较低，但由于海拔变化较大导致气候呈现多变的大陆性气候特征。该地区也是吉尔吉斯斯坦最冷的气候区，年均气温变化范围从1000米高度的9℃到4000米高度的-10℃，这些高度处最大温度变化为22℃~37℃，各海拔高度的最低温度均很低。

（3）气候影响因素与极端天气现象。吉尔吉斯斯坦复杂多样的气候，受到多种因素的影响，主要涉及地形、海拔、气压、风、日照、辐射、蒸发等。

在吉尔吉斯斯坦,冬季和初春季节天气阴天很多(约为70%)。温暖季节中阴暗天气的复现率并不大,在塔拉斯河楚河山谷的阴天复现率为25%~30%;伊塞克湖盆地和内天山,阴天复现率为40%~50%。此时,近费尔干纳阴天的复现率最低为10%~20%。据 Рязаицевой (1965) 整理的吉尔吉斯斯坦气象观测站数据(见表1-4),吉尔吉斯斯坦的雾况相对罕见,且不同区域的复现率差异很大,一年中大雾天气从多到少依次为吉尔吉斯斯坦山脉高山区域(约90天)、塔拉斯谷地(平均43天)、费尔干纳和楚河谷地(25~30天)、内天山和琼克明谷地(7~15天)。

表1-4 吉尔吉斯斯坦极端天气现象的平均次数和最大次数

观测站	海拔(米)	大雾		雷雨		冰雹	
		平均	最大	平均	最大	平均	最大
比什凯克	756	29	45	21	38	1	4
奥什	888	25	57	21	34	0.5	5
塔拉斯	1218	43	67	22	32	1	5
卡拉科尔	1716	2	5	36	57	3	8
乔尔邦阿塔	1645	0.5	7	48	66	3	8
巴雷克奇	1660	0.5	2	37	55	2	6
沙布当	1532	15	28	35	62	2	7
阿克铁列克卡瓦	1748	26	65	31	53	4	12
阿雷塔什	3155	6	13	17	32	2	15
天山	3614	7	26	15	32	2	13

资料来源:a. 数据引自 З. А. Рязаицевой (1965);b. 此表转引自:陈曦,Alamanov (2016) 表4-9。

吉尔吉斯斯坦雷雨天气主要分布在每年的5~7月,此段时间对流活动活跃,并形成垂直发展的云块。每年的4月和9月也偶有雷雨天气,冬季则极为罕见。

吉尔吉斯斯坦每年的冰雹天气及冰雹灾害很少见,只分布在个别地区,强度也不大。在距离海平面1500米处的冰雹强度最大,冰雹天数为 10~21 天，在山麓山谷和高山地带冰雹天气较少，1~5 次，个别地区则极少见到冰雹天气。

1.3.2　气温、降水与干旱

（1）气温。吉尔吉斯斯坦位于欧亚大陆腹地、远离海洋、处于广袤沙漠边缘的地理位置以及复杂的高山地貌，决定了吉尔吉斯斯坦的气候大陆性强、降水不多、空气干燥、云量少、太阳辐射强、夏季炎热干燥（干旱地区干燥度为 3~10，较湿润地区为 1.2~1.7）、冬季比较寒冷且昼夜温差大。吉尔吉斯斯坦 1 月平均气温 -6℃（最低的阿克赛河谷为 -50℃），7 月平均气温 27℃（最高的奥什市可达 50℃），在空间变化上主要受高程和盆地（谷地）的封闭程度等地形条件的影响，在平原和山麓地区，年均气温为 10℃~13℃，高山地区在 -8℃左右，温度梯度的季节分布是：冬季每 100 米为 0.4℃~0.5℃，夏季则为 0.6℃~0.7℃（李湘权等，2010）。

（2）降水。吉尔吉斯斯坦降水在空间分布严重不均，山脉的空间位置和方位对降水的空间分布具有决定作用，其对各个地区能否接触到水分含量较大的西方气流和西北气流有重要影响（李湘权等，2010）。因此，吉尔吉斯斯坦外围（边缘）山脉降水最多，其内部的西向和西北向山坡（即普斯克姆山、恰特卡尔山和费尔干纳山）每年的降水量为 1000~1500 毫米，吉尔吉斯山、塔拉斯山、铁西克山和昆格山等边缘山脉北坡的降水量也较大，每年可达 600~800 毫米。而被外围山脉遮蔽的内部山脉山坡上的降水量每年只有 300~500 毫米；山内的封闭盆地（科奇科尔、阿尔帕、阿拉布加纳伦等盆地）和高山丘陵（阿克赛丘陵、萨雷扎兹丘陵）的降水量更少，每年仅 100~300 毫米。总体而言，吉尔吉斯斯坦降水量地区分布不均，夏季（7 月）植物生产期的降水量偏少（见表 1-5），农业生产需要进行人工灌溉。

表 1-5 吉尔吉斯斯坦降水量

观测站	海拔（米）	1 月	4 月	7 月	10 月	年降水
比什凯克	756	23	72	20	36	422
奥什	1013	35	45	8	31	353
塔拉斯	1218	13	53	19	24	313
巴雷克奇	1660	0.7	10	29	4	127
十月	1680	21	36	49	30	392
卡拉科尔	1770	13	40	56	32	420
阿克铁列克卡瓦	1748	73	143	49	95	1026
纳伦	2049	12	32	41	14	303
恰尔塔什	2748	67	168	46	82	1080
阿雷塔什	3155	19	35	43	20	368
天山	3614	6	22	63	12	323

资料来源：a. 降水量单位为毫米；b. 此表转引自：陈曦，Alamanov（2016）表 4-6.

（3）干旱。中亚干旱区是亚洲中部干旱区的主体部分，在西风环流和北大西洋涛动的影响下，与中纬度亚洲大陆东部的气候变化有很大的差异（丁峰等，2014）。近百年来，中亚地区在西风环流控制下，气温和降水呈现显著的增加趋势，其中冬季降水的贡献最大（王劲松等，2008）。具体到吉尔吉斯斯坦，有研究发现（丁峰等，2014），1971~2000 年，除东北角呈湿润等级，西北角呈干旱等级外，吉尔吉斯斯坦全境大部分区域处于干湿正常等级范围内；而且，吉尔吉斯斯坦全境四季干湿也适当，冬季除东南部外，春季在西北角小部分区域，以及秋季的东部、北部和西北部属于干湿的干旱等级，其余大部分区域都处于干湿正常等级；20 世纪 70 年代，吉尔吉斯斯坦境内大多处于干旱等级，尤以东南部为甚，但到了 20 世纪 80 年代和 90 年代，全境各地多基本处于干湿正常等级范围之内（见图 1-8）。

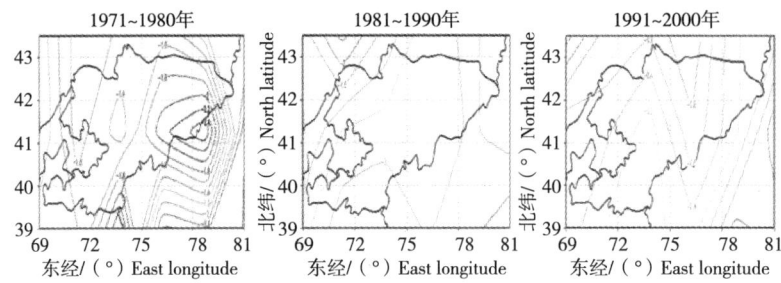

图 1-8 吉尔吉斯斯坦不同年代年均帕默尔干旱指数分布

注：帕默尔干旱指数（PDSI）由美国气象学家韦恩·帕默尔（Wayne Palmer）于1965年提出的，用以进行干湿气候划分和气候变化研究的重要工具，是定量测度气象干旱的主流指标，该指数能反映干旱的成因、程度及开始、结束和持续时间等。

资料来源：丁峰，蒲胜海，赵勇等．吉尔吉斯斯坦气象干旱时空特征分析［J］．西北农业学报，2014（3）：93-100．

1.3.3 风

吉尔吉斯斯坦全境以山地为主，盆地较少，海拔高，地形复杂，导致风向并不固定，风速也不均匀。鉴于气压场在高地只有梯度风，在近地面梯度风的形成与该地区主要地形地貌极为相关。例如，在塔拉斯谷地主要是东和东南方向的风，楚河谷地是南和东南方向的风；伊塞克湖盆地则主要是山谷风，沿岸地区微风增强；恰特卡尔谷地50%的是东北风、30%的是西南风；近费尔干纳地区主要是东北风和东风，内天山和天山中部盛行东风和西风。地形条件不同，风向不同，但风向主要还是沿着山谷的走向（陈曦、Alamanov，2016）。

在相对封闭的山谷，风力通常较弱（平均风速只有2~3米/秒），且无风时间可达到50%~70%。科特曼—乔宾、苏萨梅尔、热尔格塔利和其他内流山谷都是如此，其他封闭性较弱的山谷风速可达到4~5米/秒，如其特卡尔、阿赖等地。在山脉的交界处的上部，向上的风对西面循环气流起到加强作用，在冰川分布地区形成的冰川风昼夜循环（Троиов，1996）。

在开放的谷地，如塔拉斯、楚河、费尔干纳，冬季经常会刮暖风，可能由于中亚南部暖气团引起，风速一般为3~7米/秒，几小时内就可以使周围温度升高到10℃以上（Рязаицевой，1965）。多风是吉尔吉斯斯坦另一天气特点，其中30%~40%是微风，风速达到2~5米/秒，部分风速可达6~10米/秒。在狭窄的山谷或者通道处，风速一般超过10米/秒，如吉尔吉斯山脉的捷奥阿舒平均风速为4.6米/秒；松克尔谷地风速3.9米/秒，狭窄谷地风速达到4.4米/秒，月均风速最大的在伊塞克湖盆地西部，可达到4.8米/秒，而在捷奥阿舒则为6米/秒（见表1-6）。

表1-6　　　　　　　　吉尔吉斯斯坦风速

观测站	海拔（米）	1月	4月	7月	10月	年均
比什凯克	756	1.7	2.2	2.1	1.9	1.9
奥什	1013	1.6	2.4	2.2	2.0	2.0
塔拉斯	1218	2.2	2.5	2.4	2.2	2.3
巴雷克奇	1660	3.7	4.8	3.3	4.4	4.1
卡拉科尔	1770	1.4	2.0	1.4	1.6	1.6
纳伦	2049	1.2	2.1	2.5	1.9	1.9
埃尔克奇塔姆	2819	4.8	4.9	3.6	4.2	4.4
多隆	3000	4.8	4.1	3.4	3.7	3.9
捷奥阿舒	3090	5.2	5.0	3.4	4.9	4.6
阿雷塔什	3155	1.6	2.4	2.8	2.6	2.4
天山	3614	1.4	2.2	2.1	2.2	1.9

资料来源：a. 风速单位为米/秒. 此表转引自：陈曦，Alamanov（2016）表4-3.

此外，在吉尔吉斯斯坦风速在15米/秒及以上的大风并不多见，而且一年中大风的天气也不会超过10天。在伊塞克湖盆地的西部频繁重复的强风多于70天，而东部多于50天；楚河谷地有15~20天强风天气；伊塞克湖西岸有西狂风，风速可达到20~30米/秒，甚至40米/秒，此风因峡谷名而得名为"乌兰"或"鲍姆"。风暴在湖泊西部可持续 2~3 次，一次持续 5~6 天不间断。冷空气从东部通道圣塔什入侵伊塞克湖盆地，因地得名为"圣塔什"，其风速与持久度与"乌兰"相似。

1.3.4 日照与太阳辐射

吉尔吉斯斯坦日照时间长，年均日照时间超过 3000 小时（见图 1-9），太阳辐射强（李伟，2019；魏巍，2019）。但是，冬夏两季日照时间相差很大，6 月一般在 10~12 小时以上，12 月则只有 5~6 小时，山间峡谷日照时间更短（买玉华、孙晋斐，2008）。

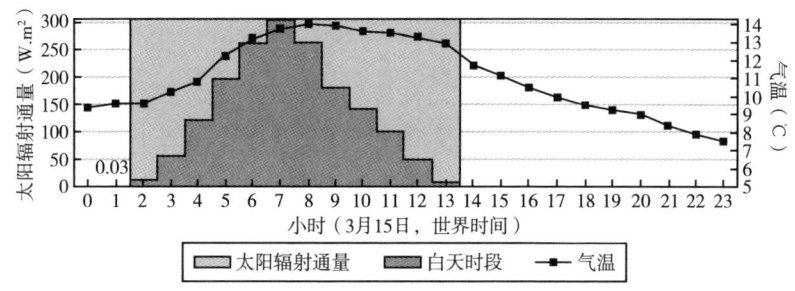

图 1-9 某观测点太阳辐射通量和气温的日尺度变化

资料来源：李伟（2019）图 4-19。

吉尔吉斯斯坦农业
（1991—2021）
Chapter 2

第2章　吉尔吉斯斯坦农业资源

在第 1 章对吉尔吉斯斯坦国家概况、地形地貌、气候资源考察的基础上，本章聚焦吉尔吉斯斯坦农业资源，从土地资源、水资源和劳动力资源等角度，从纵向的时间维度和横向的区域分布考察各类资源变化和分布情况，以期对该国农业资源进行全面的了解。

2.1 土地资源

2.1.1 土地利用情况

根据 ESP（Economy Prediction System）全球统计分析数据库（数据源为 FAO、世界银行、美国农业部等）公布的相关数据，截至 2017 年，吉尔吉斯斯坦国土面积为 1999.5 万公顷，土地面积为 1918 万公顷，农业用地面积为 1054 万公顷，耕地面积为 128.78 万公顷，永久性草地和牧场面积为 917.6 万公顷，森林面积为 62.1 万公顷。

独立以后，吉尔吉斯斯坦的国土面积和土地面积未发生变化；农用地面积经历了小幅变动，1992 年为 1009.8 万公顷，2005 年增长至 1074.5 万公顷，2017 年小幅回落至 1054 万公顷。耕地面积相对稳定，1992 年为 132 万公顷，2017 年为 128.8 万公顷，减少 3.2 万公顷。永久性草地和牧场面积也是出现倒"V"形变化趋势，从 1992 年的 870 万公顷增加至 2005 年 938.9 万公顷，其后又回落至 2017 年 917.6 万公顷；森林面积由 1992 年的 84.08 万公顷减少至 2017 年的 62.1 万公顷，如表 2-1 所示。

表 2-1　　　　吉尔吉斯斯坦 1992~2017 年

各类土地面积变化情况　　　　　　　　单位：万公顷

年份	国土面积	土地面积	农用地面积	耕地面积	永久性草地和牧场面积	森林面积
1992	1999.5	1918	1008.8	132	870	84.08
1995	1999.5	1918	1043.9	125.8	911.3	84.74

续表

年份	国土面积	土地面积	农用地面积	耕地面积	永久性草地和牧场面积	森林面积
2000	1999.5	1918	1071.4	135.6	929.1	85.83
2005	1999.5	1918	1074.5	128.4	938.9	86.93
2010	1999.5	1918	1061.2	127.6	926.2	67.70
2015	1999.5	1918	1055.6	128.1	920.1	63.70
2017	1999.5	1918	1054.0	128.8	917.6	62.1

资料来源：ESP 全球统计分析数据库——FAO。

2.1.2 农业用地

吉尔吉斯斯坦农业用地主要包括耕地、多年生作物用地、农业储备用地、草地和牧场。根据吉尔吉斯斯坦国家统计委员会 2016 年在《吉尔吉斯斯坦环境——统计数据汇编（2011～2015 年）》中公布的相关数据，2016 年初，吉全国农业用地面积约 1062.47 万公顷[①]。其中，牧场面积最大，约为 900 万公顷，占比近 85%；其次，耕地面积为 128 万公顷，占比为 12%。

2012 年初至 2016 年初，总体来看，农业用地结构变化基本不大，总量略有减少，约 2.25 万公顷，其中牧场面积减少最多为 2.75 万公顷，耕地、草地、多年生作物用地分别增长 0.5 万公顷、0.26 万公顷、0.05 万公顷，如表 2-2 所示。

从区域分布上看，吉尔吉斯斯坦各州农用地面积基本保持稳定。2016 年初，纳伦州农用地面积最广为 278.18 万公顷，占农用地总面积的 26.18%；其次为贾拉拉巴德州，农用地面积为 180.46 万公顷，占 16.98%；第三、第四位为奥什州和伊塞克湖州，分别占 15.71%

---

① 此处数据与 ESP 全球统计数据库中相关数据略有差异，可能是由于统计口径的不同，本节采用吉尔吉斯斯坦国家统计委员会公布的数据。

和15.31%。在吉尔吉斯斯坦七个州里面，巴特肯州农用地面积最小，为59万公顷，仅占5.57%，如表2-3所示。

表2-2　2012~2016年吉尔吉斯斯坦农业用地结构一览表

单位：万公顷

年份	2012	2013	2014	2015	2016
农业用地	1064.72	1062.97	1062.64	1062.52	1062.47
耕地	127.59	127.62	127.87	128.06	128.06
多年生作物用地	7.47	7.48	7.54	7.52	7.52
草地	19.95	19.97	20.14	20.17	20.21
牧场	905.84	904.02	903.31	903.17	903.09

资料来源：National Statistical Committee of The Kyrgyz Republic, Environment in the Kyrgyz Republic——Statistical Compilation 2011-2015, Bishkek, 2016：P48. 对计量单位进行了换算。

表2-3　2012~2016年吉尔吉斯斯坦农业用地在各州分布情况

单位：万公顷

年份	2012	2013	2014	2015	2016
全国	1064.72	1062.97	1062.64	1062.52	1062.47
巴特肯州	59.27	59.26	59.24	59.22	59.2
贾拉拉巴德州	180.51	180.51	180.51	180.48	180.46
伊塞克湖州	162.74	162.69	162.69	162.69	162.68
纳伦州	277.06	276.79	278.22	278.19	278.18
奥什州	167.26	167.25	166.95	166.92	166.92
塔拉斯州	82.98	81.55	80.16	80.16	80.17
楚河州	133.38	133.4	133.36	133.35	133.33
比什凯克市	0.62	0.62	0.61	0.62	0.63
奥什市	0.9	0.9	0.9	0.9	0.9

资料来源：National Statistical Committee of The Kyrgyz Republic, Environment in the Kyrgyz Republic——Statistical Compilation 2011-2015, Bishkek, 2016：P48. 对计量单位进行了换算。

2.1.3 耕地

2016 年，吉尔吉斯斯坦全国耕地面积约 128 万公顷。2012~2016 年，吉尔吉斯斯坦耕地面积基本保持平稳，略增加 0.47 万公顷，如表 2-4 所示。在区域分布上，2016 年初，楚河州耕地面积最大为 42.03 万公顷，占全国耕地面积的 32.82%；其次为伊塞克湖州耕地面积为 19.16 万公顷，约占 15%；第三位的是奥什州耕地面积 18.51 万公顷，占 14.45%。在七个州之中，耕地面积最小的是巴特肯州，耕地面积为 7.38 万公顷，占到 5.76%。

表 2-4　　2012~2016 年吉尔吉斯斯坦耕地在各州分布情况

单位：万公顷

年份	2012	2013	2014	2015	2016
全国	127.59	127.66	127.87	128.06	128.06
巴特肯州	7.16	7.36	7.36	7.38	7.38
贾拉拉巴德州	16.56	16.56	16.56	16.56	16.56
伊塞克湖州	19.12	19.12	19.12	19.16	19.16
纳伦州	12.09	12.09	12.09	12.09	12.09
奥什州	18.7	18.48	18.47	18.51	18.51
塔拉斯州	11.75	11.75	11.75	11.77	11.77
楚河州	41.95	41.75	41.75	42.04	42.03
比什凯克市	0.11	0.18	0.18	0.18	0.19
奥什市	0.37	0.37	0.37	0.37	0.37

资料来源：National Statistical Committee of The Kyrgyz Republic，ENVIRONMENT IN THE KYRGYZ REPUBLIC——Statistical Compilation 2011-2015，Bishkek，2016；P48，对计量单位进行了换算。

2.1.4 牧场

2016年初，吉尔吉斯斯坦全国牧场面积为903万公顷，相比2012年略有减少。从区域分布上看，2016年初牧场面积最大的是纳伦州，为263.87万公顷，占29.22%，其次是贾拉拉巴德州，耕地面积157.62万公顷，占17.45%，第三是伊塞克湖州，牧场面积为140.54万公顷，占15.56%。在吉尔吉斯斯坦七个州中，巴特肯州牧场面积最小，为48.37万公顷，占5.36%，如表2-5所示。

表2-5　　2012~2016年吉尔吉斯斯坦牧场在各州分布情况

单位：万公顷

年份	2012	2013	2014	2015	2016
全国	905.84	904.02	903.31	903.17	903.09
巴特肯州	48.26	48.24	48.41	48.39	48.37
贾拉拉巴德州	162.74	162.73	157.66	157.63	157.62
伊塞克湖州	138.36	138.26	140.6	140.57	140.54
纳伦州	267.66	267.39	263.91	263.88	263.87
奥什州	139.91	139.98	139.17	139.16	139.16
塔拉斯州	61.56	60.1	67.36	67.35	67.35
楚河州	86.89	86.88	85.78	85.77	85.76
比什凯克市	0.02	0	0.01	0.01	0.01
奥什市	0.41	0.41	0.41	0.41	0.41

资料来源：National Statistical Committee of The Kyrgyz Republic, ENVIRONMENT IN THE KYRGYZ REPUBLIC——Statistical Compilation 2011-2015, Bishkek, 2016：P49，对计量单位进行了换算。

2.1.5 多年生作物用地

2012~2016年，多年生作物用地基本维持在7.5万公顷左右。

以 2016 年为例，从吉尔吉斯斯坦全国看，巴特肯州多年生作物用地面积分布最广，为 1.72 万公顷，约占 22.87%；其次为奥什州和楚河州分别占 19.41% 和 19.28%。纳伦州的多年生作物用地面积最小为 200 公顷，占比为 0.27%，如表 2-6 所示。

表 2-6　2012~2016 年吉尔吉斯斯坦多年生作物用地在各州分布情况

单位：万公顷

	2012	2013	2014	2015	2016
全国	7.47	7.48	7.54	7.52	7.52
巴特肯州	1.73	1.73	1.75	1.73	1.72
贾拉拉巴德州	0.92	0.92	0.92	0.9	0.9
伊塞克湖州	1.01	1.04	1.05	1.07	1.08
纳伦州	0.02	0.02	0.02	0.02	0.02
奥什州	1.45	1.45	1.45	1.46	1.46
塔拉斯州	0.4	0.39	0.41	0.4	0.4
楚河州	1.46	1.45	1.45	1.45	1.45
比什凯克市	0.42	0.42	0.42	0.42	0.42
奥什市	0.07	0.07	0.07	0.07	0.07

资料来源：National Statistical Committee of The Kyrgyz Republic，ENVIRONMENT IN THE KYRGYZ REPUBLIC——Statistical Compilation 2011-2015，Bishkek，2016：P49，对计量单位进行了换算。

综上所述，从区域分布上看，北部的楚河州和东南部的奥什州（与中国新疆接壤）占据了全国耕地面积的近一半，这两个州的农业结构主要以种植业为主。东北部的纳伦州（与中国新疆接壤）和中西部的贾拉拉巴德州拥有全国牧场面积的近一半，农业结构主要以畜牧业为主。伊塞克湖州（与中国新疆接壤）拥有吉全国耕地的 15%、牧场的 15.56%，农业结构兼有种植业和畜牧业。巴特肯州的多年生作物用地占比较大，如树木、灌木类花卉用地等。

2.2 水资源

2.2.1 水资源量

(1) 水资源形成的条件。

吉尔吉斯斯坦位于欧亚大陆腹地,大陆性气候强,空气相对干燥、降水不多。吉尔吉斯斯坦拥有天山内陆系的西半部和帕米尔—阿赖山系的一部分,这些山系很多地方有发达的冰川,因此冰川是吉尔吉斯斯坦境内重要河流的源头。据统计,吉尔吉斯斯坦境内共有8208条冰川,总面积8077平方公里,占国土面积4.1%,超过森林和灌木的面积,冰川在阿姆河流域、锡尔河流域、楚河塔拉斯河及阿萨河流域、塔里木河流域、伊塞克湖流域等五大流域均有分布,且有融水径流产生。但是,受地形构造、山脉高度、山岳形态特征等因素影响,冰川分布不均,面积最大的位于塔里木河流域,冰川覆盖率为11.9%;在锡尔河流域覆盖率最低,仅2%(李相权,2010)。因此,丰富的冰川融雪资源保证了吉尔吉斯斯坦丰富的水资源。

(2) 河流水系。

吉尔吉斯斯坦全国共有2.5万多条河流,河流总长度超过50万公里,主要河流包括纳伦河、恰特卡尔河、萨雷扎兹河、楚河、塔拉斯河、卡拉达里亚河、克孜勒苏河等。吉尔吉斯斯坦境内有1923个湖泊,总面积为6836平方公里,主要湖泊有伊塞克湖、松格里湖、萨雷切列克湖等,其中伊塞克湖海拔1608米是吉尔吉斯斯坦最大的高山湖泊,湖水面积为6236平方公里,占吉尔吉斯斯坦湖泊总面积的91%,水量17380亿立方米。

(3) 水资源量。

根据吉尔吉斯斯坦专家的测算,吉尔吉斯斯坦可以在本国境内生产生活中利用的淡水超过5638亿立方米,其中江河径流519亿立方米、冰川水4947亿立方米、湖水(不含伊塞克湖)超过62亿立方米、可开采地下水110亿立方米,吉尔吉斯斯坦人均水资源超过11万立方米,是水资源十分丰富的国家(李湘权等,2010)。

2.2.2 水资源利用情况

独立以来,根据吉尔吉斯斯坦国家统计局网站公布的相关数据,全国用水量在1991~2010年呈递减趋势,由1991年的89.54亿立方米减少至44.78亿立方米,2010~2020年用水量呈上升趋势,其中2015年为52.25亿立方米,2020年为52.38亿立方米,如表2-7所示。在水资源利用方面,吉尔吉斯斯坦几乎90%以上主要用在灌溉和农业用水方面,如图2-1所示。

表2-7 1991~2020年吉尔吉斯斯坦水资源使用情况

单位:亿立方米,%

年份	用水量	满足生产需要用水	比例	灌溉和农业用水	比例
1991	89.54	6.74	7.53	79.91	89.25
1995	69.42	2.54	3.66	64.10	92.34
2000	49.76	0.48	0.96	47.49	95.44
2005	44.85	0.59	1.32	41.35	92.20
2010	44.78	0.91	2.03	41.63	92.97
2015	52.25	0.87	1.66	49.22	94.21
2020	52.38	0.83	1.58	49.42	94.36

资料来源:课题组根据吉尔吉斯斯坦国家统计局网站整理。

吉尔吉斯斯坦农业（1991—2021）

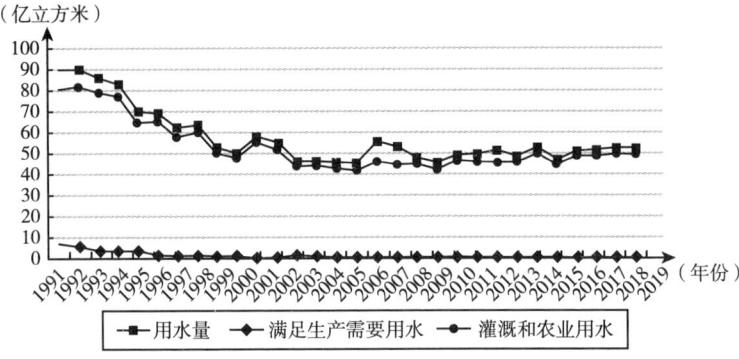

图 2-1 吉尔吉斯斯坦 1991 年以来水资源使用情况

资料来源：课题组根据吉尔吉斯斯坦国家统计局网站数据整理。

分区域看，根据吉尔吉斯斯坦国家统计委员会 2016 年在《吉尔吉斯斯坦环境——统计数据汇编（2011~2015 年）》中公布的相关数据，2011~2015 年，吉尔吉斯斯坦水资源使用量一直在 50 亿立方米上下浮动，楚河州、奥什州和贾拉拉巴德州居吉尔吉斯斯坦水消耗的前三名，这与三个州在全国耕地资源中占有丰富有关。2015 年，楚河州水资源使用量为 12.7 亿立方米，占 24.3%；奥什州的水资源使用量为 9.5 亿立方米，占 18.1%；贾拉拉巴德州水资源使用量约 7.78 亿立方米，占 14.9%，如表 2-8 所示。

表 2-8　2011~2015 年吉尔吉斯斯坦各州水资源使用情况

单位：亿立方米

年份	2011	2012	2013	2014	2015
全国	45.2	48.69	51.14	47.68	52.25
巴特肯州	4.68	4.78	8.92	5.05	5.28
贾拉拉巴德州	7.25	7.15	7.39	7.25	7.78
伊塞克湖州	4.05	4.93	4.51	4.40	4.21
纳伦州	4.09	4.42	4.47	4.23	4.31
奥什州	8.28	8.11	8.72	8.27	9.47
塔拉斯州	6.31	6.4	6.4	6.14	7.02
楚河州	9.46	11.44	10.64	10.73	12.7

续表

年份	2011	2012	2013	2014	2015
比什凯克市	0.5	0.91	0.91	1.04	0.9
奥什市	0.57	0.57	0.57	0.57	0.57

资料来源：National Statistical Committee of The Kyrgyz Republic，ENVIRONMENT IN THE KYRGYZ REPUBLIC——Statistical Compilation 2011－2015，Bishkek，2016：P49，对计量单位进行了换算。

2.2.3 农业灌溉

2011~2015 年，吉尔吉斯斯坦全国灌溉和农业用水量在 4.9 亿立方米以内，且呈逐年递增态势。农业用水使用量楚河州、奥什州和贾拉拉巴德州位居前三，如表 2-9 所示。其中，2015 年楚河州灌溉和农业用水使用量为 11.5 亿立方米、奥什州为 9.57 亿立方米、贾拉拉巴德州为 7.61 亿立方米。

表 2-9　　　　　2011~2015 年吉尔吉斯斯坦各州灌溉和农业用水情况　　　　单位：亿立方米

年份	2011	2012	2013	2014	2015
全国	42.39	45.92	47.95	45.31	49.22
巴特肯州	4.68	4.72	6.68	5.02	5.24
贾拉拉巴德州	7.09	6.98	7.23	7.08	7.61
伊塞克湖州	3.3	3.8	4.16	4.13	4.01
纳伦州	4.08	4.39	4.44	4.2	4.29
奥什州	7.94	8.57	8.77	8.37	9.58
塔拉斯州	6.28	6.37	6.37	6.11	6.99
楚河州	9.03	10.98	10.2	10.3	11.52
比什凯克市	—	0.103	0.103	0.096	—

资料来源：National Statistical Committee of The Kyrgyz Republic，ENVIRONMENT IN THE KYRGYZ REPUBLIC——Statistical Compilation 2011－2015，Bishkek，2016：P49，对计量单位进行了换算。

2.3 农业劳动力资源

2.3.1 农村人口数量

根据世界银行统计数据，2019年底，吉尔吉斯斯坦人口总量超过645万人，其中农村人口409万人，占63.4%。1991年吉尔吉斯斯坦独立以来，人口总量不断增长，人口密度不断升高，农村人口占总人口的比例基本维持在2/3左右（见图2-2）。近30年来，吉尔吉斯斯坦总人口从1991年的446万增长至2019年的645万人，增幅约45%。农村人口从1991年的279万人增加至2019年的409万人，增幅约46.59%。全国人口密度从1991年的23.27人/平方公里，增长至2018年的32.97人/平方公里。

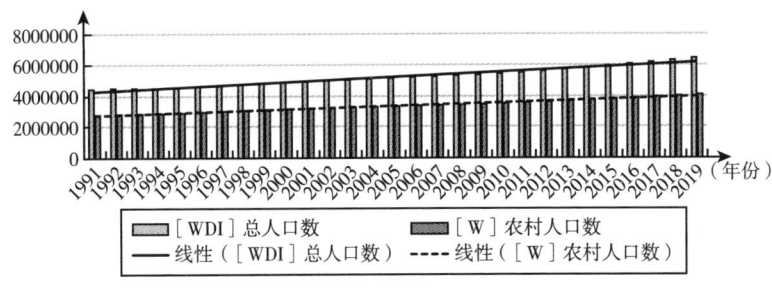

图2-2　1991~2019年吉尔吉斯斯坦人口变化趋势

资料来源：西安财经大学"一带一路"大数据平台。

从人口的增长速率看，1991~2000年，农村人口的年平均增长速度为1.484，快于总人口1.093的年平均增长速度。2001~2010年，农村人口和总人口平均增长速度基本持平。2010~2019年，总人口年平均增长速度（1.82）大于农村人口年平均增长速度（1.62），也就是说，这一阶段，城市人口的增长速度快于农村人口，如图2-3所示。

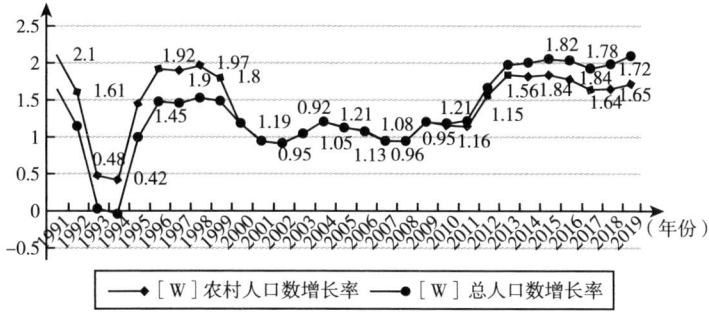

图 2-3 吉尔吉斯斯坦总人口及农村人口增长速度变化曲线

资料来源：西安财经大学"一带一路"大数据平台。

2.3.2 农村劳动力结构

近 5 年来，吉尔吉斯斯坦农村人口一直呈增长态势，男女比例接近 1∶1。从农村人口分布来看，奥什州农村人口最多为 121.3，2018 年占到全国农村总人口的比例为 29.37% 左右。其次，贾拉拉巴德州 2018 年农村人口数量为 93.1 万人，占 22.54%。再次，楚河州 2018 年农村人口数量为 75.6 万人，占 18.31%。在吉尔吉斯斯坦七个州中，塔拉斯州农村人口最少，2018 年为 22.1 万人，占 5.35%（见表 2-10）。

在吉尔吉斯斯坦的就业中，1991~2018 年，从事农业的就业人数占到全国就业人数的比例呈先增长、后减少的趋势。在 1991 年吉尔吉斯斯坦独立之初，农业就业人数占比为 35.5%；到 2000 年，这一比例上升至 53.08%，这充分说明吉尔吉斯斯坦在 2000 年之前，农业是其国民就业的主要产业，其他产业吸纳就业的能力相对较弱。2001 年、2002 年、2003 年，这三年农业就业占比急速下降，三年间下降约 10%。2013 年、2014 年相比 2011 年、2012 年，农业就业比例出现微涨，但总的下降趋势未发生变化。2018 年，农业就业占比下降为 21.97%，如图 2-4 所示。

表 2-10　2014~2018 年吉尔吉斯斯坦农村人口区域分布及性别分布情况

单位：万人

年份	2014			2015			2016			2017			2018		
	农村人口	男	女	农村人口	男	女	农村人口	男	女	农村人口	男	女	农村人口	男	女
全国	383	194	189	391	198	193	399	202	197	407	206	201	413	209	204
巴特肯州	35.9	18.4	17.5	36.7	18.8	17.9	37.6	19.3	18.3	38.5	19.7	18.6	39.2	20.1	19.1
贾拉拉巴德州	86.2	43.7	42.5	87.9	44.6	43.3	89.8	45.6	44.2	91.5	46.5	45.0	93.1	47.4	45.7
伊塞克湖州	33.0	16.7	16.3	33.3	16.9	16.4	33.7	17.1	16.6	34.1	17.3	16.8	34.4	17.4	17.0
纳伦州	23.4	12.0	11.4	23.7	12.1	11.6	23.9	12.2	11.7	24.2	12.4	11.8	24.5	12.5	12.0
奥什州	110.8	55.9	54.9	113.5	57.3	56.2	116.4	58.8	57.6	118.9	60.1	58.8	121.3	61.4	59.9
塔拉斯州	20.8	10.6	10.3	21.2	10.8	10.4	21.5	11.0	10.5	21.9	11.2	10.7	22.1	11.3	10.8
楚河州	70.1	34.9	35.2	71.4	35.6	35.8	72.8	36.3	36.5	74.3	37.0	37.3	75.6	37.6	38.0
比什凯克市	0.4	0.2	0.2	0.4	0.2	0.2	0.4	0.2	0.2	0.4	0.2	0.2	0.4	0.2	0.2
奥什市	2.7	1.4	1.3	2.7	1.4	1.3	2.7	1.4	1.3	2.8	1.4	1.4	2.9	1.5	1.4

资料来源：课题组根据吉尔吉斯斯坦国家统计局网站公布数据整理。

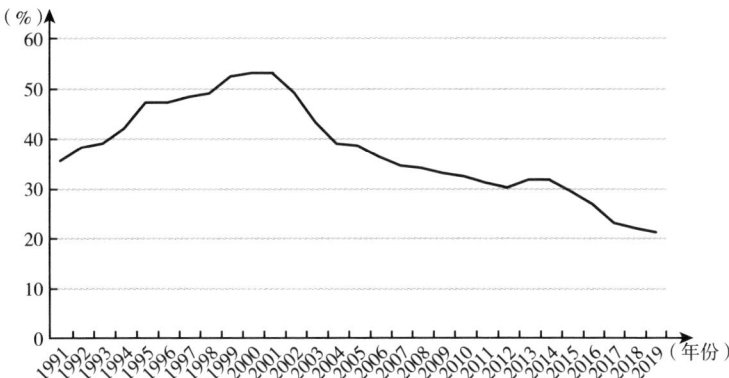

图 2-4　吉尔吉斯斯坦农业就业人数占比变化情况

资料来源：ESP 全球统计分析数据库——FAO。

吉尔吉斯斯坦农业
（1991—2021）
Chapter 3

第3章 吉尔吉斯斯坦农业生产结构及其变迁

吉尔吉斯斯坦农业（1991—2021）

根据吉尔吉斯斯坦国家统计局公布的数据，2020年，吉尔吉斯斯坦农业生产总值约为2472.98亿索姆，折合29.53亿美元（1美元＝83.75索姆）。近五年来，除2018年（2049.7亿索姆）比2017年（2085.3亿索姆）略下降外，整体呈上升态势，如图3-1所示。

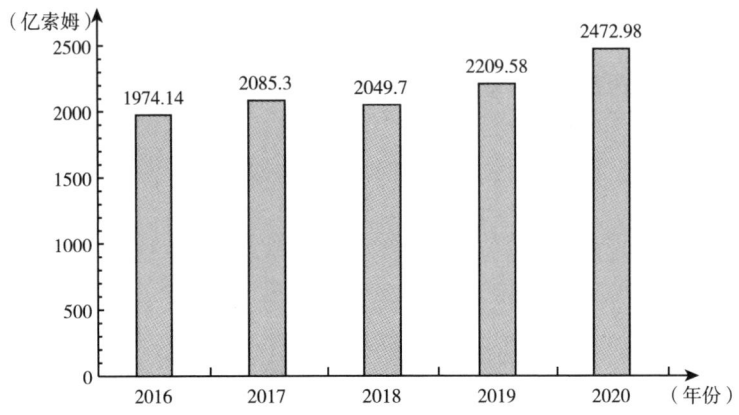

图3-1 2016~2020年吉尔吉斯斯坦农业生产总值

资料来源：吉尔吉斯斯坦国家统计局网站。

经本课题组在EPS数据库平台查询，从1991年吉尔吉斯斯坦独立以后，农业增加值呈波动上升态势，按照2004~2006不变价格计算，1992年吉尔吉斯斯坦农业增加值为11.7亿美元，其中农作物产值约4.2亿美元，牲畜产值约7.5亿美元。2016年吉尔吉斯斯坦农业增加值约16.06亿美元，相比1992年增长37.28%。其中，农作物增加值约8.54亿美元，比1992年增长102.25%；牲畜产值约7.52亿美元，与1992年相比基本保持不变。纵向比较，2000年以前，吉尔吉斯斯坦农业主要以畜牧业为主，其比重大于种植业。2000年以后，吉尔吉斯斯坦更加重视种植业的发展，种植业逐渐超过畜牧业成为农业主导产业，如图3-2所示。

第3章 吉尔吉斯斯坦农业生产结构及其变迁

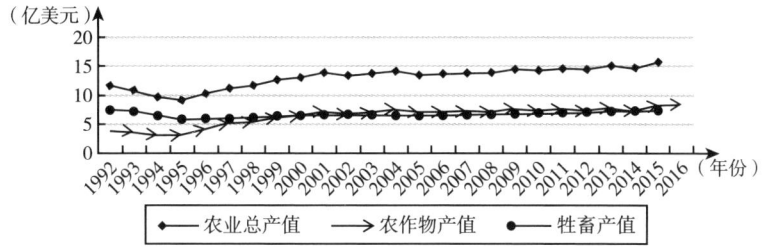

图 3-2 1992~2016 年吉尔吉斯斯坦农业生产总值结构及变化情况
资料来源：EPS 数据平台。

3.1 种植业

3.1.1 主要农作物种植面积

近年来，吉尔吉斯斯坦种植业主要以小麦、大麦、玉米、水稻等谷类作物，以及土豆、蔬菜、水果、棉花、油料作物、瓜类以及甜菜作物为主。2020 年，谷类作物的播种面积约为 64.7 万公顷，其中，小麦约 24.8 万公顷，大麦约 21.9 万公顷，玉米约 10.5 万公顷，水稻约 1.2 万公顷；土豆播种面积约 7.6 万公顷；蔬菜类作物播种面积约 5.3 万公顷；水果类作物约 5.1 万公顷（2019 年数据）；油料类作物约 1.96 万公顷；棉花约 2.18 万公顷，如表 3-1 所示。

表 3-1　　　　吉尔吉斯斯坦 2016~2020 年
各主要农作物种植面积　　　　单位：公顷

年份	2016	2017	2018	2019	2020
谷类	625910	616939	626398	627666	647210
小麦	270550	250186	253809	240111	247545
大麦	185985	194518	193067	206376	219191

续表

年份	2016	2017	2018	2019	2020
玉米	101735	101367	105071	106385	105241
水稻	9906	10713	11355	11304	11936
土豆	82155	83034	84428	79197	76316
蔬菜	51472	51955	51974	53388	52866
水果	51369	51369	51387	50976	—
油料作物	38331	34237	29929	26007	19575
棉花	16588	20558	23030	24421	21765
豆类作物	56520	58804	61613	62183	—
饲料作物	354932	369685	370124	379372	—
甜菜	11321	17484	16261	14397	8405
瓜类	10574	11560	11242	10925	11570
葡萄	6313	5630	5555	4839	—
烟草	192	618	696	366	364

资料来源：根据吉尔吉斯斯坦国家统计局网站相关数据整理。

3.1.2 独立以来各主要农作物种植情况

（1）各农作物收割面积。

从时间维度观察，吉尔吉斯斯坦独立之初，1992年小麦的收割面积小于大麦收割面积，两者分别为24.8万公顷和26.3万公顷。小麦收割面积1993~1997年大幅增长，1997年达到顶峰为54.96万公顷；此后，小麦收割面积呈波动式下降趋势，2015年为29.73万公顷。大麦收割面积1991~2002年大幅减少，从29万公顷下降到6.36万公顷，为独立之初的21.93%；此后，大麦收割面积逐年恢复，至2015年为17.39万公顷。玉米收割面积也经历了先减少后增加的变化趋势，1991~1997年玉米面积由6.2万公顷下降至

3.8万公顷,此后逐渐增加,至2015年玉米播种面积为10.23万公顷,如图3-3所示。水稻收割面积持续增加,由1992年的0.19万公顷增加至2015年的0.86万公顷。主要水果播种面积相比较独立之初略有增加,由1992年的4.2万公顷增加至2015年的约6.51万公顷,其中苹果种植面积由1.96万公顷增加至2017年的2.76万公顷,如图3-4所示。主要蔬菜收割面积呈波动式上升态势,1992年面积为2.62万公顷,2015年面积增至5.47万公顷,是独立初的2倍左右。主要油料作物收割面积也呈现出先增加后减少的特征,在1992年收割面积为3万公顷,随后波动式上升,2004年达到峰值为13.35万公顷,此后波动式减少至2014年的6.71万公顷,如图3-5所示。棉花种植面积一直呈波浪式变化,1992年种植面积为2.2万公顷,2003年、2004年、2005年达到峰值为4.6万公顷,2015年种植面积最少,为1.5万公顷,如图3-6所示。①

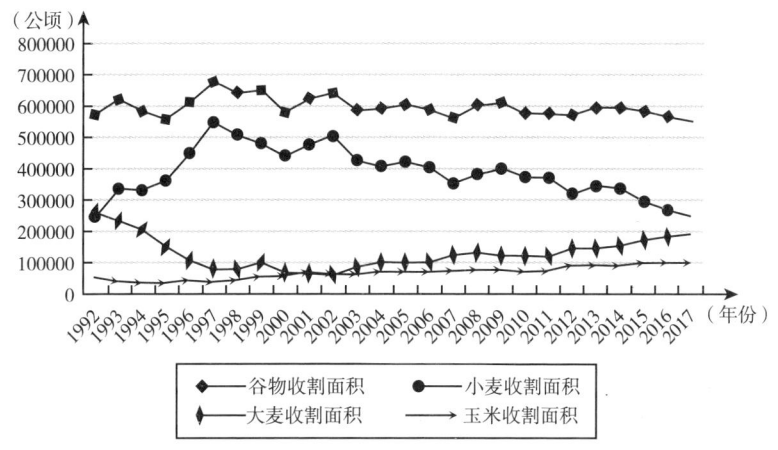

图3-3 吉尔吉斯斯坦主要谷物收割面积变化趋势

资料来源:ESP数据平台——世界农林数据库和西安财经大学"一带一路"数据平台——美国农业部。

---

① 注:吉尔吉斯斯坦主要农作物指标不同数据库之间数值略有差异,但总体变化趋势基本相同。

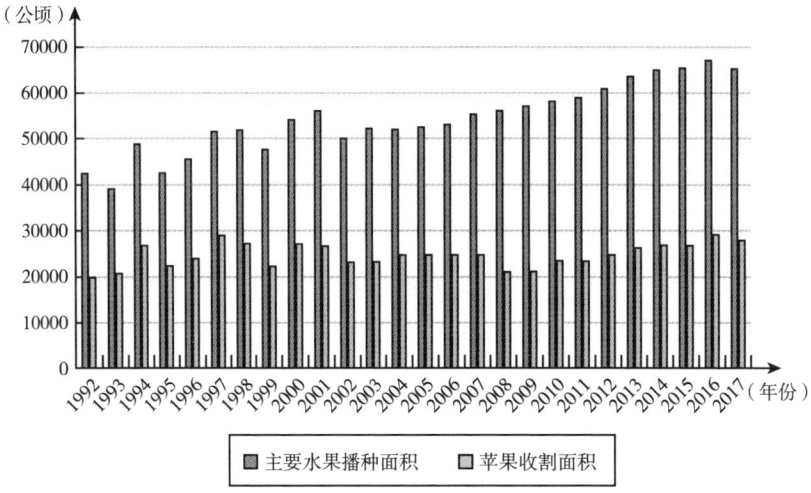

图 3-4　吉尔吉斯斯坦主要水果及苹果种植面积变化趋势

资料来源：ESP 数据平台——世界农林数据库和西安财经大学"一带一路"数据平台——美国农业部。

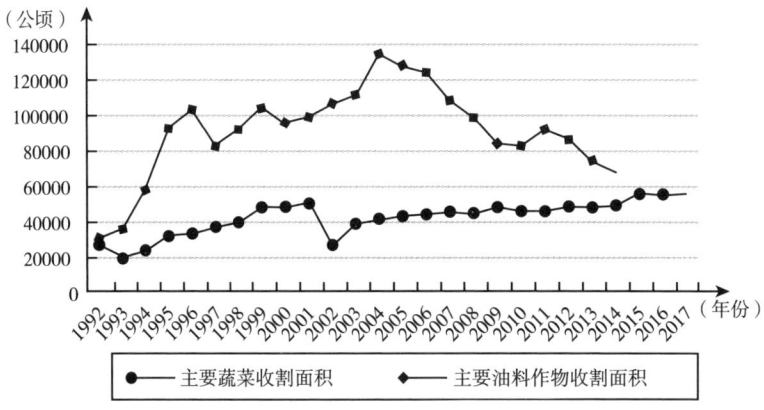

图 3-5　吉尔吉斯斯坦主要蔬菜及油料作物收割面积变化趋势

资料来源：ESP 数据平台——世界农林数据库和西安财经大学"一带一路"数据平台——美国农业部。

第3章 吉尔吉斯斯坦农业生产结构及其变迁

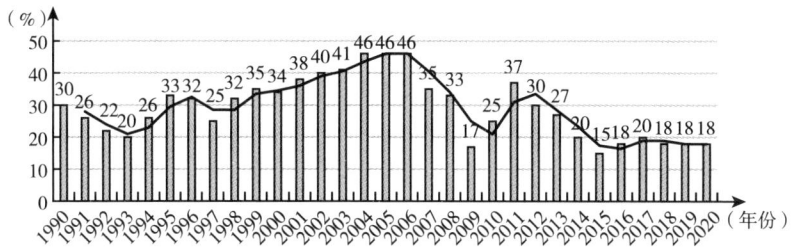

图 3-6　吉尔吉斯斯坦棉花收割面积变化趋势

资料来源：西安财经大学"一带一路"数据平台——美国农业部。

（2）各农作物单位产量情况。

近年来，吉尔吉斯斯坦主要农作物单位面积产量基本保持稳定或稳中有升。谷类作物单产由 2016 年的 153.5 千克/公顷提升至 2020 年的 161.5 千克/公顷，其中，小麦、大麦、玉米、水稻 2020 年单产分别达到 127.5 千克/公顷、117.5 千克/公顷、335.5 千克/公顷、183.5 千克/公顷。土豆、蔬菜、水果、油料作物、棉花等单产也有不同程度提升，如表 3-2 所示。

表 3-2　吉尔吉斯斯坦 2016-2020 年各主要农作物单位产量　　　单位：千克/公顷

	2016	2017	2018	2019	2020
谷类（Grains）	1535	1530	1565	1605	1615
小麦（Wheat）	1225	1205	1215	1255	1275
大麦（Barley）	1125	1100	1120	1135	1175
玉米（Corn）	3120	3165	3245	3305	3355
水稻（Rice）	1735	1755	1775	1800	1835
土豆（Potatoes）	8315	8400	8440	8565	8590
蔬菜（Vegetables）	9720	9740	9880	9935	10005
水果（Fruits and berries）	2435	2465	2535	2645	2615
油料作物（Vegetable oils）	525	575	590	595	610
棉花（Cotton）	1570	1590	1620	1640	1670

资料来源：根据吉尔吉斯斯坦国家统计局网站相关数据整理。

吉尔吉斯斯坦农业（1991—2021）

独立以来，根据联合国 FAO 相关统计数据（见图 3-7），吉尔吉斯斯坦谷类作物 1992 年单位面积产量为 2.78 吨/公顷，1995 年降至历史最低水平 1.63 吨/公顷，此后单位产量逐步恢复，2013 年升至 2.99 吨/每公顷（FAO 数据），比 1992 年独立之初增加 0.22 吨/每公顷。小麦、大麦的变化趋势与谷物整体变化趋势相符。水稻单位面积的产量除 1993 年、1994 年略有下降外，其他年份产量呈波动上升态势，1992 年为 1.47 吨/公顷，2014 年增至 3.50 吨/公顷，是独立之初的 2.38 倍。主要水果单位面积产量在 1993 年出现最低点以外，其他年份波动式上升，其中 1992 年单位面积产量为 4.3 吨/公顷，1993 年大幅减少至 1.8 吨/公顷，降幅达 58.1%，此后呈波动上升态势，2014 年主要水果单位产量至 6.89 吨/公顷，相比较 1992 年增长 60%。主要蔬菜单位产量在独立之初出现明显下滑，1992 年为 15.42 吨，随后三年单位产量大幅下降，1995 年为 10.25 吨，降幅 30% 左右，随后呈波动式上升态势，2014 年单位面积产量达 19 万吨/公顷，增幅近 23.2%。豆类作物单位产量也是在 1993 年出现明显下降，其他年份呈波动上升态势，其中 1992 年为 0.8 万吨/公顷，1993 年降为 0.78 万吨/公顷，至 2014 年单位面积产量增至 1.7 万吨/公顷，是独立之初 2 倍多。主要油料作物单位面积产量在独立之初的前三年出现大幅下降，由 1992 年的 0.25 万吨/公顷降至 1995 年的 0.16 万吨/公顷，此后呈现波动式上升态势，2014 年主要油料作物单位面积产量为 0.38 万吨/公顷。

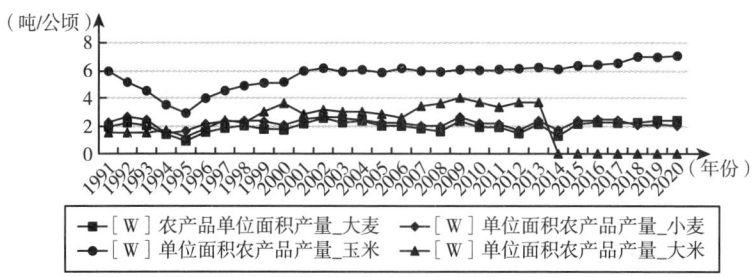

图 3-7 吉尔吉斯斯坦 1990~2020 年主要粮食作物单位产量变化趋势

资料来源：西安财经大学"一带一路"数据平台——美国农业部。

3.1.3 主要农作物在各州分布情况

2019年，吉尔吉斯斯坦谷类作物种植主要分布在楚河州、伊塞克湖州、奥什州、贾拉拉巴德州，占到全国比例的87%。其中，楚河州的小麦和大麦种植面积最大，分别为10.66万公顷和20.92万公顷，占44%和53%；玉米种植主要分布在贾拉拉巴德州、楚河州和奥什州，分别为3.39万公顷、3.15万公顷和2.6万公顷，占比分别为32%、30%、24%。水稻种植全部分布在贾拉拉巴德州、奥什州、巴特肯州三地，面积分别为0.46万公顷、0.34万公顷、0.33万公顷，占比分别为41%、30%和29%。土豆种植主要分布在伊塞克湖州、奥什州、塔拉斯州、楚河州、贾拉拉巴德州，其中伊塞克湖州面积为2.5万公顷，占比为32%，如表3-3所示。

2019年，蔬菜种植主要在楚河州、贾拉拉巴德州和奥什州，面积分别为2.05万公顷、1.15万公顷和0.96万公顷，占比分别为38%、22%和18%。油料作物的种植主要分布在贾拉拉巴德州、楚河州和奥什州，面积分别为1.01万公顷、1万公顷和0.38万公顷，三地占比达93%。棉花种植分布贾拉拉巴德州和奥什州，面积分别为1.32万公顷和1.12万公顷，占比分别为54%和46%。豆类作物主要分布在塔拉斯州，面积为5.84万公顷，占比为94%。饲料作物主要分布在楚河州、纳伦州、伊塞克湖州、奥什州和贾拉拉巴德州，面积分别为11.11万公顷、7.81万公顷、6.4万公顷、5.03万公顷、4.19万公顷，占比分别为29%、21%、17%、13%、11%，如表3-4所示。

综上所述，吉尔吉斯斯坦各州主要农作物的种类有（占比在20%以上）：巴特肯州以水稻、棉花种植为主；贾拉拉德州以玉米、水稻、棉花、油料作物、蔬菜种植为主；伊塞克湖州以小麦和土豆种植为主；纳伦州主要种植饲料作物；奥什州主要种植水稻和棉花；塔

表3-3　2019年吉尔吉斯斯坦谷类及土豆各州种植面积分布情况

单位：公顷，%

地区	谷类 面积	谷类 比例	小麦 面积	小麦 比例	大麦 面积	大麦 比例	玉米 面积	玉米 比例	水稻 面积	水稻 比例	土豆 面积	土豆 比例
全国	627666	100	240111	100	206376	100	106385	100	11304	100	79197	100
巴特肯州	34897	6	12179	5	12475	6	10241	10	3301	29	2630	3
贾拉拉巴德州	60565	11	16874	7	9778	5	33853	32	4626	41	9378	12
伊塞克湖州	90592	16	57073	24	33033	16	5	—	—	—	24966	32
纳伦州	23195	4	4957	2	18185	9	35	—	—	—	6253	8
奥什州	83857	15	37739	16	20115	10	26003	24	3377	30	13096	17
塔拉斯州	10796	2	4402	2	2205	1	4189	4	—	—	12012	15
楚河州	248018	45	106588	44	109184	53	31504	30	—	—	10682	13
比什凯克市	—	—	—	—	—	—	—	—	—	—	19	—
奥什市	2255	—	299	—	1401	1	555	—	—	—	161	—

资料来源：根据吉尔吉斯斯坦国家统计局网站相关数据整理。

第3章 吉尔吉斯斯坦农业生产结构及其变迁

表3-4 2019年吉尔吉斯坦主要蔬菜、油料作物及棉花种植面积分布情况

单位：公顷，%

地区	主要蔬菜		主要油料作物		棉花		主要豆类		饲料作物	
	面积	比例	面积	比例	面积	比例	面积	比例	面积	比例
全国	53388	100	26007	100	24421	100	62183	100	379372	100
巴特肯州	3327	6	1266	5	47	0	1955	3	14890	4
贾拉拉巴德州	11531	22	10191	39	13196	54	506	1	41941	11
伊塞克湖州	2821	5	2	0	0	0	662	1	63640	17
纳伦州	495	1	0	0	0	0	12	0	78075	21
奥什州	9564	18	3832	15	11178	46	65	0	50299	13
塔拉斯州	4522	8	667	3	0	0	58378	94	19139	5
楚河州	20490	38	10049	39	0	0	605	1	111099	29
比什凯克市	153	0	0	0	0	0	0	0	72	0
奥什市	485	1	0	0	0	0	0	0	217	0

资料来源：根据吉尔吉斯斯坦国家统计局网站相关数据整理。

拉斯州以种植豆类作物为主；楚河州农作物种类丰富，小麦、大麦、玉米、蔬菜、油料、饲料等均在20%以上，如表3-5所示。

表3-5　2019年吉尔吉斯斯坦各州主要农作物类型

地名	主要农作物类型
巴特肯州	水稻、棉花
贾拉拉巴德州	玉米、水稻、棉花、油料作物、蔬菜
伊塞克湖州	小麦、土豆
纳伦州	饲料
奥什州	水稻、棉花
塔拉斯州	豆类作物
楚河州	小麦、大麦、玉米、蔬菜、油料、饲料

资料来源：本课题组整理。

3.2　畜牧业

3.2.1　畜牧业主要结构及变化趋势

吉尔吉斯斯坦畜牧业以养牛、养羊、养马及养猪等为主，其中，2020年吉尔吉斯斯坦奶牛存栏量为85.5万头，羊存栏量为627.87万只，马存栏量为53.96万匹，猪存栏量为2.95万头，家禽存栏量为607.04万只，如表3-6所示。

表3-6　吉尔吉斯斯坦2016~2020年主要畜牧业的数量

年份	2016	2017	2018	2019	2020
家禽（只）	5673607	5910418	6009697	6211184	6070443
奶牛（头）	769933	789796	812596	835270	855050
马（匹）	467249	481329	498684	522611	539644
羊（只）	6022554	6077775	6167949	6266739	6278736
猪（头）	51082	52169	51265	34750	29465

资料来源：吉尔吉斯斯坦国家统计局网站。

从历史维度观察，吉尔吉斯斯坦在独立后的前几年，畜牧业发展受到不同程度的影响，数量均有所减少，如图3-8所示。

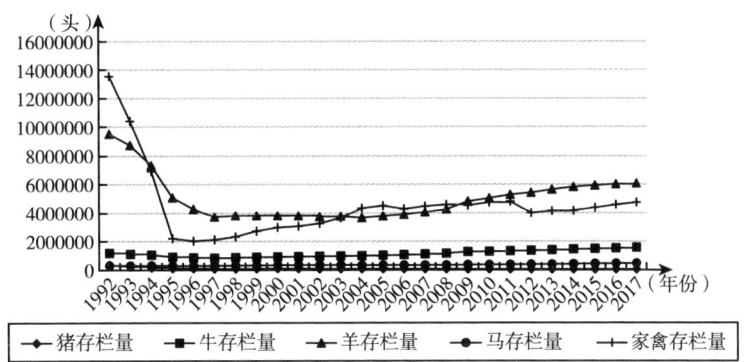

图3-8　1992~2017年吉尔吉斯斯坦主要畜牧业数量变化情况

资料来源：FAO数据库。

养羊业存栏量1992~2014年呈类"U"形曲线，1992~1997年呈快速下降趋势，从952.5万只快速下降至371.6万只，下降60.9%；1997~2006年，吉尔吉斯斯坦羊存栏量维持在380万只左右浮动；2007~2017年呈稳步上升态势，从404.69万只增长至582.9万只。

养牛业存栏量1992~2014年呈"V"形曲线变动，1992年存栏量为119万头，1997年最低为84.76万头，随后存栏量逐年上升，2014年达145.83万头，较1992年增长22.7%。

养马业存栏量呈"V"形曲线变动，1992年为32万匹，1996年降至最低为30.8万匹，随后逐年增长，至2014年马的存栏量为43.3万头，较1992年增长35.3%。

猪存栏量1992~2014年总体上呈下降趋势，1992~1997年下降最快，从35.77万头下降至8.8万头，5年下降了75.4%。之后几年虽然有小幅上升，但整体呈下降趋势，至2014年猪存栏量为5.07万头，较1992年下降14%。

家禽养殖总体呈现下降趋势，尤其是在1992~1996年急速下降，从 1357.1 万只下降至 203.1 万只，降幅达 85%；之后缓慢有所上升，2014 年存栏量为 415 万只，仅为 1992 年的 30%。

3.2.2 畜牧业在各州分布情况

养牛业 75% 以上主要集中在奥什州、贾拉拉巴德州、楚河州、伊塞克湖州，2019 年牛的数量分别为 18.9 万头、18.38 万头、13.9 万头和 12.8 万头，占比分别为 23%、22%、17% 和 15%；养羊业 70% 以上主要分在贾拉拉巴德州、奥什州、纳伦州和伊塞克湖州，2019 年养羊储量分别为 133.35 万只、115.45 万只、108.88 万只和 93.12 万只，占比分别为 21%、18%、17% 和 15%。养马业主要分布在纳伦州、伊塞克湖州、奥什州、贾拉拉巴德州和楚河州，数量分别为 12.74 万匹、10.86 万匹、9.89 万匹、7.66 万匹、7.45 万匹，占比分别为 24%、21%、19%、15% 和 14%；养猪业 93% 分布在楚河州，数量为 3.24 万头；家禽养殖主要分布在楚河州、贾拉拉巴德州、奥什州，占比分别为 40%、18% 和 16%，如表 3-7 所示。

3.2.3 主要畜产品产量情况

2015~2020 年，吉尔吉斯斯坦肉类、牛奶、羊毛、鸡蛋等主要畜牧产品产量均呈增长态势。2020 年，吉全国肉类总产量为 23.04 万吨，牛奶产量为 166.8 万吨，羊毛产量为 13110 吨，鸡蛋产量为 562 百万枚，如表 3-8 所示。

根据 FAO 数据库，独立后从时间维度上看，1992~2014 年，吉尔吉斯斯坦肉类、奶类、蛋类等产量除在独立前几年有所降低之外，一直呈增长态势。奶类产量 2014 年为 144.55 万吨，比 1992 年的 96 万吨增长 50.6%。肉类产量 2014 年为 21.23 万吨，比 1992 年的 22.77 万吨略有减少。蛋类总产量 2014 年为 2.37 万吨，比 1992 年的 3.3 万吨，减少近 1 万吨，如图 3-9 所示。

第3章　吉尔吉斯斯坦农业生产结构及其变迁

表3-7　2019年吉尔吉斯斯坦主要畜牧业在各州分布情况

地区	牛 数量（头）	牛 比例（%）	羊 数量（只）	羊 比例（%）	马 数量（匹）	马 比例（%）	猪 数量（头）	猪 比例（%）	家禽 数量（只）	家禽 比例（%）
全国	835270	100	6266739	100	522611	100	34750	100	6211184	100
巴特肯州	73566	9	511955	8	7921	2	34	0	286978	5
贾拉拉巴德州	183792	22	1333521	21	76668	15	46	0	1131826	18
伊塞克湖州	124774	15	931245	15	108638	21	1783	5	800488	13
纳伦州	85405	10	1088822	17	127419	24	0	0	206883	3
奥什州	189232	23	1154534	18	98909	19	0	0	966364	16
塔拉斯州	33437	4	556797	9	27296	5	203	1	259283	4
楚河州	139944	17	663082	11	74501	14	32442	93	2492934	40
比什凯克市	303	0	2148	0	269	0	103	0	15582	0
奥什市	4688	1	24526	0	865	0	139	0	49877	1

资料来源：吉尔吉斯斯坦国家统计局网站。

表3-8 吉尔吉斯斯坦2015~2020年主要畜牧业产品数量

年份	2015	2016	2017	2018	2019	2020
肉类总产量（万吨）	20.83	21.24	21.66	22.13	22.62	23.04
牛奶（万吨）	148.11	152.46	155.62	158.97	162.78	166.8
羊毛的产量（吨）	12085	12382	12619	12798	12943	13110
鸡蛋产量（百万枚）	432.9	469.7	510.7	533.2	561.3	562

资料来源：吉尔吉斯斯坦国家统计局网站。

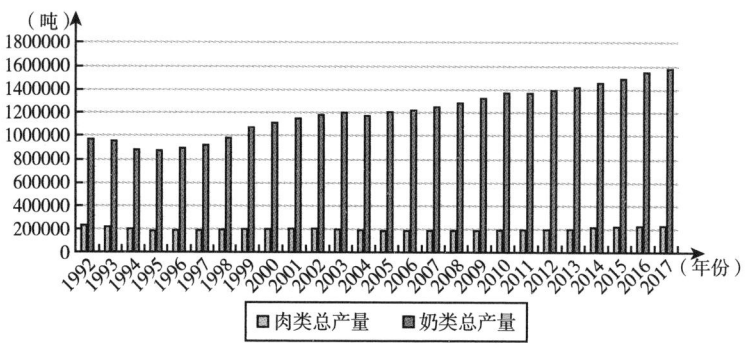

图3-9 吉尔吉斯斯坦1992年以来主要畜牧业农产品变化趋势

资料来源：FAO数据库。

3.3 林　　业

吉尔吉斯斯坦境内森林资源多分布在山区，2010年森林覆盖率为5%。其中天然云杉林主要分布在伊塞克湖州、楚河州、纳伦州和塔拉斯州；核桃果子林主要分布在贾拉拉巴德州和奥什州；贾拉拉巴德州也有诸如黄连木、巴旦杏等耐旱林木（姜振军等，2018）。

2016~2020年，吉尔吉斯斯坦狩猎和林业产值呈"V"形变动，2016年为3.74亿索姆，2020年为3.6亿索姆，折合429.85万美元，如图3-10所示。

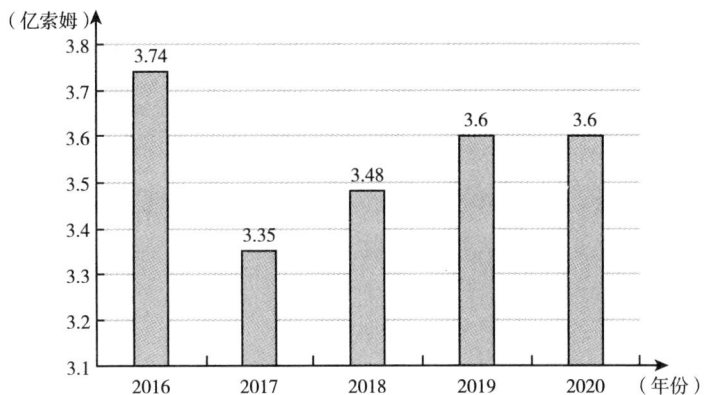

图 3-10　2016~2020 年吉尔吉斯斯坦狩猎和林业生产总值

资料来源：根据吉尔吉斯斯坦国家统计局网站相关数据整理。

吉尔吉斯斯坦林业发展主要以进口为主，1992~2018 年，1993 年林业进口产值为 66.7 万美元，1994 年、1995 年为最低值 6.6 万美元；1998~2013 年，林业进口产值持续增加，从 453 万美元增至 1.68 亿美元，增加了 37 倍。之后，2015 年降至 8981.6 万美元，2016~2018 年一直维持在 1.2 亿美元，如图 3-11 所示。

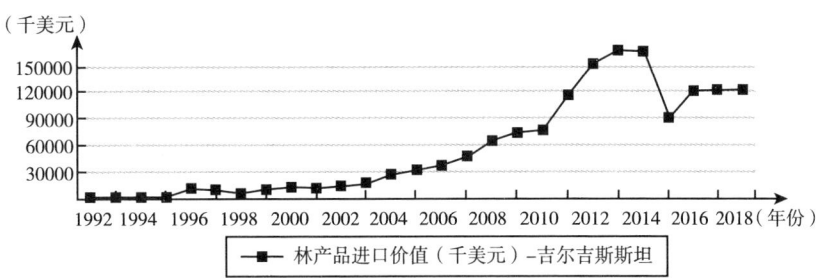

图 3-11　吉尔吉斯斯坦 1992~2018 年林产品进口趋势

资料来源：FAO 相关数据。

林业出口一直呈波动状态，其中 1994 年、1995 年最少为 1000 美元，2008 年最高为 141.6 万美元，2017 年、2018 年维持在 65.4 万美元，如图 3-12 所示。

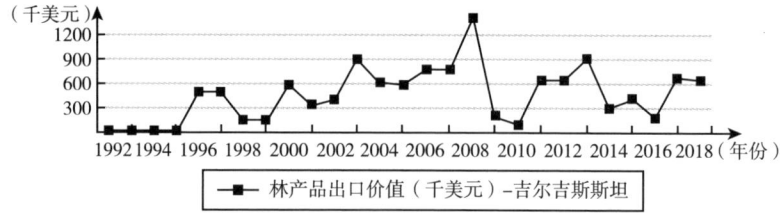

图3-12 吉尔吉斯斯坦1992~2018年林产品出口变化趋势

资料来源：FAO相关数据。

吉尔吉斯斯坦农业
(1991—2021)
Chapter 4

第4章　吉尔吉斯斯坦农业政策体系及其变迁

4.1 农业政策体系及其演变

4.1.1 现有农业政策体系

吉尔吉斯斯坦于1991年独立，拥有19.99万平方千米的土地，其中适宜于农业用途的占53.5%，森林占5.5%，水面占4.4%，其他土地占36.6%。截至2020年，共有人口613.3万人。在吉尔吉斯斯坦，农业是国民经济的基础部门。独立后吉尔吉斯斯坦就着手进行了激烈的经济改革，其目的是通过对国有财产的非国有化和私有化，建设具有发达市场经济的国家。这场经济改革的主要方向之一是进行农业改革和土地改革（尤素帕夫·拉什德，1996）。

截至2016年，吉尔吉斯斯坦与农业有关的主要政策文件是由吉尔吉斯共和国第11任总统批准的法令：《吉尔吉斯共和国2013～2017年国家可持续发展战略》（NSSD），该法令自2013年1月21日起实施。NSSD确定了国家中期发展的主要方向。NSSD第10.1条指出农业工业化是经济的发展战略之一。分析吉尔吉斯斯坦最近的农业发展趋势可以发现，农业发展中存在的严重问题有：土地退化、灌溉和其他公共基础设施的投资减少，私营部门投资不足和取得财政资源的机会不足，主要粮食产品依赖于进口和吉尔吉斯斯坦农产品出口障碍，以及农产品产业链不完整等。NSSD为农业工业化确定了四个目标：（1）提高产量和生产质量，保障国家粮食安全；（2）提高农业和农产品加工业的效率和竞争力；（3）提高该部门政府预算资源的使用效率；（4）农民社会问题改革。这些目标是要通过以下政策的集中实施来实现的（Mogilevskii and Roman，2016），如表4-1所示。

第4章 吉尔吉斯斯坦农业政策体系及其变迁

表 4-1	实施政策
通过优化治理结构来改善该领域的治理,加强物权,支持农场的合并和扩大,加强牧场管理,重建种畜饲养场	
为农业提供更好的服务,包括修复灌溉网络,保护动植物,更好地利用农业机械、资金,通过政府私人合作(PPP)项目改进种子和遗传材料,提供人力资源和技术推广服务,以及农村基础设施(道路、清洁水、电力)发展	
通过创造合法环境,鼓励合作和集中生产,出台激励措施以促进农场合作和整合,PPP 等	
通过建立批发市场,为该部门创造现代市场基础设施市场、信息支持和培训创造现代市场结构	
通过集群的形成和发展增加农业工业部门产品和出口	
通过发展灌溉系统和改善工程完成土地复垦	
发展农产品加工业,特别是动物饲料生产、乳制品和农产品加工业、肉类加工业和罐装水果和蔬菜。这将通过政府投资和补贴贷款的支持下新建企业来实现	
通过改进政府对土地和水的使用核算和监测,提高地方政府和公共社会组织维持农业土地肥力的地位,提高土地使用监管。	

在制度上,有两个机构负责执行政府政策:分别是吉尔吉斯斯坦农业、食品工业和改善部和吉尔吉斯斯坦国家兽医和植物检疫检验局。该部负责制订该部门的政策和提供所有政府服务,但属于检查机构职责范围的服务除外。从它的名字可以看出,检查员提供与该国兽医和植物检疫控制职能有关的所有服务。

上述 NSSD 的政策声明以及有关政府在该部门实际活动的现有信息表明,吉尔吉斯斯坦政府执行的主要农业政策包括:(1)为农业重要公共产品提供支持(如兽医服务、种子培育等);(2)主要在捐助者的支持下,重建灌溉、道路等基础设施;(3)改善市场准入机制,包括加入欧亚经济联盟(EAEU)以促进吉尔吉斯斯坦农民进入俄罗斯市场、哈萨克斯坦和其他 EAEU 成员国市场,并且构建与 EAEU 成员国相统一的现代化的测试实验室、技术法规质量标准体系;(4)向农民和农业企业提供更优惠的信贷,这是通过政府对商业银行贷款给农业生产者和加工商的补贴项目实现的;(5)对农业生产者和某些类型的农业综合企业实行有利的税收制度,这些企业和个人只缴纳极低的土地税,并免除任何其他税。

但是,吉尔吉斯斯坦政府在农业上的支出并不高。2015年,这些支出仅占政府一般预算支出的1.5%,占农业生产总值的1.2%。这些资源远远不足以执行上述广泛的政策议程。因此,政府在农业方面的服务质量低于其应有的水平。

4.1.2 农业政策演变的不同阶段及其特点

4.1.2.1 独立前农业政策改革(苏联时期)

苏联时期的农业制度改革是在整个国家制度变革的基础上进行的。苏联初期,其所实施的农业改革政策伴随着旧的农业制度的消亡和新的制度的形成。斯大林时期改变了初期的农业政策,开始实行计划指标型的农业生产政策,这时期大规模集中的集体农业生产模式对农业产量的提高起到了一定作用,但是也为农业发展空间的进一步提升埋下了隐患。后来的执政者逐渐意识到苏联农业问题的严重性,相继推出支持个人副业发展、承认家庭承包制、发展多种形式的农业经营政策。具体发展阶段分为以下六个阶段(刘月坤,2013)。

(1)列宁时期农业政策(1918~1929年)。在十月革命之前,沙俄一直实行土地私有制,在十月革命胜利后,苏联废除了土地私有化制度,开始将土地收归国有。1918年苏联根据国内外政治情形实施了"战时共产主义政策",主要内容包括实行余粮收集制、禁止自由贸易,国家对粮食、食品和日用消费品实行垄断和配给制等,按照战时体制来改组整个国家的经济生活。1921~1925年取消了"战时共产主义政策",开始实施"新经济政策",从余粮收集制过渡到粮食税,规定纳税后剩余的粮食、原料和饲料等农民可以自由支配

（崔剑，2008）。

（2）斯大林时期农业政策（1930~1952年）。从1930年开始苏联实行农业全盘集体化，到1934年集体化基本完成，集体化农户占到93%，而集体化耕地占总耕地面积的99%，并且实现了以集体所有的机械化社会主义大农业取代农民个体小生产。然而，斯大林实行的集体化成为后来一系列棘手问题的根源。首先是1930年进行集体化过程中，由于急躁冒进，造成了农业、轻工业和重工业比重的严重失调；其次是"大清洗"等政治运动使改革逐渐演变为一个僵化的农业理论概念和农业模式，认为公有制程度越高越好，使农业管理体制更加僵化，挫伤了农民的积极性，严重影响了农业的发展。

（3）赫鲁晓夫时期农业政策（1953~1963年）。由于斯大林时期遗留下来的农业集体化问题，赫鲁晓夫上台以后进行了大范围的农业改革。他的农业改革措施主要有：一是改变以前给集体农庄和国营农场下达计划性指标的做法，使集体农庄和国营农场获得更多的自主权；二是调整国家和农民的经济关系。取消义务交售制，实行统一采购制度，提高农产品价格，维护集体农庄和农民的利益；三是改革劳动报酬制度，贯彻物质鼓励原则，鼓励和扶持发展个人副业的政策，提高农民生产积极性；四是探索基层劳动组织形式，推行小组包工奖励制，增加农业投资，大规模垦荒。

（4）勃列日涅夫时期的农业政策（1964~1981年）。一方面继承了赫鲁晓夫时期的农业政策，继续调整农业管理体制，鼓励和扶持个人副业的发展，改进农产品收购制度，提高农产品收购价格等；另一方面进一步加大农业投资，使农业提高到较高地位。1966~1988年，苏联农业投资总额高达3820亿卢布，占当时国民经济总投资的25.6%。同时，勃列日涅夫进一步扩大集体农庄的规模。到了20世纪70年代末集体农庄的农户增加了14%，达到了平均规模495户，并且国营农场的数量也增长了1.8倍。

（5）安德罗波夫和契尔年科时期的农业政策（1982～1985年）。首先是继承了前两任执政者的政策，如提高农产品收购价格，重视个人副业的发展，进一步发展农工综合体；其次是推行了新的农业方针，即实施农业生产的集体承包制。

（6）戈尔巴乔夫时期的农业改革政策（1986～1991年）。戈尔巴乔夫上任以后，在继承之前农业政策的基础上，进行了较大突破与创新。首先，推广集体承包制和发展家庭承包形式。这从理论上改变了所有制观念，承认各种社会主义所有制形式，重视农民的利益，强调农民的自主性。其次，实行土地和生产资料租赁的制度。根据投标原则将土地长期租赁给农场，农庄乃至农户个人，将土地归还农民。最后，对于集体农庄和国营农场实行规模改组和兼并措施，提高农庄和农场的生产效益。

4.1.2.2 独立后（1991年）以来农业政策的演变

20世纪90年代初，作为苏联内部重大变革的一部分，吉尔吉斯斯坦农业部门开始转型。苏联的解体使土地、牲畜、资本和劳动力等方面制度需要重新建立。90年代初，吉尔吉斯斯坦农村地区建立了大约有500个集体农场，其农业政策发展主要经历了以下四个阶段（Mogilevskii and Roman，2016）。

（1）第一阶段1991～1994年过渡期。这一阶段的特点是对农场进行不同措施的重组。早在1991年，政府就开始尝试从集体所有制转为私有制，2000名农民获得了大约5%的耕地。新立法试图确立土地分配的原则。1992年，集体农场以股份公司、农业合作社和农民农场协会的形式进行了重组，但大多数农村人口仍然保持着类似社会主义集体农场的组织形式。三分之一的集体农场进行了重组，在此期间形成了多达2万个小农场。其他部门仍然保持旧的工作和管理方式。政府继续补贴农场，但由于预算崩溃，支持水平每年都在下降，最终农产品价格也解除了管制。到1994年底，只有12%的土地是由个体农民耕种的，尽管当时土地所有权还不明确。土地股份和其他资产在纸面上分配给农民和其他在农村工作的人。与其他苏联共和国不同的是，在吉尔吉斯斯坦，想要成为个体农民的集体农场工人可以要求在不同地点拥有土地，并建立个体农民农场。农业产出也在下降，但速度比其他部门要慢。1995年，农业部门占全国国内生产总值的一半。

（2）第二阶段1995~2003年土地改革期。土地改革始于1994年新颁布的总统令。它确定了集体农场改革重组方案最后阶段的程序和方法。这次整顿涉及262家国有农场和190家集体农场。大部分可转让土地份额的分配以农业完全个体化为目标，特别是在1998年承认土地私有制之后。牲畜的分配开始的更早，到1995年68%的牲畜已被个性化。然而，只有16%的拖拉机和建筑属于私人所有。四分之三的耕地被分配给农民个体。该地区的其余部分被转移到土地再分配基金（LRF），归国家所有，以备将来分配。LRF所有土地的管理权被移交给地方政府，地方政府可以通过拍卖、招标或直接分配的方式将土地租给农民。但是，在许多可耕地有限的地区，如吉尔吉斯斯坦南部，LRF的土地也转让给私人所有者，使这些地区没有土地储备。

与此同时，国家试图改革灌溉制度。它通过让农民参与农田灌溉网络的管理，分散了以前中央计划的灌溉部门。它为创建用水户协会（WUAs）和将农田灌溉基础设施转让给WUA所有建立了法律基础。农田间灌溉基础设施仍然属于国家财产。随着私营部门拥有和管理土地的增加，农民的人数迅速增加，大多数是个体农场（从1994年的20000人增加到2001年的25000人）。因此，平均农场面积从1994~1996年的15公顷下降到2002年的3公顷。个人使用的耕地总数（农场和家庭用地加在一起）稳定在92万公顷左右（灌溉和非灌溉），剩下的大型农业企业和其他用户耕种不到40万公顷。

2002年政府继续进行水务改革。它实施了一项立法，赋予用水户协会法律地位，使其成为旨在从当地农民的利益出发，管理和维护农村地区灌溉系统的非商业组织。用水户协会被指定收取水费，在其成员和服务区域内的其他用水户之间公平分配用水，并使用从用水户那里收取的费用来运营和维护农田灌溉基础设施。

（3）第三阶段2004~2009年农业改革，这一阶段重点发展农业推广服务和基础设施。政府编制了一份农业发展改革的优先事项清单：发展合作社；发展农场和农业企业；改善水和牧场管理；农村社会发展。农村咨询服务（RAS）作为推广服务提供商，在其成立的头十年（1998~2008年）得到了捐赠组织的大量资助。然而，RAS似乎并不是可持续的。2010年，RAS的营业额下降到2007年的水平，私营部门和农村客户仅贡献了3%。草场改革始于2009年，当时草场管理被转移到社区，创建了454个草场使用者联盟，每个农村市政委员会（Aiyl Okmotu）一个。改革仍在进行中，牧场登记划界工作在进行中，牧场使用者收费逐步提高，牧场工会提供咨询服务的能力有待进一步加强。

（4）第四阶段2010至今。截至2016年，该国的主要政策文件是2013~2017年吉尔吉斯斯坦国家可持续发展战略（NSSD），该战略由吉尔吉斯斯坦第11号法令总统于2013年1月21日批准。NSSD为国家的中期发展确定了主要方向。NSSD第10.1节讨论了作为经济战略部门之一的农业工业部门。通过分析吉尔吉斯斯坦最近的农业发展趋势，认识到农业发展存在一系列严重的问题——土地退化，灌溉和其他公共基础设施投资减少，私人投资不足，金融资源获取途径有限，主要农产品依赖进口并且有农产品出口壁垒，农业生产环节不完备等。NSSD为农业工业部门制定了四个目标：一是提高产量和生产质量，保障国家粮食安全；二是提高农业和农产品加工业的效率和竞争力；三是提高该部门政府预算资源的使用效率；四是农民社会问题的解决。这些目标将通过执行围绕下列任务的政策来实现。

第4章 吉尔吉斯斯坦农业政策体系及其变迁

4.2 农业土地政策

4.2.1 独立前的土地制度（苏联时期）

从1917年十月革命到1990年苏联解体，这一历史期间的土地制度构造与土地权利制度设计，是以土地国家所有和农业集体经营为特征的土地制度，它不仅是苏联社会主义制度的重要标志，而且对世界其他社会主义国家土地改革与土地法制度设计产生了深远影响。苏联土地制度变革大致经历了三个发展阶段：十月革命后的新经济政策时期、农业全面集体化阶段和发达社会主义时期（曲文轶，2000）。

（1）新经济政策时期土地政策（1921~1928年）。

新经济政策时期是苏联探索由资本主义向社会主义过渡的时期。1921年3月23日，苏维埃政府颁布了实施新经济政策以来的第一个调整农村土地关系的规范性文件，该法令的目的在于保持现行农民对于土地占有和使用状态，地方机关不能以建设集体农庄、平均地产的名义收回农民的土地。1921年12月19日召开的苏共第十次全国代表大会确定了土地政策原则：一是毫不动摇地保持土地国有化；二是巩固农民的土地使用权；三是给农村居民以选择土地使用形式的自由。1922年10月30日，苏维埃第九次中央执行委员会通过了苏维埃社会主义共和国土地法典，并于当年12月1日生效实施。法典重点强调，废除土地私有制，巩固土地国有化成果。所有土地无论由谁管理与使用，均是工农国家所有的财富；仅允许在劳动使用基础上的土地占有，并严禁土地买卖；农民可以无限期地占有和使用土地等。土地法典充分体现新经济政策时期土地关系的基本原则，允许农民永久地占有和使用土地，自由地选择占有和使用土地的形式。

(2) 农业全面集体化中的土地政策（1929~1945年）。

从1928年开始，集体农庄成为苏联农业经济发展的优先政策，无论是土地供给、生产工具配备、资金资助、税收减免等都向集体农庄倾斜。但是在这个时期，苏联土地占有与使用形式还是处于混合状态。直到1929年底进行的农村全面集体化浪潮彻底改变了农村土地占有与使用格局，同时完全颠覆了农村组织的历史传统架构。村社制度全面解体，其生产职能由集体农庄接管，而行政管理职能则由村苏维埃取而代之。20世纪30年代苏联农村集体化运动，首先表现为自上而下的强制性特征，被集体化的农民自由地选择占有与使用土地形式的意志自由已经不存在，全部被融入集体化的洪流之中；其次，集体化无论是在速度上还是形式选择上都表现出跃进的特征。到20世纪30年代中期，消灭了所有独立的农民农场，提高了国家对国有和集体农场的控制水平。

(3) 发达社会主义时期的土地权利体系（1946~1989年）。

第二次世界大战结束后，苏联开始积极地进行土地立法编纂工作，颁布了一批规范性法律文件，这些规范性立法文件构成了苏联土地立法渊源。1968年12月13日，苏联最高委员会批准通过《俄罗斯苏维埃社会主义共和国土地法典》，于1969年7月1日生效。该部法律对于建立国家土地所有权基础之上的土地法律制度规定愈加细致与详尽，对农业集体化所形成土地占有与利用现状从法律的角度予以固定。进入20世纪70年代以后，苏联政府对土地关系进行了一系列调整，展开了土地使用收费的讨论，认为土地付费是合理有效使用土地的根本出路，以改变农业企业集中大量土地不利用的情况。1982年苏联效仿欧洲国家，实行集体承包制。1988年8月，苏联农工委批准的建议规定，把土地和其他生产资料转为租赁经营，最高租期可达50年。同年12月，苏联颁布《租赁法》，以法律形式确定了土地租赁制的地位。

4.2.2 独立后的土地制度演变

吉尔吉斯斯坦的土地改革进程同其他原苏联加盟共和国一样，必须把农业从苏联模式的国有土地和大型农场企业占主导地位转变为以市场为导向的私有土地模式，以中小型家庭农场占主导地位。因此，土地改革包括两个方面的努力：一是土地法律所有权从国有财产到私有财产的变化（私有化）；二是农业结构由企业化向个体化的转变。由于各种政治和实际原因，大型企业农场继续存在，它们的内部组织和管理结构必须从旧的计划经济导向向符合市场经济原则作出根本改变（Lerman and Sedik，2009）。

吉尔吉斯斯坦是原苏联加盟共和国中第一个允许土地私有制的国家。虽然俄罗斯、乌克兰和摩尔多瓦是私有化的先驱，在1990~1993年的不同阶段废除了国家对农业土地所有权的垄断，但吉尔吉斯斯坦在1998年6月公民投票后承认私人土地所有权。全民投票导致了一项宪法改革，明确允许除市政和国家所有权外，土地归私人所有：土地是吉尔吉斯斯坦的财产，是吉尔吉斯斯坦人民生活和活动的基础，受到国家的特别保护。土地也可以是私人的、市政的和其他形式的所有权由法律决定的。

1998年之前，所有的土地都是国有的，就像原苏联一样，但土地使用权在99年里是安全的，1994年以后，土地完全可以转让。吉尔吉斯斯坦在1998年承认私人土地所有权后，立即对私人所有土地的所有交易实行了5年的暂停（1999年《土地法》），与全民投票前的时期相比，通过土地可转让性措施倒退了。吉尔吉斯斯坦之所以实行暂停，是因为有必要让新的土地所有者习惯他们的全部财产权，并充分认识到不可撤销决定的影响。2001年3月取消了禁令，主要为了应对国际捐助的压力，但可转让性的土地仍然受到一个新的行政限制：只有人住在农村至少两年才有资格拥有土地。

独立以来,吉尔吉斯斯坦的土地改革经历了以下阶段,如表 4-2 所示。

表 4-2　　　　　　　　吉尔吉斯斯坦土地立法年表

改革阶段	日期	名称
第一阶段	1991.2	农民农场法(已被 1999 年法取代)
	1991.2	企业法律
	1991.4	土地改革法
	1991.4	土地改革的实施办法
	1991.6	土地守则(已被 1999 年守则取代)
	1992.12	继续实施土地和土地改革的措施
	1993.5	新宪法
第二阶段	1994.2	关于深化土地和土地改革的若干措施
	1994.5	设立国家土地基金(后更名为土地再分配基金)
	1994.8	土地和土地改革的实施程序
	1994.8	农业企业重组程序
	1994.8	土地份额确定及土地使用证核发程序
	1998.6	关于私人土地所有权的公民投票(导致新宪法)
	1998.10	关于私人土地所有权的总统法令
	1998.10	国家对不动产权利的登记及其交易法
	1999.5	《抵押法》(第六章:土地抵押的特点)
	1999.6	《土地守则》(已取代 1991 年《守则》)
	1999.6	农民农场法(取代 1991 年最初的法律)
	2001.1	《农地管理法》:解除卖地禁令(2001 年 3 月)
第三阶段	2004.4	土地和土地改革的新方向和新措施
	2004.6	合作社法
	2007.6	国家再分配储备农地出让的标准程序
	2008.10	税法(第十四节,第 48-51 章):土地税
	2009.1	牧场法

(1)第一阶段:1991~1993 年。

这一时期通过法律规定了原集体企业分配重组的基本原则和程

序,先后经历了引进小农场、非营利农场重组等,详见第 5 章 5.2 节相关分析。

(2) 第二阶段:1994~2003 年。

这一时期的改革主要涉及国营农场及集体农庄的全面重组(详见第 5 章 5.2 节相关分析)、私人土地所有权的公民投票、国家对不动产登记以及《抵押法》《土地守则》《农民农场法》《农地管理法》的颁布等。

这个阶段,个体部门耕地数量的增加伴随着农民农场数量的迅速增加,农民农场数量从 2 万个增加到 25 万个。农民农场数量的增长超过了耕地的增长,导致平均农场规模从 1994~1996 年的 15 公顷下降到 2002 年以来的 3 公顷。据估计,家庭土地的数量约为 75 万块(首次确定是在 2002 年农业普查期间),根据这一估计,平均土地面积为 0.1 公顷。

表 4-3 展示了独立后农业结构的变化,该表比较了苏联传统农业结构与 1991 年改革开放以来出现的农业结构。虽然公司农场和个人农场的一般分类仍然存在,但个人部门现在由两个截然不同的组成部分组成:从苏联时期遗留下来的传统家庭土地和新兴的农民农场。

表 4-3　农业结构的变化:苏联时期和独立后

苏联时期	独立后
企业农场	企业农场
集体和国有农场(kolkhozes, sovkhozes)拥有数千公顷土地的大型农业企业,由指定的管理人员统一制定生产计划	有限责任合伙、股份公司、农业生产合作社农业企业的后继者被重组为股份制公司,由雇佣的经理管理,并大幅缩减规模(从几千公顷减少到几百公顷)
个体农场	个体农场
小型(少于 0.5 公顷)家庭农场,主要生产维生产品,并将剩余产品销往市场;农村居民管理(主要为企业农场员工、农村服务人员、退休人员)	家庭用地与苏联时期基本相同,土地占有量大幅增加,但仍然很小;以畜牧业为主的自给农业和商业农业的混合 农民农场 中型家庭农场(1~10 公顷)是在公司框架之外根据新的(1992 年以后)国家储备土地分配给合格的申请者;以商品型农作物生产为主

(3) 第三阶段：2004 年至今。

正式指定为"土地和土地改革的最后阶段"，重点事项如表 4-4 所示（土地和土地改革的新方向和新措施，总统令，2004 年 4 月）。

表 4-4　吉尔吉斯斯坦土地和土地改革的新方向和新措施

广泛发展合作社
发展农民农场和农业经营
重点关注信用合作社、抵押贷款融资和农业保险
确定最佳的土地面积和登记
恢复和发展种子和牲畜的选择
鼓励农业科学、咨询和营销服务
建立有效的技术、农用化学品和兽医系统服务
发展农产品的销售、加工和出口体系
改善水和牧场管理
农村社会发展

资料来源：总统令，2004 年 4 月。

在前两个阶段主要关注土地改革和农业结构调整的基本知识，建立土地份额分配、土地股份转换成物理块，建立机制的创建和操作农民的农场——第三阶段实际上看起来"超越土地改革"，通过强调注意服务和基础设施。这是任何改革方案的重要组成部分，旨在为改革后农场的正常运转提供一个支持性的市场环境。

农业用地分为两大主要组成部分：耕地，即用来种植农作物的土地；牧场，即用于放牧动物的未开垦部分。在吉尔吉斯斯坦，牧场占农业用地的 85%，耕地占 15%。牧场没有私有化，仍然是国家财产。私有化努力只集中在可耕种的土地上。土地改革立法设定了 75% 耕地私有化的目标，剩下的 25% 将保留在国家土地再分配储备中，以备未来不测之需。到 2003 年，私有化的目标已经实现，当时 94 万公顷的可耕地以土地股份的形式分配给将近 200 万土地所有者占农村人口的三分之二（见表 4-5）。

表 4–5　　2003~2008 年土地私有化的现状

年份	2003	2008
总耕地面积（万公顷）	1239	1209
私人所有的耕地（万公顷）	937	940
私有耕地的占比（%）	76	78
私人土地所有者的数量（人）	1712042	2043004

资料来源：Gosregister, annual land balances for 1.1.2004 and 1.1.2009.

农村人口土地份额分配机制的最终目的是将土地份额转化为私人拥有的小块土地供个人耕种。这一过程导致个体耕作的耕地面积迅速增加。大多数（但不是所有）土地共享所有人实际上以实物形式主张他们的权利。在土地改革过程中，个人使用的耕地比例（即通过土地股份转换获得的土地）稳步增长，2003 年达到 70%，2007 年达到 73%，略低于实现私有化 75% 的目标。随着私有化进程接近完成，个人使用的耕地总数（农民农场和家庭用地合计）稳定在 92 万公顷左右，其余的农业企业和其他用户控制的耕地不到 40 万公顷。

4.2.3　土地改革成果：农业生产与资源

所有转型国家的土地和农业改革都旨在解决苏联遗留下来的长期低效问题。农业效率低下，可以追溯到苏联体制固有的一种扭曲的激励机制。在市场经济中，苏联体制依赖于企业农场而不是主导农业的家庭农场。家庭农场和企业农场缺失的个体问责制，有望弥补以大型企业农场为基础的农业的诸多弱点和缺陷。根据这些理论，包括吉尔吉斯斯坦在内的所有独联体国家的土地和农业改革立法都强调向个人土地所有制过渡，并从大型企业农场向易于管理的中小型家庭农场转变。吉尔吉斯斯坦这些变化确实通过恢复增长和提高农业生产率而导致了农业复苏。

1995 年以来的显著增长肯定不是由于农业资源基础的增加。耕地面积从 1994 年的峰值 140 万公顷缩小到 2007 年的 130 万公顷，同时超过500万公顷的牧场被农田和村庄转移出生产用途。与1988年苏联的水平相比，机械库存的减少和化肥及其他购买投入使用的急剧减少，更加强化了农业土地资源减少的潜在消极影响（见表4-6）。尽管如此，农业生产仍显示出强劲的增长，自1995年以来增长了75%，超过了苏联的记录。在资源没有显著增加的情况下，这显然与在土地和农业改革过程中从以前的集体农业向个人和家庭农业转变所带来的激励措施的巨大变化有关（见表4-6）。

表4-6　1988~2007年农业机械存货及肥料使用量（所有农场）

	1998年	2007年	2007年是1988年的比例（%）
农业机械（实体单位）			
拖拉机	32653	24531	75
粮食生产使用	4229	3091	73
饲料生产使用	2155	326	15
施肥			
总计（所有农场，千吨）	296.4	28.7	10
每公顷播种，千克*	181	25.5	14

注：*农业企业1988年，全部农场2007年。

资料来源：1988 from Narkhoz KyrSSR 1988；2007 from 2007 AgYB.

4.2.4　未完成的改革议程

以各种标准衡量，吉尔吉斯斯坦的土地改革都非常成功。自20世纪90年代初引入私人土地所有权以来，已有整整78%的耕地转让为私人所有（Gosregister，2009），75%的耕地和近100%的牲畜现在为个人所有，目前个人部门贡献了农业总产出的98%。向个体农业的转变无疑是1995年以后农业恢复增长的主要因素之一。

然而，农业部官员仍然对这些成就表示不满和高度怀疑。他们认为土地改革是一个破坏性的过程，它摧毁了资本密集型和高度商业化的大型农场，并将吉尔吉斯斯坦推向高度分散的自给自足的小农场。

在宣扬这一观点时,他们忽略了有充分证据证明的苏联农业模式长期无效率,以及最近在包括吉尔吉斯斯坦在内的所有独联体国家家庭农场表现优异的证据。这些官方观点导致了今天吉尔吉斯斯坦农业的惨淡景象。

大多数农村家庭实行自给农业,并被分配小块土地为其家庭生产粮食。这些土地往往不足以养活每个家庭,而且种子和肥料的购买往往过于昂贵。即使可以生产出过剩的粮食,也很难将其运往市场。没有机器意味着劳动主要由家庭成员进行。大多数村庄缺乏加工羊毛、保存水果和增加作物价值的基本设施。

当然,在土地改革过程中创建的家庭农场规模较小,平均每个农场只拥有0.8公顷耕地(2002年农业普查;每个农民农场3.1公顷,每个家庭土地0.1公顷)。然而,即使是这些小农场也不是纯粹的维持生计的经营,家庭土地上的农产品销售一直占家庭现金收入的20%。吉尔吉斯斯坦的农民遭受着通常被称为"小规模陷阱"的困扰,需要一些制度来帮助他们实现规模更大的好处——在产品营销和获取投入或机械方面的好处更多,而不是在生产方面。

土地和农业改革未完成的议程大致包括两组问题:

(1)进一步的土地分配努力,包括从国家再分配基金中分配土地,注意小型农场的整顿,以及旨在对抗持续放弃牧场的新牧场管理技术。

(2)发展和改善专门为小型家庭农场设计的农业服务和农业基础设施,以消除"小的陷阱"。

4.3 农业税收政策

4.3.1 独立前农业税收政策(苏联时期)

苏联时期农业税收制度的发展,大体上可以分为三个阶段(王建军，1996）。

（1）第一阶段（20世纪50年代以前）：农业税收制度基本没有发挥应有作用。

1930年，苏联废除了多种税收办法规定外，将集体农庄向国家交纳的各种农业税合并为所得税。但是，20世纪50年代以前农业税作为间接税，对农业创造的国民收入部分进行再分配的作用不大，在国家财政收入中所占比重很小，因而税收制度没有发挥应有作用。

（2）第二阶段（20世纪50年代）：农业税收制度在经济改革不断改进。

1957年以前，苏联一直根据集体农庄的现金收入计算它们的所得税。1957年，苏联将集体农庄所得税征收的方法改为按其总收入和统一税率计征；到了1958年，苏联又根据各地自然和经济条件特点作出调整统一税率的规定，在这种规定下，有的地方征收税率可能高于或低于统一税率，有的地方甚至可以减免。这些农业税制的改进措施有助于改善低收入农庄的地位。

（3）第三阶段（20世纪60~80年代）：农业税收制度进一步改革与改进完善。

在20世纪60~80年代时期，苏联进一步改革和完善了农业税收制度。其主要内容包括以下两个方面：一方面是所得税征收实行统一税制，并把盈利率作为纳税基础。自1965年起，苏联开始实行集体农庄所得税新的计征办法。该办法规定所得税分为两种：一种是纯收入所得税。在集体农庄农业生产及其他纯收入之中，纯益率超过25%部分，按纯益率每超过1%以3%的税率征税，但总额不得超过应税纯收入25%。另一种是劳动报酬基金所得税。其应税部分为集体农庄成员全年月平均劳动报酬60卢布以上的那部分劳动报酬基金，征收税率为8%。另一方面是将征收土地税作为漏税农业企业和个体农户收入的重要补充。由于苏联各地自然条件和地理位置不同造成了土地级差收入，为了将这些收入转化为国家财政资金，苏联在收购农产品过程中实行了地区差价，同时辅以征收土地税，作为调节农业企业和个体农户的重要补充手段。

4.3.2 独立后农业税收政策

（1）税收优惠政策。吉尔吉斯斯坦政府对某些行业提供税收优惠，如金矿开采、服装和农产品加工业。例如，它给予在采矿业部门投资的投资者非常慷慨的税收优惠。就吉尔吉斯斯坦最重要的金矿库姆托尔金矿而言，企业利得税可免征5年。加上政府在黄金开采领域的股权未实现股息，慷慨的税收优惠加剧了政府税收收入的紧张。2004年，政府终止了对Kumtor公司（世界贸易组织）慷慨的税收优惠（WTO）。从2005年开始，服装生产企业开始实行所谓的"专利税"，大大减轻了企业的税负。在服装行业以专利为基础的税收制度下，制造商根据工作场所的数量纳税，而不是根据生产价值纳税。2008年，政府决定取消以专利为基础的税收制度，但它再次被引入。为促进农产品加工业的发展，政府通过偿还投资贷款购买机器的利息、偿还租赁、扩大农产品加工业企业可租赁设备的范围等形式提供补贴。政府计划为促进农产品加工业出口开发新的金融工具，并为机器租赁提供更积极的支持（Oroshbekovna，2006）。

2009年，所有农产品均免征12%增值税，这有利于农产品加工业在国际市场上竞争。这种税收优惠可以鼓励外国直接投资进入吉尔吉斯斯坦的农产品加工业。由于2011年的政策改革，国内和外国投资者在法律权利方面没有被歧视，外国人可以拥有公司100%的所有权。2007~2010年，流入农产品加工业的外国直接投资显著增加，每年达到400万~500万美元。

（2）关税政策。吉尔吉斯斯坦独立后早期的贸易政策很难追踪，因为边界极易渗透。1994年，政府废除了国家对国际贸易的垄断，自 1995 年以来，吉尔吉斯斯坦一直奉行以最惠国（MFN）关税为基础的贸易政策，最高税率为 15%，没有具体关税。大多数国家的关税设定在 10%，从发展中国家进口的关税为 5%，独联体内部贸易的关税为 0。20 世纪 90 年代后半期的实际关税在 2% 左右。对进口商品征收的增值税比同样的国内产品征收的增值税要高，但在 1998 年加入世贸组织后，这一政策就停止了。

1996 年 2 月，吉尔吉斯斯坦启动了加入世贸组织的进程，并于 1998 年 12 月成为世贸组织成员（WTO）。吉尔吉斯斯坦对 WTO 的承诺是非常自由的，限制关税设定在较低水平，几乎所有部门都包括在其《服务贸易总协定》的承诺中。国际贸易的发展和融入全球经济自加入 WTO 以来令人失望，部分原因是商业环境仍然缺乏吸引力，私人投资者由于穷人的制度安排和普遍的腐败现象，但也由于地理和缺乏区域合作，以方便运输。

截至 2007 年，俄罗斯和任何其他中亚国家都不是世贸组织成员，因此吉尔吉斯斯坦是在双轨贸易环境下运作的，其大部分贸易是在世贸组织规则之外进行的。吉尔吉斯斯坦是几个区域组织的成员，其中最重要的是欧亚经济共同体（欧共体），它包括独联体的主要贸易伙伴。1996 年，吉尔吉斯斯坦与白俄罗斯、哈萨克斯坦和俄罗斯签署了关税联盟协议，1999 年，该联盟扩大到塔吉克斯坦。

尽管存在一项区域协定，吉尔吉斯斯坦与其相邻邻国的贸易关系却因缺乏对世贸组织的承诺而受到影响。1998 年俄罗斯危机后，哈萨克斯坦推出了一系列严厉的进口关税，其中包括对乳制品脂肪和人造黄油征收高达 200% 的关税，这损害了吉尔吉斯斯坦乳制品出口。吉尔吉斯斯坦的反应是限制小麦贸易，尽管 1999 年和 2000 年对小麦征收季节性（7~11 月）出口税的影响似乎很小。比贸易税更重要的是，在诸如海关估价或过境等问题上缺乏协议，这增加了中亚区域间贸易的成本。在 20 世纪 90 年代末，一个经常引用的数字是，一辆从吉尔吉斯斯坦过境哈萨克斯坦到俄罗斯的卡车可能需要支付 1700 美元的非官方费用（Ebrill and Havrylyshyn，1999）。

关税政策引起的价格扭曲在吉尔吉斯斯坦农业部门内以及相对于其他部门而言，都应该很小。其主要出口产品棉花、烟草和羊毛，没有受到大量补贴或税收的影响。就棉花而言，这与邻国乌兹别克斯坦形成了鲜明对比。乌兹别克斯坦的国家市场委员会试图榨取大部分的棉花租金，诱使农民将棉花偷渡到吉尔吉斯斯坦，在那里他们可以得到更接近世界行情价格。无论是作为一个群体还是作为一个个体，农业活动并没有受到关税的严格保护。20世纪90年代，政府大幅削减了对农业部门的补贴。总的说来，自90年代初以来投入价格一直不受管制，不过主要的例外是没有强制付款的水和电。农业也受益于信贷补贴，尽管这些补贴似乎很少。

4.4　农业补贴政策

4.4.1　独立前农业补贴政策（苏联时期）

第二次世界大战以后，苏联为了缩小工农产品"剪刀差"，相继提高了农产品收购价格。同时，为了稳定国内消费物价，普遍实行了农业补贴政策。补贴方式概括起来有以下四种（江秀凯，1986）。

（1）提高农产品收购价格，国家补贴购销差价。为了促进农业生产，苏联多次提高了农产品收购价格，以至于部分农产品收购价格已明显高于零售价格。对于因收购价与零售价不同产生的差额，均由国家预算补贴。同时，这种补贴费用逐年增加。1961~1965年，肉类、奶类、蔬菜等农产品的差价补贴为87.86亿卢布，占国家预算支出的2%。1966~1970年，这些农产品补贴差价提高为385.5亿卢布，占预算支出的6%，比上五年增长3.4倍。而到1971~1975年，补贴差价又提高为868亿卢布，又比上五年增长1.25倍。

(2) 农用生产资料的价格补贴。苏联在提高农产品收购价格的同时，不断降低农用生产资料价格，其差额由国家财政补贴。1965 年农用生产资料补贴为 79 亿卢布，到 1970 年提高到 143.3 亿卢布，而 1975 年提高到 172.4 亿卢布，到 1980 年已达到 400 亿卢布。

(3) 奖励补贴。苏联普遍实行了农产品收购奖励制度。1956~1980 年，苏联规定，如果农庄、农场超计划交售农产品就可获得 50% 的价格补贴。最开始这种补贴仅限于小麦和黑麦，1976 年起，其他农产品也相继纳入补贴范围。1966~1970 年苏联农庄农场由于超计划交售农产品而得的价格补贴，总数达 67 亿卢布，1970~1975 年总数为 145 亿卢布，1976~1978 年总数为 914 亿卢布。

(4) 投资补贴。苏联为了促进农业发展，除了提高农产品收购价格外，还大量增加农业投资。在"五五"期间，苏联农业投资仅占国民经济投资比重的 13%~17%，到了"六五"和"七五"期间农业投资比重占到 18%~20%，"八五"和"九五"期间比重进一步提高到 23%~26%，"十五"计划头三年投资比重升为 27%。

苏联所实施的农业补贴政策，在促进农业生产发展方面起到了积极的作用。但在增加国家财政包袱、限制建设投资、差比价关系混乱、助长企业忽视经济效益的作风方面却有一定的消极影响。

4.4.2 独立后农业补贴政策

吉尔吉斯斯坦在独立后的最初几年，由于价格自由，市场运转良好，实施了一些农业补贴政策，以保护消费者和生产者免受严重衰退的影响，但这些补贴到 1995 年已被取消。通过信贷市场和水、电等价格偏低的投入手段提供的间接补贴仍然存在，但农民是在市场环境下经营的。1991~1994年的土地改革也同样缓慢，但在那之后发生了深远的变化，国有和集体农场被个人农场所取代。贸易政策一直是自由的，关税水平低且相当统一，几乎没有非关税贸易壁垒，货币自1995年以来一直可自由兑换（Lee1 and mah，2020）。

1993~1995年，政府维持了一些直接补贴和预算转移，以减轻过渡性衰退对消费者和企业的影响。1993年的主要项目是面包补贴7060万卢布、其他粮食补贴390万卢布和企业支助7880万卢布。1995年，这种转移已减少到2000万、350万和400万卢布。1995年以后，由于支助转为利率补贴，这种转移已被取消。

1995年，向公司、州（面包价格支助）和农行提供的预算贷款为8.141亿索姆。信贷补贴转为通过银行、农业企业和水利部的直接信贷（1996年为2.408亿卢布，1997年为2.778亿卢布），然后在1998年（8310万卢布）和1999年逐步取消。2000~2003年，小额补贴信贷通过银行系统进入农业企业（每年700万~2400万卢布）。这些信贷补贴在2004年被取消。

20世纪90年代对农业的预算支持很少。1998年12月吉尔吉斯斯坦加入世贸组织时，财政部报告说，总预算支持远远低于农业总产值的1%。1999年用于农业和水资源的预算支出总额为3.89亿卢布，不足1000万美元。然而，间接补贴（灌溉用水或电力的低费用）继续扭曲投入的使用和农业产出的组成（Zhunusova，2017）。

在2008年农业和食品公司（AFC）成立之前，政府对吉尔吉斯斯坦农民的援助仅限于投入相关的支持。这种与投入有关的援助包括以低于市场价格的价格购买农业机械、分配种子、物质和技术资源的补贴、提供操作和维修水设施的手段以及其他工具。没有详细的信息说明政府报告的各个农业部门得到了多少实际支持。表4-7列出了吉尔吉斯共和国不同文献来源所报道的政府对农民支持的收集记录汇编。

表4-7 1992~2012年吉尔吉斯共和国的农业支持措施

年份	支持类型	支持措施的描述	信息来源
1993	补贴	面包补贴7.06万吨；其他食品补贴为0.39万吨；0.0788万吨企业支持	Christensen and Pomfret (2007)
1994~2002	间接补贴	灌溉水电费低；通过农业企业和农业改良部提供新品种子品种的研究机构；通过分配政府从日本获得的援助，如化肥（1994~1997年）和拖拉机（1995~2001年））或易货交易（如2002年从白俄罗斯获得拖拉机）获得的投入。	Christensen and Pomfret (2007)
1995	预算贷款	向各州（地区）提供面包价格支持，并且农行提供81.41万吨支持	Christensen and Pomfret (2007)
1996	定向贷款	通过银行向农业企业和农业改良部发放24.90万吨支持	Christensen and Pomfret (2007)
1997	定向贷款	通过银行向农业企业和农业改良部提供27.78万吨支持	Christensen and Pomfret (2007)
1998	无息贷款	1998年6月18日第367号政府法令，加强种子和牲畜养殖的能力，5年3万吨	Ministry of Agriculture (2011)
1998	定向贷款	通过银行向农业企业和农业改良部提供8.31万吨支持	Christensen and Pomfret (2007)
1999~2000	出口税	小麦季节性出口税（7~11月）	Christensen and Pomfret (2007)
2000~2003	补贴额度	通过银行系统向农业企业输送的资金在0.7万吨~2.4万吨/年支持，2004年取消	Christensen and Pomfret (2007)
2003	补贴	2003年10月7日根据第628号政府法令，给予牛养殖场1.09万吨支持	Ministry of Agriculture (2011)
2003	补贴	2003年5月22日政府法令第292号规定3个农场0.67万吨支持	Ministry of Agriculture (2011)
2004	信贷补贴	2004年7月23日政府法令第500号规定给予0.66万吨支持	Ministry of Agriculture (2011)

第4章 吉尔吉斯斯坦农业政策体系及其变迁

续表

年份	支持类型	支持措施的描述	信息来源
2007	商品信用	为6.2万吨提供1万吨碾磨小麦种子（软质小麦）；为5.99万吨提供大麦种子品种5.321万吨；13.06万吨70台"Niva"联合收割机	Azhibekov（2009）
2007	补贴	在低于市场价格的情况下，从国家物资储备中分配5000m³的燃料，总计7.5万吨	Azhibekov（2009）
2008	价格稳定	成立农业及食品公司（AFC）	Governmental Decree as of 31 July 2008, No. 417
2008	商品信用	小麦、大麦种子品种1885.1吨、3.15万吨；氮肥3585.5吨3万吨；306辆通用拖拉机和102辆拖拉机车厢，总重20万吨	Azhibekov（2009）
2008	补贴	从国家物资储备中分配15000立方米燃料，总计36.5万吨	Azhibekov（2009）
2009	采购	通过AFC，以10千克/吨的价格购买2万吨小麦，而市场价格为6千克/吨	World Bank（2011）

4.5 农业金融政策

4.5.1 独立前农业金融政策（苏联时期）

苏联的农业金融制度属于国家集中型农业金融制度，它是由国家银行或农业国家专业银行提供农业信贷资金的集中性农业金融制度。在这种金融体系中，国家银行及几大专业银行是主干，农村信用合作社是基础。主要的农业金融机构有农业银行、国家银行和合作银行。在受信方面则有储蓄银行和农业银行专门办理长期农业信用的机构，国家银行的短期信用业务。

在苏联农业金融体系中，国家银行是政府银行制度的中心，直接经营农业短期金融业务。在为农业发展提供服务过程中，国家银行通过信用契约与农场订立合同，银行提供给农场农业生产所需流动资金，而农场在农产品收获时提供给银行农产品，同时为生产方式改良提供低限度担保。苏联国家银行的资金来源主要有本身资本、本身发行的纸币、工商业和私人的存款、政府存款四种。国家银行同时是苏联国家的金库，政府的一切款项一律由国家银行保存（刘芸芸、刘敏，1988）。

4.5.2 独立后农业金融政策

（1）农业贷款的形式与机制。吉尔吉斯斯坦作为一个转型国家，其个体农户严重缺乏信贷，即短期流动资本信贷和长期投资信贷短缺，这是吉尔吉斯斯坦个体农场正常、有效经营的一个障碍。然而，由于小农户都是非常保守和厌恶风险的人，他们不愿意借钱或贷款。市场经济经验表明，农民不会通过承担债务为每一项投资立即融资。

他们要等到攒够了钱，有需要时再进行投资。如果信贷很容易通过政府来源（通常是补贴）获得时，农民与其他人一样，落入软预算约束的道德风险陷阱：他们过度借贷，过度投资，最终陷入严重的麻烦。

国际捐助者提倡解决农村信贷问题的一种普遍解决办法，是建立信贷合作社。这些小型专业信用合作社，依靠相互担保和强大的同行压力成功运作。他们的经营与投入供应或产品营销没有联系，他们的章程是借钱给其成员以满足商业需要（包括农业）。但是，小型专业信用合作社仅能够提供介于50美元~100美元之间的贷款，这与农民的信贷需求相差甚远（Lerman and Sedik，2009）。

（2）农业生产者融资补贴，建立以金融机构和金融支持为基础的农业企业。自由市场的建立、价格或贸易的自由化并不仅仅意味着自由管制、私有财产的支配和企业家精神的发展，它还应该意味着相关机构的建立。为了支持农民企业家，填补传统金融机构和发展农村金融机构金融服务范围的不足，吉尔吉斯斯坦通过信用合作社的法律（1999）和微型金融组织法律法规（2002）促进新型微型金融机构的发展，这些机构包括小额信贷机构、小额信贷项目、信用合作社、农业金融公司、创业发展基金等。

小额信贷机构向农村企业家提供个人和团体贷款，5~10名成员每个团体的平均贷款规模为250~350美元。微型金融从业人员使用一个代理指标来衡量微型金融机构接触贫穷农村企业家的程度。这个指标是平均贷款余额相对于人均国民生产总值的比率，通常称为深度比。提供集体贷款的微型金融机构的深度拓展达到了15%，这意味着它们发放小额贷款，覆盖最贫穷的客户。他们的快速增长获得了教会共同发展合作组织——Raiffaisen公共基金和欧亚基金会的强劲支持。自1994年以来，吉尔吉斯斯坦一直在运行两个不同的贷款项目——中小企业信贷项目和妇女小额信贷项目。这些改革和金融机构的变化是通过得到国际组织的援助，如世界银行和国际货币基金组织而运行的。

小额信贷机构为了鼓励吉尔吉斯斯坦农村地区和人口的创业精神，创造就业机会和改善低收入人群的生活水平和生活质量，拓展了金融服务、微型融资机构，微信用公司和国际组织从2004年6~7月开展了对吉尔吉斯斯坦小额信贷的支持。截至2004年7月1日，注册的机构有：66家小额信贷机构；20家小额信贷公司；303个信用合作社（CU）是非商业性组织，他们成立的目的是通过合并信用合作社参与者的私人储蓄和共同使用这些资金进行相互信贷来帮助其成员；吉尔吉斯斯坦农业金融公司、创业发展基金。

现在最大的金融机构是吉尔吉斯斯坦农业金融公司（KAFC），它有广泛的分支机构网络（11个）和代表办事处在所有州（47个）。KAFC在农业（种植业、畜牧业、养蜂业、渔业）、农业业务（食品加工和包装）、服务部门（旅游、餐饮、营销、交通和其他农村居民服务）、贸易和其他创收活动领域提供贷款。截至2004年7月1日，借款人总数为36188人，其中93%为农村居民，7%为城市居民。金融服务和银行对于中小企业的投资和成长至关重要，但吉尔吉斯斯坦的银行体系在民众中普遍不受信任，银行业也缺乏竞争力。

4.6 农产品价格政策

4.6.1 独立前农产品价格政策（苏联时期）

苏联农产品价格长期以来并不是建立在对价格形成因素进行科学测算的基础上的，而是采用统一的收购价格，具体来说就是根据机器拖拉机站的费用和采购农产品的费用，并参照历史形成的零售价格来制定的。在苏联时期，苏联国家多次调整和提高农产品收购价格，总体来说存在以下特点（方群，1984）。

（1）在农业企业盈利率大幅度下降，特别是在某些重要产品出现亏损的情况下，通过调价解决企业亏损问题，而使农产品价格逐步接近其价值，这样做目的是服从逐步缩小"剪刀差"的长远安排。

（2）在农产品价格改革过程中采用方法单一，缺乏对整个价格制度的整体安排，导致长期以来农用工业品的调价和农产品调价的关系以及农产品收购价格和零售价格的关系没有得到妥善安排。

（3）未能将农产品采购制度改革和农产品收购价格提高措施与整个国家经济体制改革协调发展，以至于整个国民经济各部门经济效果提高无法体现。

苏联在农产品价格方面的这些特点造成农产品价格与成本快速交替上升，农业企业的盈利水平不稳定，农产品价格与价值的背离程度时而扩大，时而缩小。根据苏联有关经济学家统计，1965年苏联农产品价格低于其价值30%，到1970年下降为11%，而到1976年又上升为17%。同时，工农业产品"剪刀差"也处于波动状态。总之，苏联在农产品价格政策方面，并未尽可能地使农产品价格接近其价值，未能尽可能使农产品价格总额等于或接近其价值总额，也未能基本实现等价交换的原则。

4.6.2 独立后农产品价格政策

吉尔吉斯斯坦于1991年4月与苏联的其他共和国一起进行了一些价格改革。广义的价格自由化于1992年1月4日举行，当时取消了对大多数价格的控制，对利润率的大多数限制也被解除。仍受控制的商品价格被大幅提高，以适应通货膨胀。到1992年底，消费者和生产者价格分别上涨了1000%和4000%。为了避免卢布独立所固有的差异和防止通货膨胀，1993年5月吉尔吉斯斯坦成为第一个离开卢布区并引入自己的货币索姆的苏联加盟共和国。1992年底，批发价格比1991年高出18倍以上。从1993年开始，吉尔吉斯斯坦的经济一直保持通货膨胀远低于独联体地区的其他地方。价格自由化持续了整个1993年。1993年2月，奶类产品的价格放开，住房、交通和通讯的补贴取消，但仍然受到管制。政府还对越来越多的零售商能够收取高于国内产品批发价的价格进行了限制（Lerman and Sedik，2009）。

  1994年，政府废除了国家对国际贸易的垄断，引入了统一的低关税。因此，对外贸易自由化，吉尔吉斯斯坦在1998年加入了世界贸易组织。1993~1997年，农业出口（包括初级农业和农业工业）的数量有所增加。吉尔吉斯斯坦从1993年初级农产品的净进口国到1997年的净出口国，从加工农产品的净出口国到净进口国。加工农产品出口的下降是由于同苏联其他国家的既定贸易关系破裂后需求下降造成的。

  吉尔吉斯斯坦的农业营销体系自1991年以来经历了彻底的变革。改革前，农业市场是由国家指令构成的。农民被告知生产什么，在哪里交付他们的剩余产品，国家机构向他们提供必要的投入。自价格和市场改革开始以来，尽管许多政府规定继续影响他们的行动，农民和加工企业的生产和销售决定开始越来越多地受到市场力量、价格和利润激励的指导。

  虽然当地企业家的产品似乎在目标市场上取得了成功，但在目标市场上存在一个问题。信息的缺乏导致他们花费很多时间寻找买家。对于一些产品，如粮食、甜菜、牛奶和蔬菜比烟草和棉花更容易找到市场，而烟草和棉花是该国南部的主要农产品。换句话说，吉尔吉斯斯坦只有一小部分的农业产品被正式交易。1999年，农民的消费和分配占到农业生产的一半。轻工业和食品工业的国内生产总值仅占农业销售的10%，这表明市场与农业生产的联系很不发达。目前的交易网络是个性化的、正规的，主要由交易量小的个人组成。此外，食品加工和配送设施技术落后，导致大量浪费和淡季商品少。2000年的一项调查显示，大多数贸易商是农民或农业企业（Zhunusova，2017）。

第 4 章　吉尔吉斯斯坦农业政策体系及其变迁

吉尔吉斯斯坦农民没有向重新改造的苏联时代的农工业联合体提供农产品，而是通过转向粮食生产来应对流动性和市场网点的短缺。贸易自由化给企业带来了降低成本和提高技术能力的压力，但缺乏信贷限制了它们的调整能力。农用工业公司和农村企业家继续使用旧的和低效的设备。这限制了它们满足出口质量标准的能力，并由于增加了维护和修理以及增加了能源使用而提高了生产成本。

1994 年，农业部门经历了困难的一年。这是与商业市场隔绝、收入减少和自然资源基础恶化的结果。大约在苏联体系崩溃时，生产停止了增长，这一事件导致了市场和贸易伙伴的丧失，莫斯科转移支付的丧失，以及普遍货币不稳定的状况。通过限制农民的营销和定价行为，政府实际上对农业征税，将收入重新分配给社会其他部门。在土地保有权、农业组织和金融制度方面的国家改革以及服务业的私有化受到地方官员继续干预这些改革管理权力的侵蚀。

吉尔吉斯斯坦的土地市场发展缓慢。大部分土地是租来的，大部分土地来自国家土地基金，该基金于 1996 年更名为再分配基金，没有相关活动个人购买土地的报道。作为 1998 年举行的全民公决的结果，农业土地可以归国家所有，由村庄等公共实体或个人所有。

直到 20 世纪 80 年代，在苏联体制下，吉尔吉斯斯坦一直专门生产羊毛、牲畜产品和棉花。向牲畜和棉花生产者提供的激励措施并非基于经济计算。在苏联中央计划经济时期，吉尔吉斯斯坦的政府控制着农产品价格，并对这些行业提供了大量补贴。农产品价格低于国际市场价格，相对于投入价格，产出价格更接近世界价格，为农民创造了有利条件。

随着苏联的解体，这种不合理的农业专业化体系瓦解，除了灌溉用水、电力和铁路关税外，吉尔吉斯斯坦放开了大多数商品的价格。随着价格的放松，主要由进口商品构成的投入价格比产出价格的上涨幅度更大，投入价格的大幅上涨进一步增加了生产成本，从而降低了农业部门的盈利能力。政府维持农产品补贴，以缓解价格放松的负面影响。

在经济转型之前，吉尔吉斯斯坦像其他所有苏维埃联盟国家一样，采用了苏联的农业模式，其特点是国有大型农场。在苏联时代，98%的耕地被大约500个集体和国有农场所控制。独立后，吉尔吉斯斯坦的农业发展模式转变为以市场为基础的体制，强调中小型个体家庭农场（个体化）和私有土地（私有化）的作用。这种转变导致了农业部门结构的巨大变化。土地改革法的重点是重新分配以前属于集体企业的土地，鼓励建立新的个人家庭农场。因此，吉尔吉斯斯坦农业部门的个体化和私有化同放宽管制一起进行。由于吉尔吉斯斯坦的农业生产相对于其他FSU国家是劳动密集型的，它可以从私有化和个体化中获得更大的回报。虽然在20世纪90年代初期，突然的改革措施在短期内对农业部门产生了负面影响，但自1996年以来，农业部门的生产率逐渐提高，这可以归功于农业部门的私有化和个体化。

吉尔吉斯斯坦农业
（1991—2021）
Chapter 5

第5章　吉尔吉斯斯坦农业经济组织及其演变

吉尔吉斯斯坦农业经济组织是在苏联国营农场和集体农庄基础上逐步演变而来的。1991年独立后，吉尔吉斯斯坦经历了一系列农业改革，几乎所有改革措施都对农业经济组织产生较大影响，进而影响该国农业生产、农业经济发展。本章从独立前、独立后过渡期、过渡期后分三个部分对吉尔吉斯斯坦农业经济组织的演变进行了描述，对现阶段该国不同区域农业经济组织情况进行了对比。

5.1 独立前的农业经济组织

吉尔吉斯斯坦在独立前是一个苏维埃社会主义共和国，1926年2月1日成立吉尔吉斯苏维埃社会主义自治共和国，1936年12月5日改组为吉尔吉斯苏维埃社会主义共和国（卢宁等，1957）。在改革前，吉尔吉斯斯坦的国营农场和集体农庄类似苏联，社会化大生产居主导地位。为了适应其生产和生活需要，它们大多数都进行"小而全"的多部门经营，既有种植业又有畜牧业，各种农作物都种一些、各种牲畜都养一些（纪洪江，1984）。吉尔吉斯斯坦独立前，农业技术保障几乎百分之九十来自苏联其他各加盟共和国，如各种技术、各种零部件以及油料、燃料等物资供应（尤素帕夫·拉什德，1996）。因此，其农业生产组织形式随着苏联政策变动而发生变化。

1929年以前，苏联农业生产的组织主要是按照列宁提出的合作制思想进行的，陆续在全国范围内建立了农业合作社，包括消费合作社、农业生产合作社（棉花、亚麻、马铃薯、油脂等）、信用合作社和手工业合作社。1927年，农业合作社数量为6.46万个，社员950万。1929年，各种类型合作社已遍及苏联各个地区，社员超过1300万人。这些合作社遵循农民自愿参加和退出原则，按照商品生产与市场规律进行活动。虽然组织形式比较简单，主要局限于消费与流通领域，但符合当时苏联生产力水平低和人民文化水平不高的客观实际情况。在发动大规模集体化前夕，农业合作社联合了55%以上的农户（陆海泉，2020）。

20世纪30年代，苏联出现粮食收购危机，斯大林认为是由农民资本主义自发势力造成的，强调小农经济和资本主义经济属于同一类型经济，"个体农民是最后一个资本主义阶级"要加以消灭，主张通过农业全盘集体化，建立集体农庄制度。按照相关规定，集体农庄的土地归农庄永久使用，是国有财产，不允许买卖和出租。经营农庄所需建筑物、农具、种子与全部农产品加工企业均实行公有化。苏联在完成农业全盘集体化后，基本搬用国营工业企业的管理体制经营集体农庄，如指令性的计划管理、农畜产品收购实行义务交售制和国家收购制、农庄最高领导人由上级机关指定、劳动报酬极其低微等。1953年1月，吉尔吉斯斯坦已有集体农庄745个。1940~1950年，农业方面生产资料增加到2.7倍。1952年底，全国已有70个农业机器站，能供应集体农庄约90%的耕种面积，并有7个机器畜牧业站。截至1952年，吉尔吉斯斯坦共有专业的国营农场51个，其中，养羊农场13个，繁殖乳、肉用牲畜的农场14个，养马场6个，养猪场2个，技术作物栽培农场8个，果园和种植农场6个，如表5-1所示。这个阶段吉尔吉斯斯坦畜牧科学研究所及试验站，兽医试验站，谷类作物、果菜、韧皮纤维作物选种站等科学研究机关给予集体农庄和国营农场极大帮助（卢宁等，1957）。

表5-1 吉尔吉斯斯坦1952年前后集体农场和国营农场的数量

单位：个

类　　型	数　　量
集体农庄	745
国营农场	51
1. 养羊场	13
2. 繁殖乳、肉用牲畜的农场	14
3. 养马场	6

续表

类　　型	数　　量
4. 养猪场	2
5. 技术作物栽培农场	8
6. 果园和种植农场	6
7. 其他	2

资料来源：卢宁等. 吉尔吉斯斯坦苏维埃社会主义共和国 [M]. 北京：民族出版社，1957：60－61. 课题组整理。

这种农业组织形式和管理体制，并未使苏联农业获得顺利发展。1953 年斯大林逝世时，粮食产量比 1913 年还低，牛、马、绵羊等数量未达到集体化前的水平。1955 年前后，赫鲁晓夫对农业体制进行了改革，主要是减少给农庄、农场的计划指标，只下达农产品采购量，其他生产计划由农庄定；提高农畜产品的收购价格，调动生产积极性。1965 年前后，勃列日涅夫与赫鲁晓夫相似，进一步扩大农场、农庄自主权，提高农产品收购价格，提高职工的劳动报酬等。戈尔巴乔夫时期，农业生产情况进一步恶化，20 世纪 80 年代，苏联的农业改革主要是推行完全的经济核算制、集体承包和家庭承包制，允许集体农庄和国营农场根据自身条件，在种植业和畜牧业中采取家庭承包和个人承包制。戈尔巴乔夫的改革随着他的下台和 1991 年苏联解体而中断。

5.2　独立后过渡期农业经济组织

在独立以前，吉尔吉斯斯坦农业生产组织主要为 561 个国营农场和集体农庄，它们经营的农业用地和可耕地比例分别占到全国 96% 和 99%（拉·乌·尤苏波夫，2003）。从 1991 年开始，经过农业改革，土地逐步由国营农场和集体农庄转移至改革后的经济主体经营。到 1995 年初，国有、集体农场经营的可耕地降为 42%。吉尔吉斯斯坦早期农业组织改革（1991~1995 年）是伴随农业改革和土地改革进行的，总共分为三个阶段（Delehanty and Rasmussen，1995）：小规模农民农场引入阶段（1991 年）、非营利农场的重组阶段（1992~1993 年）、国营和集体农庄的重组阶段（1994~1995 年）。

5.2.1 早期改革：小规模农民农场的引入（1991 年）

吉尔吉斯斯坦农业企业的分散化、私有化和重新改组，在 1991 年就开始了，但是直到 1994 年中期才制定和批准了进行改革的各项规范化文件和规定（拉·乌·尤苏波夫，2003）。吉尔吉斯斯坦第一阶段土地改革的法律依据是 1991 年 2 月 2 日颁布的《农民农场法》和 1991 年 4 月 19 日颁布的《土地改革法》。《农民农场法》旨在通过鼓励个人离开国营农场或集体农庄，同时保留进入国家供销机构的机会来刺激自愿重组。《土地改革法》以及当年的 11 月 10 日的总统令和 1992 年 1 月的第 13 号总统令确定了第二个优先事项：彻底私有化非营利的国营农场和集体农庄，效率低下的单位将被解散，他们的土地和资产将组成新的规模较小的企业。

根据相关规定，个人可以向当地人民代表大会申请建立农民农场，但这些农场必须建在土地未得到充分利用的地区或者经营不善的集体或国有农场土地上。农民农场可以按照集体农场的价格从国家支持系统中购买农业机械及其备件、种子、肥料、农药和其他投入物，经营农场所用土地、设备等可以继承或租用，但禁止出售。农民农场的土地面积，理论上取决于申请人的农业生产经验和经营独立企业的能力。由于政府并未设置可以申请的土地面积最高限额，当时出现了各种各样的农民农场，有经验、有社会关系的人有时获得的土地超过 100 公顷，而其他人获得的土地不到 10 公顷。1991~1992 年，选择退出国有农场和集体农场的人群中，农场管理人员（如会计师或经济学家）多于普通生产工人。

5.2.2　第二阶段：非营利农场的重组（1992~1993年）

1991年末和1992年全年，约60家非营利的国营农场和集体农庄进行了重组（Delehanty and Rasmussen，1995）。重组过程中，按照规定，原农场工人可以自由选择加入农业经济组织类型，如农民农场、农业生产合作社、股份公司等。但是，在改革过程中，这种选择往往由前国营农场或集体农庄的经理或由负责监督重组过程的国家财产委员会的官员做出。重组后的经济实体法律定义不够清晰，但在此期间引入的农业经济组织主要有以下四种类型。

（1）农民农场。

按照相关规定，原农场的土地和其他资产将分配给居民，这些居民将变成小规模农场主（小农）。1991年和1992年，实际上只有少数家庭分配到了土地和资产，并试图独立耕种。少数几个计划完全改组的国营农场和集体农庄似乎已经改组，但他们仍然像以前一样在旧的管理体制下运行。

（2）农民农场协会。

农民农场协会表面上看是由改革后获得土地和财产份额的农民农场主自愿组成的协会，但实际上，这类协会通常是在改革时，以原来的所有居民和领土为基础，人为地将先前的大型农场分成两三个协会。而且，旧农场各个管理结构通常完整无缺，虽然没有具体名称，但是仍然像某个大规模的单位一样继续发挥着作用。1992年和1993年这种组织形式被广泛选择，在经过改组的农场上的所谓农民，实际上是在旧的管理体制下一起耕种的。Delehanty 和 Rasmussen（1995）认为，这或许是一种过渡形式。

（3）农业生产合作社。

合作社类似于农民农场协会，通常做法是从原国营农场或集体农庄创建一个合作社，但更多的是将农场分为两个或三个合作社。与农民农场协会类似,以前的管理层结构在改组中留存下来,农场经理和其他官员成为合作社的负责人,而工人则履行其此前职责。

(4)股份公司。

股份公司是封闭的公司实体,根据1991年和1992年的法令,股份公司的股东和合作社的成员现在独立于国家指挥机构,负责投入物供应和销售。股份公司的前农场资产由股东(农场居民)持有,并由他们确定管理权,负责农业债务,包括前企业的债务。在实践中,当时股份制公司倾向于使用以前的国有农场或集体农场的管理和生产结构。

经过系列改革,农业生产合作社、股份公司从无到有,得到显著发展。如表5-2所示,到1994年初,合作社数量达206个,拥有土地面积175万公顷,每个合作社平均8495公顷;股份公司数量达170家,拥有土地面积超过25.5万公顷,平均1500公顷。国营农场和集体农场的数量从442个减少到381个,所控制的土地面积从1530万公顷减少到960万公顷,但是仍占到农业用地的60%。虽然这一阶段许多重组都是表象,改组后的组织继续按照旧的管理结构运转,但这在过渡时期相当普遍。

表5-2　　1991~1993年各类经济组织拥有的土地面积　　单位:万公顷

农业生产主体类型	1991	1992	1993
集体农场	699.79	460.56	516.36
国营农场	772.85	525.99	453.29
农业合作社	45.11	298.21	175.52
农民农场	8.21	177.89	326.46
股份公司	0.18	14.75	25.56
其他	67.78	90.72	92.03

注:"其他"主要包括以下国营农业企业:跨农场的企业、附属农业企业、科研机构和其他小型企业。作者进行了单位换算。

资料来源:Delehanty, J. & Rasmussen, K. Land Reform and Farm Restructuring in the Kyrgyz Republic. *Post-Soviet Geography*, 1995 (36): 565-586.

5.2.3 第三阶段：国营农场和集体农庄的重组（1994~1995年）

这段时期，吉尔吉斯斯坦的土地改革基于1994年和1995年颁布的一系列总统令、政府命令以及有关土地和农业改革的法规。1994年2月22日，吉尔吉斯斯坦总统令"关于加强土地和土地改革的措施……"，明确将农业结构调整的责任从国家财产委员会移交给了农业和食品部。随后，农业和食品部出台了一项为期两年的农业部门改组方案，计划在1996年播种季节之前完成相关改革。

（1）改革的新组织架构。

为了进行改革，农业和食品部内部建立了土地改革中心等，州、县和农场一级建立了负责土地改革的新办公室，每个国营农场或集体农庄组织成立农村委员会。农村委员会负责农场的土地改革和农场结构调整。农村委员会通常由前农场经理、大型国有企业或集体企业的其他官员以及针对重组的雇员组成。

农业和食品部要求在1996年之前，原农场分配给居民，由土地资产和财产股份所产生的较小管理单位取代所有国营农业企业和集体农庄。但是，这一阶段并非所有农场都要进行分配，例如，种子和牲畜育种中心、牧场等特色农场仍处于国家控制之下；有25%的耕地被保留至国家土地基金，留待未来处置。

（2）土地使用权。

最初的法令授予所有农村居民49年耕地使用权。1995年11月3日，新的总统法令将使用权延长至99年，股东在租赁期满后享有续签优先权。根据1994年的法令，吉尔吉斯斯坦的任何公民可以租赁、购买、出售、抵押或遗赠的方式对土地进行交易。但是，农村居民所分配的土地只能用于农业生产。国家保留在必要时以市场价从股东手中购买土地的权利。

政府向每个获得土地的家庭颁发土地证，赋予户主注册新企业或与其他家庭合并的资格,土地证具有法律地位。新企业注册后,将由企业负责人持有的家庭土地证换成国家土地法规定的相关证件。土地证中载明了家庭所拥有的土地面积,每人分得土地的数量由农村委员会计算,一般算法是原农场的总耕地面积除以有资格分配土地的人员数量。在组建新企业之前,家庭总体的土地位置是清晰的,并在土地证上进行标注,但是通常不会确定住户地块内个人股份的确切位置。这样,便于多个家族企业创建地理位置连续的农场。

(3) 土地规模。

这个阶段允许多个家庭持股合并为较大的企业,没有新企业的最大规模限制。在通常情况下,小于30公顷(山区为50公顷)的新企业称为农民农场(如果是单户家庭,则为私有农场);面积在30~100公顷(山区为50~150公顷)的农场称为合作农场;大于100公顷(山区为150公顷)的称为集体农场。1994年8月22日,吉尔吉斯斯坦确定了新的商品生产企业最小规模。在集约化农业生产区中,企业占地不得少于10公顷;在半集约化地区中,占地不超过15公顷;在山区中,占地不超过20公顷。尽管尚未遵守严格的规定,但这一法律最低要求使大多数家庭不得与其他家庭联合,以达到允许的规模。

1995年1月,吉尔吉斯斯坦国营农场和集体农庄仍然占有1570万公顷土地,约占总土地的42%和可耕地的48%。同时,私有的单户农场和小型多户农民农场拥有12%的可耕地。农民农场协会拥有可耕地的12%,合作社拥有11%,其他类型的农场(包括股份公司、农业研究机构以及种子和牲畜育种中心)拥有17%,如表5-3所示。

(4) 各州改革进展及典型案例。

①各州改革进展。

这段时期,在州之间和州内部的国营农场和集体农庄的重组进展都各不相同。从吉尔吉斯斯坦全国范围内看,贾拉拉巴德州、纳伦州重组进展相对较快，塔拉斯州则较为落后。到1995年初，国营农场和集体农庄在吉全国范围内占有的土地总面积和可耕地面积的比例分别为44%、48%，农业合作社、农民农场、农场联合会、股份公司等改组后的新型农业经济组织分别占有的土地总面积和可耕地面积的比例分别为56%、52%。贾拉拉巴德州和纳伦州改组后的新型农业经济主体占有的土地总面积比例为79%和80%，占有的可耕地面积比例为79%和76%，明显快于全国的平均速度。塔拉斯州改组后的新型农业经济组织占有的该州总土地面积和可耕地面积的比例分别为23%和33%，明显低于全国平均水平，如表5-4和表5-5所示。

表5-3　　　　1995年不同类型农业经营主体拥有的
　　　　　　　可耕地及土地总面积及比例　　　单位：万公顷，%

农业生产主体类型	可耕地	占比	总面积	占比
集体农场	32.56	25	327.5	21
国家农场	29.95	23	327.46	21
农业合作社	14.32	11	186.97	12
农民农场协会	15.28	12	428.91	27
私人农场	15.9	12	50.01	3
其他	22.14	17	204.83	13

注："其他"包括股份公司和小型企业，作者根据原始数据按照四舍五入规则换算了计量单位。

资料来源：Delehanty, J. & Rasmussen, K. Land Reform and Farm Restructuring in the Kyrgyz Republic. *Post – Soviet Geography*, 1995（36）：565 – 586.

表5-4　　　　1995年初在各类农业经济组织占有的
　　　　　　　　土地总面积的比例　　　　　　　单位：%

农业组织类型	全国	各州					
		贾拉拉巴德州	伊塞克湖州	纳伦州	奥什州	塔拉斯州	楚河州
集体农庄	22	6	23	6	34	47	27
国营农场	22	16	22	14	24	31	30
农业合作社	12	5	24	9	14	10	8

续表

农业组织类型	全国	各州					
		贾拉拉巴德州	伊塞克湖州	纳伦州	奥什州	塔拉斯州	楚河州
农民农场	3	2	1	1	7	2	9
农民农场联合会	28	52	19	61	0	9	11
股份公司、小型企业和其他企业	13	20	11	9	21	2	14

注:"其他"主要包括:随后成立的国家农业企业;跨农场企业,研究机构和农业子公司。

资料来源:Delehanty, J. & Rasmussen, K. Land Reform and Farm Restructuring in the Kyrgyz Republic. *Post – Soviet Geography*, 1995 (36): 565 – 586.

表 5 – 5　　1995 年初在各类农业经济组织占有的可耕地面积的比例

单位:%

农业组织类型	全国	各州					
		贾拉拉巴德州	伊塞克湖州	纳伦州	奥什州	塔拉斯州	楚河州
集体农场	25	11	28	7	30	39	26
国营农场	23	10	22	17	28	28	26
农业合作社	11	6	24	7	10	12	7
农民农场	12	21	4	24	19	5	7
农民农场联合会	12	14	14	31	0	9	12
股份公司、小型企业和其他企业	17	38	8	14	13	7	21

注:"其他"主要包括:随后成立的国家农业企业;跨农场企业,研究机构和农业子公司。

资料来源:Delehanty, J. & Rasmussen, K. Land Reform and Farm Restructuring in the Kyrgyz Republic. *Post – Soviet Geography*, 1995 (36): 565 – 586.

②典型案例。

农业重组似乎更适合于南部的贾拉拉巴德州和奥什州,这两个州的棉花、烟草和蔬菜等劳动密集型农作物和种植系统比较适合小规模经营。然而,农场改制的成功并不仅取决于农艺类型,还取决于各类官方组织结构的推进力度与相互配合。

奥什州的 Kadamzhai 区在农业改革和重组中进展较快，主要基于以下原因：一是改革氛围浓厚，不同群体支持改革。Kadamzhai 区农业调整机构官员有朝气、有能力，是土地改革的坚定支持者，在对农场重组和股份分配前，土地改革领导机构就对改革过程中的公民权利义务、选择权等进行了广泛宣传，使该区域自 1994 年底重组一开始就进行得相当迅速，到 1995 年初，所有国有农场和集体农庄被拆除，四个月就完成了旧农场的新企业注册。二是机制灵活、措施得当，充分调动不同群体改革积极性。Kadamzhai 区的农村委员会了解与重组有关的所有基本问题及解决冲突的方法，在 1994 年底该区每个家庭都获得了集体土地的份额，他们都有机会联合起来组建新的企业。每个新企业一旦成立，改革机构就会为他们划定土地范围与边界，为每个企业颁发土地证书，并列出成员及股份。三是工业基础良好，土地改革对财税影响较小。Kadamzhai 区有一个工业基地，基地里有三个大型工厂，包括一个运转良好的化学设施。该区财政基础较好，农业部门税收仅占预算收入的 1/3，工业部门和活动税占到近 2/3，而且工业部门雇用了约 30% 的工人。因此，农业重组的风险较小。四是农业产业基础比较适合小规模种植。与吉尔吉斯斯坦大部分地区不同，Kadamzhai 区具有很长的苏联园艺历史，水果、蔬菜、烟草等小型农业生产一直是该区农作物种植传统，因此，农场的重组改革对这种园艺种植模式冲击不大。

与奥什州的 Kadamzhai 区形成鲜明对比的是，塔拉斯州的 Bakai-Atin 区和 Manas 区农场改组严重落后。部分原因是农村委员会成员对重组程序不甚了解，农村居民对此知之更少。在这两个区中，农业几乎占据了所有的机会和政府的所有收入。农场机构的调整，将使很大一部分劳动力过剩，税款多达一半将无法征收等。

5.2.4 改革后对农业生产的影响

在 1991~1995 年的改革过渡期，土地改革和农场结构调整使吉尔吉斯斯坦农业和畜牧业生产力出现明显减少。农作物生产方面，谷物、土豆和蔬菜单产出现了明显减少。1990~1994年谷物减产38.23%（其中小麦减产30.68%、大麦减产36.71%、玉米减产42.88%、大米减产20.67%），棉花减产26%，甜菜减产31%，烟草减产11.11%，土豆减产33.82%，蔬菜减产41.33%，葡萄减产59.49%，饲料作物中干草减产26.46%等，如表5-6所示。原因可能是基于以下几点：一是改革后减少了获得肥料、农药、农用机械和其他投入物的机会；二是对灌溉基础设施的维护减少；三是许多生产效率高的大型农场解体。政府相信，随着农民逐渐适应新的生产方式和市场逐渐成熟，土地改革的效用会逐渐显现。

表5-6　　　　吉尔吉斯斯坦1990~1994年农作物单产一览表　　　单位：千克/公顷

年份	1990	1991	1992	1993	1994
谷物	1465	1300	1390	1280	905
小麦	1320	1120	1365	1310	915
大麦	1185	1030	1180	1080	750
玉米	3090	2925	2565	2260	1765
大米	895	775	735	555	710
棉花	1365	1225	1220	1210	1010
甜菜	8425	7785	10665	9410	5810
烟草	1080	1080	1040	1095	960
土豆	6800	6850	6200	5400	4500
蔬菜	9800	9000	7700	7000	5750
浆果	2060	1295	1770	710	1005
葡萄	3160	2265	2530	795	1280
饲料作物					
干草	2910	2655	2655	2565	2140
绿色饲料	11465	10205	10985	10000	8195

资料来源：Delehanty, J. & Rasmussen, K. Land Reform and Farm Restructuring in the Kyrgyz Republic. *Post-Soviet Geography*, 1995 (36): 565-586. 课题组对单位进行了换算，按照生奈尔/公顷（centners/ha）换算成千克/公顷。

畜牧业生产方面，如表 5-7 所示，重组期间牲畜数量出现持续下降，其中牛减少 23.66%、羊减少 49.1%、家禽减少 84.1%。这种情况在整个苏联都是普遍的，主要原因是苏联解体带来市场体系破坏以及农业市场过渡有关。其具体包括：一是 1991 年以后饲料进口量大幅度减少，迫使畜群普遍减少，尤其是绵羊和牛；二是随着苏联解体，相关市场和加工设施大量丧失，羊毛价格急剧下降；三是消费者购买力下降降低了对畜产品的需求，同时私有化后农民更主要依靠自己私有牲畜获取肉和奶；四是不同于农业设备和建筑物，牲畜更容易分配，因此成为国有农场和集体农场私有化过程中第一批被分配的物质。再加上许多农民缺少资金，便迅速处置了分配的牛羊。其具体情况如表 5-7 所示。

表 5-7　吉尔吉斯斯坦 1989~1994 年牲畜存栏量　　　单位：千头

年份	1990	1991	1992	1993	1994
牛	1205.2	1190	1122.4	1062.3	920.1
奶牛	506.1	518.6	514.7	511.2	480.9
马	312.6	320.5	313	322	299
绵羊和山羊	9972.5	9524.9	8741.5	7322.3	5076.4
家禽	13914.6	13571.2	10420.5	6916.5	2208.4

资料来源：Delehanty, J. & Rasmussen, K. Land Reform and Farm Restructuring in the Kyrgyz Republic. *Post-Soviet Geography*, 1995 (36): 565-586.

5.3　过渡期后农业经济组织演变

5.3.1　过渡期后的主要农业改革措施

根据第 4 章农业政策演变中的相关描述，过渡期后吉尔吉斯斯坦又经历了一系列改革。1995~2003 年，吉政府对 262 家国有农场和

190家集体农场进行了整顿,以完全私有化为目标对可转让土地进行了分配,可耕地相对丰富的地区3/4的耕地分配给农民个体,其余1/4土地转移至土地再分配基金里面,交由地方政府管理。但是,这个时期对拖拉机和建筑物等固定资产并未进行大量的私有化,只有16%属于私人所有。1994~2001年,个体农场的数量从2万增加至2.5万,农场的平均面积从15公顷下降至3公顷。随着私营部门拥有和管理土地的增加,该阶段还对水务系统和灌溉制度等进行了改革。2004~2009年,吉政府明确优先发展合作社、农场、农业企业以及改善水务和牧场管理。这个时期,出现了提供农村咨询服务的经济组织,但是发展并不顺利。2009年开始对草场进行改革,牧场转移至社区进行管理,成为454个牧场使用者联盟,逐步提高了牧场使用者的收费标准。

2010年至今,吉政府主要农业改革方向进一步转向提高农产品产量和质量、提高农产品加工业的效率和竞争力、解决农民社会问题等上。

5.3.2 农业经济组织的主要类型

改革后,吉尔吉斯斯坦主要有两大类农业经济主体:一类是以公司制形式运营的农业企业,享有独立的法人地位;另一类是以家庭成员为生产主体的农户或农民农场(家庭农场),他们在自有或租赁的土地上从事农业生产,成员主要有夫妻、子女、父母及其他亲属,彼此不存在雇用关系。按照吉尔吉斯斯坦《农户(家庭农场)经营法》有关规定,农户均需要在有关部门注册登记,分为具有法人资格的家庭农场和不具备法人资格的个体户。家庭农场在注册登记时需要提供规定权利义务及共有财产分配规则的章程和合同,在性质上属于合伙制企业(张宁等,2015)。

从本章5.1节、5.2节中的分析可知,独立后吉尔吉斯斯坦改革措施主要是私有化和价格自由化。在农业领域，吉尔吉斯斯坦将原来国营和集体所有的农场（不含土地）转为农民个人所有，农业生产从原来以国营农场为主转为农户为主。现阶段，吉尔吉斯斯坦在数量和规模方面，农民农场（农户）数量远远高于国营和集体农场。根据张宁等（2015）研究结果，2006年吉尔吉斯斯坦共有国营农场106家、集体农场1448家、家庭农场31.3万家；2012年国营农场减少至60家、集体农场减少至525家，家庭农场增加至35.66万家，如表5-8所示。

表5-8　　　　2010~2012年吉尔吉斯斯坦农业生产主体数量一览表　　　　单位：家

年份	2010	2011	2012
总数	331703	345184	357298
国营农场	64	65	60
集体农场	509	556	525
股份公司	42	44	42
农民集体经济	93	95	99
农业合作社	374	417	384
家庭农场（农户）	331059	344492	356642
国营或集体副业企业	538	538	—
个体副业	726632	726632	—
果园	405	405	—
林业企业	71	71	—
渔业企业	13	13	—

资料来源：张宁. 上海合作组织农业合作与中国粮食安全［M］. 北京：社会科学文献出版社，2015：178整理。所谓个体副业是个人为满足其本人及其家庭自用需求的、非个体户（无须登记注册）形式的劳动生产活动。

根据本课题组在吉尔吉斯斯坦调研结果显示，2018年国营农场数量减少至26家、集体农场减少至427家，如表5-9所示。

表5-9　吉尔吉斯斯坦2014~2018年农业经济组织数量　　单位：家

年份	2014	2015	2016	2017	2018
总数	384871	401350	415433	429217	440055
国营农场	40	38	33	27	26
集体农场	513	518	481	460	427
林业企业	56	56	53	53	62
渔业企业	13	17	23	21	199

资料来源：本课题组调研整理。

5.3.3 农业企业

2001~2019年，吉尔吉斯斯坦农业中小型企业及个体户发展迅猛，从全国范围内看，小型企业的数量由2001年的7555个增至2019年的16199个，是原来的2.1倍；中型企业数量由2001年的1024个减至2019年的779个，减少24%；个体户数量由2001年的111295个增至2019年的411405个，是原来的近3.7倍，个体户在吉尔吉斯斯坦经济发展中扮演着越来越重要的角色。

从区域角度看，在吉尔吉斯斯坦七个州中，小型企业最多的是楚河州1564家，其次为奥什州622家，最少的是巴特肯州271家。中型企业最多的是楚河州115家，其次为伊塞克湖州55家，最少的是塔拉斯州11家。个体户最多的是奥什州83541户，其次为楚河州67228户，最少的是塔拉斯州13576户，如表5-10所示。

表5-10　吉尔吉斯斯坦2001~2019年
部分年份中小企业及个体户数量　　单位：家

年份		2001	2005	2010	2015	2019
全国	小型企业	7555	7689	11338	13232	16199
	中型企业	1024	782	823	795	779
	个体户	111295	163119	244950	366734	411405

续表

年份		2001	2005	2010	2015	2019
巴特肯州	小型企业	150	188	176	172	271
	中型企业	49	20	27	28	29
	个体户	4542	9437	16842	31199	38820
贾拉拉巴德州	小型企业	351	322	440	493	541
	中型企业	110	67	56	48	42
	个体户	9822	15451	28223	48528	54491
伊塞克湖州	小型企业	328	259	335	371	526
	中型企业	80	49	56	53	55
	个体户	15078	21393	29739	41283	46315
纳伦州	小型企业	125	135	285	202	282
	中型企业	30	17	23	17	15
	个体户	6026	10293	16531	24235	25691
奥什州	小型企业	244	290	442	449	622
	中型企业	54	34	43	31	29
	个体户	12266	25368	40102	76177	83541
塔拉斯州	小型企业	106	129	209	240	320
	中型企业	17	18	18	15	11
	个体户	3033	5442	9127	11445	13576
楚河州	小型企业	1059	744	1168	1225	1564
	中型企业	218	149	128	122	115
	个体户	22965	29474	45626	60043	67228

资料来源：本课题组调研整理。

5.3.4 农民农场

2001~2019年，吉尔吉斯斯坦农民农场数量发展迅猛，由2001年的8.47万家增加至2019年的45.23万家，是2001年的5.3倍。分区域看，2019年奥什州的农民农场数量最多为12.52万家，其次为贾拉拉巴德州10.34万家。在吉尔吉斯斯坦七个州中，贾拉拉巴德州增幅最大，近20年增长了10.69倍，增幅最小的是楚河州2.25倍，如表5-11所示。

表5-11 吉尔吉斯斯坦2001~2019部分年份各州农民农场数量 单位：家

年份	2001	2005	2010	2015	2019
全国	84692	300162	331059	400794	452308
巴特肯州	4923	36935	31312	38019	40580
贾拉拉巴德州	9673	75697	83956	94899	103449
伊塞克湖州	5155	24295	29239	34959	36763
纳伦州	6656	37882	37115	40313	44873
奥什州	20286	60770	71326	102207	125170
塔拉斯州	7747	19164	19641	24819	29480
楚河州	30151	44276	55977	62701	67819
比什凯克市	—	25	97	228	1081
奥什市	101	1118	2396	2649	3093

资料来源：本课题组调研整理。

从表5-12可以看出，独立以来，1992~2000年由于对国营农场和集体农庄私有化改革，农民农场占有的土地规模大幅增加，2000~2005年各州农民农场占有的土地规模也有小幅增长。随着改革的结束，2005年之后，农民农场占有土地的规模相对稳定下来。2020年，在吉尔吉斯斯坦七个州中，楚河州农民农场经营的土地面积最多，为328.1千公顷；其次为奥什州和伊塞克湖州分别为179.3千公顷和157.7千公顷；巴特肯州农民农场经营的土地规模最小，为64.7千公顷。

表5-12 吉尔吉斯斯坦2001~2019部分年份七个州农民农场经营的土地面积 单位：千公顷

年份	1992	2000	2005	2010	2015	2020
巴特肯州	0.2	50.1	61.3	63.5	64.7	64.7
贾拉拉巴德州	0.4	117	128.8	128.6	129	129

续表

年份	1992	2000	2005	2010	2015	2020
伊塞克湖州	2.2	94.2	144.9	151.3	153.4	157.7
纳伦州	30	92.9	90.2	92.3	93	93.1
奥什州	0.2	150	163.9	167	179.4	179.3
塔拉斯州	4.5	86.8	85.4	90.8	91.2	91.2
楚河州	44.5	173.6	252.6	292.3	321.7	328.1

资料来源：本课题组调研整理。

5.3.5 农业合作社

根据本课题组的调研，在吉尔吉斯斯坦农业合作社中，种植类合作社（拥有初级种子生产权的农场）有：贾拉拉巴德州的 Suzak 区 Barpy 农业合作社（主要经营谷类作物）、Suzak 区的 Yunusova 国立种子农场（主要经营棉花）；伊塞克湖州的伊塞克湖试验选择站——Chelpek 合作股份公司（主要经营谷物和土豆）、Ton 区的 Aikol 种子生产合作社（主要经营谷类作物）；奥什州的 Birlik 种子种植合作社（主要经营谷物和棉花）、Kara-Suu 区的吉尔吉斯斯坦棉花种植试验站（主要经营棉花和谷类作物）、Uzgen 区的 Tameki 科学与农业生产合作社（主要经营谷类作物和烟草）；楚河州的 Sokuluk 区吉尔吉斯斯坦甜菜试验站（主要经营谷物与甜菜）、Sokuluk 区吉尔吉斯斯坦农业研究所的试验农场（主要经营谷类、玉米和蔬菜作物）、Rassvet 农民农场联盟（主要经营谷类、苜蓿和油料种子）、吉尔吉斯斯坦畜牧兽医研究所的种子试验农场（主要经营多年生草本植物）、Issyk-Ata 区 MIS 农业合作社（主要经营谷类、甜菜和苜蓿）。

第一批被授予有权生产、销售与繁育高端品种的种子农场：巴特肯州的国立 Semkhoz "Buzhum"（谷类作物）、贾拉拉巴德州 Suzak 区 Dostuk-Uron 农业合作社（主要经营谷类、玉米、苜蓿和土豆）；伊塞克湖州 Ak-Suu 区种苗农业合作社（主要经营谷类、柠檬、土豆、皂荚及油料种子)、Ak‑Suu 区 Boru‑Bash 种子农场、Jeti‑Oguz 区 Orgochor 国立育种厂(主要经营谷类、皂荚)。

吉尔吉斯斯坦合作社联盟:联盟中成功的领导者主要包括奥什州的种薯生产商 Nukok 的 Nookat 合作社;巴特肯州的 Mol Tushum 农业合作社;伊塞克湖州的 Issyk Kul Organic 农业商品和服务合作社;Ichke‑Suu 商品服务合作社;贾拉拉巴德州 Pervomay TSK 农业商品与服务合作社。

吉尔吉斯斯坦农业
（1991—2021）
Chapter 6

第6章 吉尔吉斯斯坦农产品流通与加工

苏联时期，吉尔吉斯斯坦实行的是苏联高度集中的政治经济体制，农产品流通和加工的主体是计划经济下的国营农场和集体农庄以及国有企业。独立后，吉尔吉斯斯坦进行了经济体制改革，农产品流通和加工的主体多样化和丰富化。同时，为促进国内农产品流通和加工，吉尔吉斯斯坦加快促进本国的交通运输和物流产业的发展，积极融入"一带一路"建设中。

6.1 农产品流通与加工体系的演变

6.1.1 独立前农产品加工与流通的主要模式

（1）加工和流通主体。

独立前，作为苏联的一部分，吉尔吉斯斯坦农产品加工和流通的主体是集体经济下的国营农场和集体农庄、国营农业加工企业（卢宁等，1957）。因此，这里首先回顾一下吉尔吉斯斯坦集体经济的发展历程，以及集体经济发展对农产品加工和流通的影响。

1926年，吉尔吉斯斯坦正式更名为吉尔吉斯苏维埃社会主义共和国，作为苏联的一部分，积极参与社会主义建设，农业发展取得巨大成就。1927年，吉尔吉斯斯坦实行土地改革，没收了68000多公顷土地，把这些土地分给17000户无地和少地的农民。在实行土地改革的过程中，建立了65个集体农庄，联合了851家农户。到1928年10月吉尔吉斯斯坦国内有290个集体农庄，其中包括5个农业公社、193个农业劳动组合和92个土地共耕社，联合起来的农户中44%是吉尔吉斯人。1929年，吉尔吉斯斯坦社会主义建设掀起高潮，在农业方面也发生了根本变化。到1930年春，集体农庄已经联合了30%的农户，吉尔吉斯斯坦走上全盘集体化的道路。1935年，吉尔吉斯斯坦完成第一个五年计划，此时已经完成了农业集体化，共有1879

个集体农场、44个国营农场和20多个农业机器站,耕地面积为1144500公顷,85000户游牧和半游牧的吉尔吉斯人开始了定居生活。1937年,苏联政府拨给了吉发展集体农庄牲畜的资金。到1940年,全国98.9%的农业加入集体农庄。

1941~1945年苏联卫国战争时期,吉尔吉斯斯坦甜菜播种面积由16100公顷扩大到21200公顷,牲畜总数增加了44%。第二次世界大战后,为恢复吉尔吉斯斯坦的农业,苏联政府给吉尔吉斯斯坦集体农庄以巨大的财政支持。1945年,以长期贷款的方式向他们拨款390万卢布,1946年和1947年,又分别拨款620万卢布和870万卢布。此外,苏联政府还向吉尔吉斯斯坦拨款980万卢布用以购买牲畜,拨款520万卢布用以购买肥料。1940~1950年,集体农庄的资金增加了3倍,集体农庄的现金收入增加1倍多,1940年有40个最富裕的集体农庄,到1952年已经有173个。1952年,吉尔吉斯斯坦共有51个专业的国营农场,其中有13个养羊农场,14个繁殖乳、肉用牲畜的农场,6个养马场,2个养猪农场,8个栽培技术作物的农场,6个果园和葡萄种植农场。1946~1950年,国营农场牛的总头数增长了40%,绵羊和山羊增加了32%,产奶量增加了1.5倍。到1953年1月,吉尔吉斯斯坦已经有745个集体农庄,1940~1950年,农业方面的基本生产资料增加2.7倍,到1952年底已经有70个农业机器站,能供应集体农庄约90%的耕种面积之用,并有7个机器畜牧业站。1955年,吉尔吉斯斯坦共有1483个国营工业企业、647个手工业合作社和191个消费合作社(刘庚岑、徐小云,2010),详见表6-1。

表6-1 1926~1953年吉尔吉斯斯坦集体农业发展现状

年份	1926	1928	1935	1940	1953
集体农庄(个)	65	290	1879	—	745
国营农场(个)	—	—	44	—	—
农户数/占比	851	—	—	98.9%	—
耕地面积(公顷)	68000	—	1144500	—	—

资料来源:卢宁等.苏联大百科全书选译-吉尔吉斯苏维埃社会主义共和国.1957.

十月革命前,吉尔吉斯斯坦是一个落后的农牧区,大部分居民仍从事农业生产,加工工业为家庭生产和手工业,还有为数不多的当地农业原料初步加工的半手工业的企业,如磨坊、榨油厂、啤酒厂和盐厂,这些厂的产值很低。在苏联时期,吉尔吉斯斯坦变成了工业化和农业集体化的社会主义共和国,工农业的产量都迅速增长起来。此时的农产品加工主体既有从事初级加工的集体和国营农场,也有从事农产品深加工的企业和工厂,这些企业和工厂多属国有或集体性质(邓浩,2011)。

农产品加工是吉尔吉斯斯坦重要的工业部门。1933年,吉尔吉斯斯坦食品加工业占工业总产值的48.4%,1940年,食品加工业占工业总产值的46.8%,1950年,食品加工业占比为28.2%。在第二次世界大战前,吉尔吉斯斯坦食品工业得到很大发展,建立了肉类、奶类、制糖、酿酒和面包烤制等一批新企业,如新特罗伊茨制糖厂、托克马克制糖厂和蔬菜水果罐头厂、别洛沃德制糖厂和贾拉拉巴德维生素罐头厂。

1946~1950年,肉乳工业生产的肉类差不多增加了2倍,当时的伏龙芝大型制肉联合工厂、奥什城的制肉联合工厂、雷巴奇耶制肉联合工厂的第一批厂房,都是在第二次世界大战前后五年计划的年代建成的。从事牛奶加工的有伏龙芝牛奶厂以及许多干酪制作厂和奶油制造厂。1946~1950年,动物油脂生产增加到2.9倍。1952年在奥什省建立了大型榨油工厂。面粉制造工业和面包制造工业有伏龙芝巨大磨粉联合工厂,其中包括制米工厂和面包工厂。制糖工业集中在伏龙芝省,在那里有5个生产砂糖的工厂:坎特、诺沃特罗依茨克、别洛沃得、托克马克、卡拉巴尔提。1946~1950年,糖的生产增加4.3倍。罐头生产企业,除了伏龙芝城的肉类罐头外,还有托克马克和贾拉拉巴德工厂生产的蔬菜、水果罐头。贾拉拉巴德工厂还利用森林地区野生坚果原料制造维生素药品。

(2)流通渠道。

十月革命以前,吉尔吉斯斯坦农产品主要通过集贸市场和店铺进行流通和交易。早在19世纪70年代,吉尔吉斯斯坦的大城市就出现了集贸市场和店铺。1903年,比什凯克有406家店铺。1907年,比什凯克的店铺贸易额达164.4万卢布。同年,卡拉科尔市有店铺302家,其贸易额为1192卢布。苏联时期,吉尔吉斯斯坦农产品通过国营商业、合作社商业和集体农庄贸易进行流通和交易。其中,国营商业模式是吉尔吉斯斯坦农产品交易与流通的最主要形式,占比为62%;合作社商业主要以消费合作形式为牧区居民服务,约占36%;集体农庄在农产品交易中占比最小,大约2%。这个阶段,吉尔吉斯斯坦的农产品及商业贸易发展迅速,到1985年,国营商业与合作社商业零售商品周转额达到32.09亿卢布。1975~1980年,建成并交付使用的商店的营业面积为9.7万平方米,公共饮食企业有8000个座位。国营与合作社商业的零售企业数目从1960年的5029个增加到1985年的8600个。1985年,国营与合作社商业的商店营业面积为57.3万平方米,每一万居民平均商业营业面积为14.5平方米。同时,各类商店采用了现代化设备,自动售货、预先订货、批发贸易和直接送货上门等交易方式都得到了推广。

在苏联时期,吉尔吉斯斯坦的交通运输网络建立和发展起来,包括公路、铁路、水运、空运和管道运输等现代化的运输方式。吉尔吉斯斯坦由于地处山区,公路运输成为主要的运输方式,汽车成为主要的交通工具。吉尔吉斯斯坦国内主要公路干线包括:比什凯克—纳伦—图噜噶尔特、霍巴集—卡拉科尔和奥什—霍罗格等。吉尔吉斯斯坦国内无轨电车运输开始于1951年,比什凯克当时只有一条无轨电车线路,之后奥什和纳伦两市的无轨电车运输开始运营。吉尔吉斯斯坦境内铁路系统也在逐渐发展,北部的铁路还包括哈萨克斯坦境内的一部分。伊塞克湖是吉尔吉斯斯坦境内唯一能行船的水域,从20世纪20年代起,吉尔吉斯斯坦开始在该湖进行水上运输,航运线总长为576公里。吉尔吉斯斯坦的航空运输从20世纪20年代起步,1922年第一架飞机在比什凯克着陆。之后,在比什凯克、奥什、贾拉拉巴德、卡拉科尔、乔蓬阿塔、纳伦、塔拉斯、恰特卡尔、克孜勒基亚、卡扎尔曼和巴特肯等城市都建有机场。20世纪60年代，吉尔吉斯斯坦开始发展管道运输，此种运输方式与油气开采密切相关。穆拉别克—塔什干—比什凯克—阿拉木图输气干线穿越吉尔吉斯斯坦。苏联时期建立的交通运输网路对于吉农产品的流通与交易发挥了重要作用。

6.1.2 独立后农产品加工与流通的主要模式

（1）加工和流通主体。

在苏联时期，吉尔吉斯斯坦作为一个加盟共和国，实行的是与苏联一脉相承的高度集中的政治经济体制。吉尔吉斯斯坦只是联盟中央统一指令性计划的执行者，没有形成完整的国民经济体制。农业发展受制于中央的统一协调和分配，存在农产品发展结构不合理的现象。在独立初期，吉尔吉斯斯坦进行了经济体制改革，实现非国有化和私有化。对国营农牧场进行私有化，主要开展租赁承包制，建立私人农场，发展农村小企业。1992~1998年，农业的私有化企业由53个增至789个。自1998年开始，吉尔吉斯斯坦开始实行土地私有化，允许土地自由买卖。2002年，苏联时期建立的国营农场和集体农庄已不复存在，取而代之的是7.1万个私人生产单位和573个集体农民生产单位，包括292个农业合作社、233个集体农民生产联合组织和45个股份公司（张宁，2013）。

表6-2显示了2014~2018年吉尔吉斯斯坦农业部门生产主体的数量。2014年，吉尔吉斯斯坦农业经营主体的数量为384940个，其中，农业部分的经营主体有384871个，占比为99.98%，具有绝对的优势地位。林业的经营主体是56个，只有0.015%的比重。2014年渔业的经营主体只有13个，比重为0.003%，是非常小的一个经营主体。2014年，在农业经营主体中，家庭农场（农户）数量最多，

为287322个,比重为74.65%,是农业生产经营的重要主体。除家庭农场外,排名第二的农业生产经营单位是个体经营者,数量为96996个,占比为25.2%。排名第三的农业经营主体是集体农场,在2014年的数量是513个,占比为0.13%。国有农场仅有40个,比重为0.01%。

从表6-2还可以看出,2014~2018年,吉尔吉斯斯坦农业生产部门经营主体的数量在逐年增多。2018年,农业经营主体的数量是440316个,比2014年多出55376个,增长率为14.39%。其中,增长数量最多的是家庭农场(农户),从2014年的287322增加到2018年的332909个,数量增加45587个,增长率为15.87%,超过总体的增长率。此情况表明吉尔吉斯斯斯坦私有化改革在继续发挥作用,越来越多的生产资料被私人拥有。2014~2018年,吉尔吉斯斯坦个体经营者的数量从96996增加到106693个,增加9697个,增长率为10%。同时,国营农场和集体农场的数量在减少,国营农场的数量从2014年的40个降低到2018年的26个,减少14个,减少了将近三分之一的数量,下降率为35%。集体农场的数量从2014年的513个减少到2018年的427个,数量减少了86个,下降率为16.76%。国营和集体农场数量的减少进一步瓦解了苏联时期的公有化经济体制。农业经营主体增加的同时,吉尔吉斯斯坦林业和渔业经营主体的数量也在增加。其中,林业经营主体从2014年的56个增加到2018年的62个,数量增加6个,增长率为10.71%。渔业经营主体的数量增长迅速,从2014年13个增加到2018年的199个,增加了186个,增长率超过了14倍。

表6-2　吉尔吉斯斯坦农业生产部门的经营主体(2014~2018年)

单位:个

年份	2014	2015	2016	2017	2018
合计	384940	401423	415509	429291	440316
农业	384871	401350	415433	429217	440055

续表

年份	2014	2015	2016	2017	2018
其中：					
国营农场	40	38	33	27	26
集体农场	513	518	481	460	427
家庭农场（农户）	287322	300245	312833	323245	332909
个体经营者	96996	100549	102086	105485	106693
林业	56	56	53	53	62
渔业	13	17	23	21	199

资料来源：本课题组调研整理。

（2）流通渠道。

表6-3显示了吉尔吉斯斯坦2001～2009年各行业的经营主体，包括小型企业、中型企业、个体经营者和家庭农场（农户）的数量。从表中可以看出，吉尔吉斯斯坦国内小型企业的数量从2001年的7555个增加到2019年的16199个，数量增加了8644个，增长率为114.4%。与此同时，个体经营者和家庭农场（农户）的数量也在同步增加，其中个体经营者的个数从2001年的111295个增加到2019年的411405个，数量增加了300110个，增长率为269.65%，吉尔吉斯斯坦国内个体经营者取得了很大发展。个体经营者数量增加，不仅影响农产品的加工，也会影响农产品的流通与销售。吉尔吉斯斯坦家庭农场（农户）的个数也在逐渐增加，从2001年的84692个增加到2019年的452308个，数量增加了367616个，增长率为434.1%。与小型企业、个体经营者、家庭农场（农户）数量大增不同，吉尔吉斯斯坦国内中型企业的数量总体呈下降的趋势，从2001年的1024个减少到2019年的779个，数量减少了245个，降幅为23.9%。伴随吉尔吉斯斯坦私有化改革的持续进行，个体和私营企业的数量还会进一步增加，农产品加工和流通的主体会更加多元化和丰富化。

表6-3 吉尔吉斯斯坦行业经营主体的数量（2001~2019年）

单位：个

年份	小型企业	中型企业	个体经营者	家庭农场（农户）
2001	7555	1024	111295	84692
2002	6893	866	122525	251526
2003	7298	791	134386	255882
2004	7729	756	149280	259701
2005	7689	782	163119	300162
2006	8424	843	179613	313061
2007	9002	850	193425	323555
2008	11103	885	204246	321856
2009	11374	847	222700	318815
2010	11338	823	244950	331059
2011	11371	840	267776	344492
2012	11127	804	297895	356642
2013	11749	800	329737	382883
2014	12712	793	350688	384318
2015	13232	795	366734	400794
2016	13592	776	379150	414919
2017	13858	795	389778	428730
2018	14520	769	401658	439602
2019	16199	779	411405	452308

资料来源：本课题组调研整理。

在私有化改革的同时，吉尔吉斯斯坦积极调整农业产业结构，减少牧草的种植面积，扩大粮食作物的种植面积，优化发展农业和食品工业。2002年，食品工业部共有企业610家，从业人员约有2.6万名，创造产值91.862亿索姆。2016年，吉尔吉斯斯坦国国家统计委员会公布了《2016年吉尔吉斯斯坦食品工业研究报告》。根据该报告，吉尔吉斯斯坦糖类生产量提高了2倍，黄油生产量增长一半，奶酪生产量增加20%。肉制品生产量增长16%，甜品总生产量增加10%（姜振军等，2018）。

表6-4年显示了吉尔吉斯斯坦2015~2019年食品工业的产

量。从表中可以看出，吉尔吉斯斯坦国食品工业包括牛肉及其制品、禽肉及其制品等33个种类，在33个食物种类中，个别食物的产量2015～2019年有所下降，个别食物产量呈现不规律的变动外，大部分食物的产量都在增加。

表6-4　吉尔吉斯斯坦食品工业产量（2015～2019年）

年份	2015	2016	2017	2018	2019
牛肉及制成品（吨）	9453.7	11000.5	13650.7	12686.1	13705.9
禽肉及其制品（吨）	1262.9	1365.2	198	649.9	390.3
香肠（吨）	3038	3287.6	3904.5	5595	6402.5
果蔬汁（千升）	8656.1	5529.1	9411	8880.2	8891.8
加工和罐装水果、蔬菜和蘑菇（吨）	4063.1	4240.5	5859.9	2182.8	5567.1
植物油（吨）	13840.9	11521.4	11252.5	11743.1	9441.3
黄油（吨）	2112.7	3130.6	4623.4	4422.4	5528.5
牛奶（吨）	31615.8	36585.3	31412	38352.3	40454.6
脂肪含量超过6%的未浓缩奶油（吨）	62.2	489.8	495.8	1156.9	1386.6
奶酪（吨）	3615.7	4109.7	3908	4105.4	4723.5
酸奶（吨）	535	705.5	613.1	655	1130.2
冰淇淋及类似产品（吨）	3218.1	3790.1	4547.3	5483.9	5172.3
面粉（千吨）	273	269	270.7	188.5	162.6
面包和烘焙产品（吨）	101405	96208.4	98045.8	105538.2	68877.2
蛋糕、糖果和糕点（吨）	3442.5	3722.4	4273.3	5118.2	6301.5
巧克力、糖果（吨）	1115	1806	3208.8	2269.2	1833
硬钉、饼干和其他小食品（吨）	5879.2	6134.1	6675.4	6149.6	6794.3
糖（吨）	24355.5	67721.1	100357.8	122537.9	99573.6
通心粉、面条、粗粉和类似的面粉制品	16022.1	13819.2	15405.6	11403	18739
红茶、绿茶（吨）	3071.5	2797.5	1714.6	2286.1	1325.8
干邑（千升）	611.1	696.7	902.8	1 256.8	862.2
伏特加（千升）	8916.7	7388	4979.1	4473.2	4197.8

第6章 吉尔吉斯斯坦农产品流通与加工

续表

年份	2015	2016	2017	2018	2019
酒类（千升）	120.8	196.7	193.1	561.3	181.1
乙醇（千升）	5417.5	4817.8	3102	4244.5	3980.7
起泡酒（千升）	493.8	908.1	1076.7	975.5	479.7
除细珠葡萄酒外的葡萄酒（千升）	426.2	1378.8	1361	1171.9	519.1
苹果酒和果酒（千升）	603.3	1176.2	1009.7	2648.9	934.6
啤酒（千升）	26330.8	24043.7	25120.9	28513.3	22895.6
不含糖化和非卤化气体的水和矿物（千升）	36756.3	32650.4	34772	44357.8	38171.5
软饮料（千升）	101887.9	108234.6	118872.5	126769.1	130697.2
发酵烟叶（吨）	1985	300	106	930.6	291.5
香烟和雪茄（百万支）	—	6	—	—	—
烟草（吨）	—	—	—	—	—

资料来源：吉尔吉斯斯坦国家统计局，2019。

吉尔吉斯斯坦畜牧业的恢复和发展，使相关食品工业的产量大增。牛肉及其制品的产量从2015年的9453.7吨增加到2019年的13705.9吨，数量增加了4252.2吨，增长率为45%，年均增长率超过10%。香肠、黄油、牛奶、脂肪含量超过6%的未浓缩奶油、奶酪、酸奶、冰淇淋及类似产品的产量都在上升。牛奶的产量从2015年的31615.8吨增加到2019年的40454.6吨，数量增加了8838.8吨，总增长率超过28%，年平均增长率超过10%。脂肪含量超过6%的未浓缩奶油从2015年的62.2吨增加到2019年的1386.6吨，数量增加了1324.4吨，增长率超过了20倍。酸奶的产量从2015年的535吨增加到2019年的1130.2吨，数量增加了595.2吨，增长率为111.2%。

吉尔吉斯斯坦国内种植业的恢复与发展并没有给相关食品工业增产带来影响。面粉、面包和烘焙产品作为吉尔吉斯斯坦居民最重要的食品，2015~2019年的产量呈下降的趋势。面粉产量从2015年的273千吨下降到2019年的162.6千吨，数量下降110.4千吨，降幅为

40.4%。面包和烘焙产品从 2015 年的 101405 吨下降到 2019 年的 68877.2 吨，数量减少 32527.8 吨，降幅为 32.1%。通心粉、面条、粗粉和类似的面粉制品的产量从 2015～2018 年呈现下降的趋势，从 16022.1 吨下降到 11403 吨，数量减少 4619.1 吨，降幅为 28.8%，但 2019 年的产量又大幅度上升，达到 18739 吨，数量比 2018 年增加了 7336 吨，增幅高达 64.3%。这表明吉尔吉斯斯坦国内还存在粮食安全问题。

甜菜作为吉尔吉斯斯坦国内的优势产品获得了长足发展，与此相关的食品产量也在增加。糖的产量从 2015 年的 24355.5 吨增加到 2019 年的 99573.6 吨，数量增加了 75398.1 吨，增幅高达 310%。蛋糕、糖果和糕点，巧克力和糖果的产量也在增加。其中，蛋糕、糖果和糕点的产量从 2015 年的 3442.5 吨增加到 6301.5 吨，数量增加了 2859 吨，增幅为 83.1%。巧克力和糖果的产量从 2015 年 1115 吨增加到 1833 吨，数量增加了 718 吨，增幅为 64.4%。

吉尔吉斯斯坦国内各种酒类的产量出现了不稳定的变化趋势。其中，干邑的产量在 2015～2018 年逐年上升，从 611.1 千升增长到 1256.8 千升，但 2019 年的产量又下降到 862.2 千升。伏特加的产量逐年下降，从 2015 年的 8916.7 千升下降到 2019 年的 4197.8 千升，数量减少了 4718.9 千升，降幅为 52.9%。啤酒的产量变化不稳定，2015～2017 年产量逐年减少，2018 年的产量又有所上升，2019 年的产量又一次降低。吉尔吉斯斯坦烟叶产量经历了较大变化，从 2015 年的 1985 吨下降到 2017 年的 106 吨，数量减少了 1879 吨，减幅为 94.7%，而 2018 年的烟叶产量又迅速增加到 930.6 吨，增加 824.6 吨，增幅超过了 7 倍，但随后的 2019 年，烟叶数量又再一次下降到 291.5 吨，产量减少了 533.1 吨，减幅为 57.3%。

通过经济结构和产业结构的调整，吉尔吉斯斯坦国内农业和食品工业取得了较快发展，生产能力大幅度上升，零售市场的销售额也在进一步扩张。表 6-5 显示了吉尔吉斯斯坦 2011～2019 年零售市场

(包括食品市场)的销售额。2011~2019 年,吉尔吉斯斯坦国内零售市场的销售额从 177421 百万索姆增加到 407606 百万索姆,数量增加了 230185 百万索姆,增幅超过了 120%。其中,吉尔吉斯斯坦商品市场和食品市场的销售额从 2011 年的 93913 百万索姆增加到 170072 百万索姆,数量增加了 76159 百万索姆,增幅为 81.1%。食品和烟草市场的销售额从 2011 年的 19035 百万索姆上升到 2019 年的 33743 百万索姆,数量增加了 14708 百万索姆,增幅为 77.3%。零售市场销售额的持续增加显示了吉尔吉斯斯坦内市场的恢复与活跃,农产品加工和流通的能力进一步增加也是促进农产品销售的有效手段。

表 6-5　　2011~2019 年吉尔吉斯斯坦零售市场销售额　　单位:百万索姆

年份	2011	2012	2013	2014	2015	2016	2017	2018	2019
合计	177421	202415	233376	277723	310432	324484	356194	384615	407606
商业设施	83508	97358	115287	141092	163818	174346	200225	221111	237534
商品市场和食品市场	93913	105057	118089	136631	146614	150138	155969	163505	170072
食品和烟草市场	19035	20015	22333	24835	23129	25909	31752	31826	33743

资料来源:吉尔吉斯斯坦国家统计局,2019。

6.2　主要农产品的加工和流通

6.2.1　小麦

小麦是吉尔吉斯斯坦重要的粮食作物。苏联时期,为了给整个联邦提供充足的饲料,吉尔吉斯斯坦国内增加了燕麦的种植面积,小麦和其他粮食作物由中央统一调控。独立后,为了满足本国居民对粮食的需求，吉尔吉斯斯坦扩大了小麦的种植面积。从表 6-6 可知，1990 年，吉尔吉斯斯坦小麦的种植面积有 193582 公顷，而 1997 年小麦的种植面积为 549638 公顷，达到一个历史最高点，比 1990 年的种植面积多出 356056 公顷，种植面积增加了 1.8 倍。1997 年之后，除个别年份外，如 2000 年、2005 年、2008 年、2009 年和 2013 年，吉尔吉斯斯坦国内小麦的种植面积呈现下降的趋势，2019 年小麦的种植面积为 240111 公顷，只比 1990 年多出 46529 公顷。

吉尔吉斯斯坦独立后进行了私有制改革，原来依靠国有和集体农场进行小麦加工和流通模式发生了变化。表 6-6 显示了 1990~2019 年按经营主体分类的小麦种植面积。1990 年，国有农场种植小麦的面积是 96184 公顷，占总种植面积的 49.6%，集体农场小麦的种植面积为 97022 公顷，占总种植面积的 50%，而农场/牧场及个体农场的种植面积分别为 307 公顷和 376 公顷，占比不到 1%。2019 年，吉尔吉斯斯坦小麦的种植主体中，国有农场的种植面积仅有 958 公顷，占比为 0.4%。集体农场的小麦种植面积为 12029 公顷，占比为 4.8%。个体农场小麦的种植面积为 9532 公顷，占比为 3.8%。2019 年小麦主要由牧场/农场来种植，种植面积为 226363 公顷，占比为 91%。

表 6-6　1990~2019 年按经营主体分类的小麦种植面积　　单位：公顷

年份	合计	国营农场	集体农场	牧场/农场	个体农场
1990	193582	96184	97022	307	376
1991	193609	88934	103992	13132	376
1992	248451	89163	145764	33335	392
1993	338265	118113	185661	39132	1156
1994	333080	100778	180804	98100	12366
1995	363917	46988	199153	180138	19676

续表

年份	合计	国营农场	集体农场	牧场/农场	个体农场
1996	451490	30424	214885	256716	26043
1997	549638	33809	229951	256341	29162
1998	510450	29443	192331	251581	32335
1999	482717	28275	166551	292871	36310
2000	505731	24790	133803	318206	54267
2001	505137	18844	115142	383195	52945
2002	485821	12455	83499	356892	6672
2003	436541	7840	54424	347005	17385
2004	411676	5598	43807	354310	15266
2005	425849	5465	44687	344087	21387
2006	411806	4925	38599	307090	24195
2007	357386	2878	29226	348502	18192
2008	392253	3331	26512	362214	13908
2009	402575	2823	25325	337353	12213
2010	376668	2259	25073	336070	11983
2011	377424	2584	26110	287716	12660
2012	324508	1702	22725	313840	12365
2013	346575	2378	19661	306955	10696
2014	339509	2160	17389	269912	13005
2015	297289	1765	13937	245587	11675
2016	270550	1515	13457	226512	9991
2017	250186	1290	12934	232003	9450
2018	253809	988	12883	217592	7935
2019	240111	958	12029	226363	9532

资料来源：本课题组调研整理。

6.2.2 大麦

大麦是吉尔吉斯斯坦重要的粮食作物和饲料作物。作为苏联时期最主要的精饲料供应国，吉尔吉斯斯坦大麦的种植面积在不断扩大，主要的加工和流通方式也是苏联计划经济下的国有和集体模式。独立后，为保障粮食安全，吉尔吉斯斯坦政府减少了大麦的种植面积。从表6-7可知，大麦的种植面积从1990年的266399公顷下降到1998年的80880公顷，种植面积减少了185519公顷，降幅接近70%。1998~2003年，大麦种植面积有增有减。2003年以后，大麦的种植面积总体呈现增长的趋势，2019年大麦的种植面积为206376公顷，比独立初期的1990年只减少了60023公顷，降幅为22.5%。

大麦的种植主体也有较大的变化，1990年，国有农场和集体农场种植大麦的面积分别为166808公顷和99191公顷，两者合计占比为99.8%。牧场/农场和个体农场种植大麦的面积只有不到1%。2019年，国有和集体农场大麦的种植面积分别为1070公顷和10440公顷，两者累计占比是5.6%，农场/牧场和个体农场大麦累计播种面积为194866，占比为94.4%。种植主体的变化引起了大麦加工和流通主体和模式的变化，吉尔吉斯斯坦大麦的加工和流通更多地依赖个体和市场经济运行下的各种不同主体。

表6-7 1990~2019年按经营主体分类的大麦种植面积　　单位：公顷

年份	合计	国有农场	集体农场	牧场/农场	个体农场
1990	266399	166808	99191	0	400
1991	290061	178311	109559	1791	400
1992	263459	134088	106073	22801	497
1993	235503	107844	94054	32744	861
1994	206661	80137	93718	28180	4626

续表

年份	合计	国有农场	集体农场	牧场/农场	个体农场
1995	150698	23814	91162	31889	3833
1996	108446	8516	55459	37962	6509
1997	83192	5856	44786	28051	4499
1998	80880	4179	43228	29500	3973
1999	101961	5296	46951	45466	4248
2000	88012	3931	26712	50100	7269
2001	74064	1109	14811	48856	9288
2002	66461	1589	11415	52654	803
2003	88740	1550	12177	72080	2933
2004	102833	1398	13599	84324	3512
2005	102226	1044	10099	84219	6864
2006	105133	1014	9366	86789	7964
2007	126404	905	11475	102420	11604
2008	135342	1063	11304	113805	9170
2009	124200	901	9265	107787	6247
2010	125374	821	8822	108415	7316
2011	123287	878	8582	105988	7839
2012	147323	1077	8769	127725	9752
2013	147204	889	8594	127940	9781
2014	155644	1046	8752	135067	10779
2015	173933	1058	10449	151557	10869
2016	185985	850	8600	165960	10575
2017	194518	834	7672	174612	11400
2018	193067	1055	8610	171214	12188
2019	206376	1070	10440	183188	11678

资料来源：本课题组调研整理。

6.2.3 玉米

表6-8显示了1990~2019年各经营主体玉米的种植面积。总体上来看，吉尔吉斯斯坦玉米的种植面积从1990年的65664公顷增加到2019年的106385公顷，面积增加了40721公顷，增幅是62%。国有和集体农场玉米的种植面积在急剧下降。国有农场的种植面积从1990年的28762公顷下降到2019年的537公顷，占比也从1990年的43.8%下降到2019年的0.5%。集体农场种植玉米的面积从1990年的27748公顷下降到2019年的1963公顷，占比从1990年的42.2%下降到2019年的1.9%。牧场/农场玉米的种植面积大幅度提升，到2019年达92388公顷，占比高达86.8%。个体农场玉米的种植面积从1990年的9154公顷增长到2019年的11497公顷，面积增加2343公顷，增幅为26%。

表6-8 1990~2019年按经营主体分类的玉米种植面积　　单位：公顷

年份	合计	国有农场	集体农场	牧场/农场	个体农场
1990	65664	28762	27748		9154
1991	62341	26195	26792	104	9250
1992	54710	16309	26957	1933	9511
1993	40658	9931	19324	1958	9445
1994	36581	6955	14204	2630	12792
1995	34971	2797	10296	8998	12880
1996	45616	1778	10968	16969	15901
1997	37751	1309	5122	13416	17904
1998	47271	1374	7637	19078	19182
1999	61009	2511	8017	28637	21844
2000	65506	2052	7043	35105	21306

续表

年份	合计	国有农场	集体农场	牧场/农场	个体农场
2001	75723	1792	8715	42356	22860
2002	65410	971	3858	47020	13561
2003	66515	523	2149	51870	11973
2004	73784	540	2092	58542	12610
2005	72604	543	1525	58140	12396
2006	72257	414	985	58759	12099
2007	76164	465	988	62480	12231
2008	76172	444	1427	60724	13577
2009	78903	321	1067	64360	13155
2010	73354	459	1053	59260	12582
2011	74451	611	1546	59868	12426
2012	95299	801	2043	80317	12138
2013	91899	818	2229	76441	12411
2014	92010	793	2216	76277	12724
2015	102349	715	1848	88603	11183
2016	101735	667	1746	87770	11552
2017	101367	731	2678	86468	11490
2018	105071	646	2613	89912	11900
2019	106385	537	1963	92388	11497

资料来源：本课题组调研整理。

6.2.4 蔬菜

吉尔吉斯斯坦独立后，为保障居民的蔬菜供给，大力扩大蔬菜的种植面积。从表6-9可知，大麦的种植面积从1990年的20655公顷增加到2019年的53388公顷，种植面积增加了32733公顷，增幅超过 158%。蔬菜的种植主体也有较大的变化，1990 年，国有农场和集体农场种植蔬菜的面积分别为 8830 公顷和 5837 公顷，两者合计占比为 71%。个体农场种植蔬菜的面积为 5987 公顷，占比为 29%。2019 年，国有和集体农场蔬菜的种植面积分别为 126 公顷和 368 公顷，两者累计占比只有 0.9%，农场/牧场和个体农场蔬菜累计播种面积为 52894 公顷，占比高达 99.1%。至此，吉尔吉斯斯坦国内蔬菜的种植、加工和流通更多地依赖市场规律而不是计划指令。

表 6-9　1990~2019 年按经营主体分类的蔬菜种植面积　　单位：公顷

年份	合计	国有农场	集体农场	牧场/农场	个体农场
1990	20655	8830	5837	0	5987
1991	19486	7732	5650	10	6094
1992	22178	6684	7999	590	6905
1993	14876	3700	4347	573	6256
1994	22422	3700	5547	1426	11749
1995	32168	1916	6512	4319	19421
1996	32765	969	5920	6527	19349
1997	36364	698	4313	9018	22335
1998	39025	639	4425	11054	22907
1999	47862	1018	5845	16793	24206
2000	47258	677	3316	17791	25474
2001	49036	571	4177	18908	25380
2002	25307	255	2671	11919	10462
2003	36339	209	1888	19427	14815
2004	39752	271	1701	23224	14556
2005	40647	102	1359	23573	15613
2006	41181	71	1059	24319	15732
2007	42095	104	958	24957	16076

续表

年份	合计	国有农场	集体农场	牧场/农场	个体农场
2008	43427	96	1140	25424	16767
2009	43447	36	1198	24696	17517
2010	41941	110	911	23307	17613
2011	42793	74	830	24112	17777
2012	45413	99	904	24775	19635
2013	44191	64	557	25032	18541
2014	44926	91	444	26175	18216
2015	51451	71	522	31156	19702
2016	51472	65	443	31224	19739
2017	51955	105	427	31523	19899
2018	51974	115	477	31916	19466
2019	53388	126	368	32250	20644

资料来源：本课题组调研整理。

6.2.5 水果和浆果

表6-10显示了1990~2019年吉尔吉斯斯坦各经营主体水果和浆果的种植面积。总体上来看，吉尔吉斯斯坦水果和浆果的种植面积从1990年的47657公顷增加到2019年的50976公顷，面积增加了3319公顷，增幅为7%。国有和集体农场水果和浆果的种植面积在急剧下降。国有农场的种植面积从1990年的22337公顷下降到2019年的1736公顷，集体农场种植水果和浆果的面积从1990年的5845公顷下降到2019年的357公顷。牧场/农场水果和浆果的种植面积大幅度提升，到2019年达16727公顷，占比为32.8%。个体农场水果和浆果的种植面积从1990年的19475公顷增长到2019年的32156公顷，面积增加2343公顷，增幅为65.1%。

表 6–10　　1990~2019 年按经营主体分类的水果和浆果种植面积　　单位：公顷

年份	合计	国有农场	集体农场	牧场/农场	个体农场
1990	47657	22337	5845		19475
1991	46566	20882	6009	35	19640
1992	46622	15833	10236	913	19640
1993	44079	15464	8523	778	19314
1994	48549	20218	7977	954	19400
1995	42947	5738	13618	3711	19880
1996	45099	3211	15160	6076	20652
1997	48538	3539	13915	6881	24203
1998	46938	3148	12364	6950	24476
1999	48890	5813	8465	7354	27258
2000	48687	3203	8721	10611	26152
2001	47950	3151	7064	11251	26484
2002	48292	4016	4868	13706	25702
2003	48292	4016	4868	13706	25702
2004	48265	3463	3842	14683	26277
2005	48495	2898	3591	14951	27055
2006	48481	2962	3588	15124	26807
2007	48219	2427	2465	15814	27513
2008	48889	2494	1832	15166	29397
2009	49318	2588	1870	15860	29000
2010	48743	2551	1826	14996	29370
2011	48751	2504	1645	15268	29334
2012	48799	2786	1365	15322	29326
2013	50681	2728	1310	15580	31063
2014	51614	2778	791	16596	31449
2015	51175	2834	628	16091	31622

续表

年份	合计	国有农场	集体农场	牧场/农场	个体农场
2016	51369	2871	434	16177	31887
2017	51369	2671	417	16047	32234
2018	51387	2614	391	16141	32241
2019	50976	1736	357	16727	32156

资料来源：本课题组调研整理。

6.3 农产品流通及加工主要政策法规

独立后，吉尔吉斯斯坦为确保本国农产品的正常流通及加工出台了一系列政策法规。首先，为保证粮食安全，扩大了种植业中粮食作物的面积，减少了饲料和烟草的种植面积。其次，进行私有化改革，土地分散经营，扩大了经营自主权。优先发展农业和食品工业，国家采取积极措施，大力扶持私有中小企业的经营活动，为私人企业提供各种便利条件。另外，出台各种政策促进农产品的加工和流通，主要体现在国内交通运输和物流系统的建设和发展上。

6.3.1 运输基础设施及运费

吉尔吉斯斯坦的运输基础设施在苏联时期创建，那时中亚各国车辆过境是免费的。独立初期，吉尔吉斯斯坦境内运输总量开始大幅度下降，但从20世纪90年代中期开始，公路和铁路运输量却略有提升。表6-11反映了1995~2017年吉尔吉斯斯坦所有运输方式的货物周转总量。由于吉尔吉斯斯坦境内货物周转总量从1990年的3385万吨大幅度下降到2017年的291万吨，国内出现运输工具主要是卡车的过剩情况。同时，货物运输设备正在老化，超过60%的车辆都已过时。大多数苏联时代政府运输机构实现了私有化，由此产生了大量的小企业。这些企业的效率很低，但是他们经营的成本却很高。

表6-11　吉尔吉斯斯坦所有运输方式的货物周转总量　　单位：百万吨

运输方式	1995年	2005年	2010年	2015年	2017年
公路	329.9	27.2	23.9	27.8	26.6
铁路	8.0	0.9	1.0	1.6	1.9
管道	—	—	0.3	0.25	0.6
陆路运输总计	337.5	28.1	25.2	29.65	29.1
航空	0.010	0.0056	0.001	0.0003	0.0007
海运	0.646	0.035	0.016	0.1555	0.035
总计	338.6	28.1	25.2	29.7	29.1

资料来源：吉尔吉斯斯坦交通运输部，2017。

表6-12显示了2011~2019年吉尔吉斯斯坦所有运输方式的运费收入。从表中可以看出，吉尔吉斯斯坦国内所有交通运输方式的运费收入合计从2011年的6971百万索姆增加到2019年的10877百万索姆。其中，铁路和公路的运费收入增加明显，铁路的运输收入从2011年的2383百万索姆增加到2019年的3833百万索姆，公路的运费收入从2011年的4520百万索姆增加到2019年的7039百万索姆。吉尔吉斯斯坦国内水运和空运不是很发达，因此这两个运输方式所获得运费收入相对较低。

表6-12　2011~2019年吉尔吉斯斯坦所有运输方式的运费收入　　单位：百万索姆

项目	2011年	2012年	2013年	2014年	2015年	2016年	2017年	2018年	2019年
合计	6971	7667	8268	9455	9614	9814	10646	10978	10877
铁路	2383	2666	3010	3816	3372	3136	3764	4010	3833
公路	4520	4954	5211	5590	6205	6600	6774	6905	7039
水运	3	4	3	11	4	1	—	—	—
空运	65	45	44	38	34	76	108	62	5

资料来源：吉尔吉斯斯坦交通运输部，2019。

6.3.2 "一带一路"倡议下吉尔吉斯斯坦铁路及公路建设

吉尔吉斯斯坦国内海拔较高,山地居多,因此境内铁路交通不发达,自苏联解体后,吉境内的铁路网被分割为互不相连的南北两部分。截至 2014 年 9 月全国铁路总长度 423.9 公里。北部铁路长 322.7 公里,东起伊塞克湖西岸的巴雷克奇,向西经吉—哈边境与哈萨克斯坦铁路网相连,并可直达俄罗斯;南部铁路长 101.2 公里,自奥什至贾拉拉巴德(卡米拉,2017)。

在"一带一路"构想框架内,吉方将支持"中吉吉乌斯坦"铁路建设。因此,根据已经考证的计划和图纸,在吉尔吉斯斯坦修建一条长度为 472 公里的铁路。高速公路应该从国家北部的伊赛克州巴勒克奇市开始。从那里到科赫库尔,然后通过卡拉—切什到萨里布拉克和阿什巴希。在阿什巴希区,这条公路将与另一条高速公路—中国—吉尔吉斯斯坦公路相连,并且将向南到达贾拉拉巴德地区。如果我们以铁路建设的全球价格为基础,那么这个项目平均要花费吉尔吉斯斯坦的 30 亿~40 亿美元。但是要把这样的数额用于吉尔吉斯斯坦的项目实施,即使是部分国家预算也不允许。不过,中国可以提供援助建设,中国方面提出吉尔吉斯斯坦铁路不仅向中华人民共和国出口,而且还向该地区的邻国出口,这将有可能在这里建立一个运输分支到欧洲国家。也就是说,全世界已经准备好为这个项目提供资金,如果这个项目可以让吉尔吉斯斯坦成为中转站的话,吉尔吉斯斯坦将迎来发展的新机遇。

与铁路网络一样,吉尔吉斯斯坦的公路网络在"丝绸之路经济带"建设的背景下也面临巨大的压力。如果说铁路运输是吉尔吉斯斯坦和独联体国家之间联通的较为重要的方式,那么公路运输就是吉尔吉斯斯坦与中国联通的关键。随着"丝绸之路经济带"建设的推进,吉尔吉斯斯坦建设中亚物流集散中心的区位优势越来越明显地体现出来，但可惜的是，公路运输系统的运力落后，运输条件较差，这都制约了经济的联通。随着吉尔吉斯斯坦的发展，打破地区主义、加强南北联通成为突破经济发展"瓶颈"的重要议题。因此修建南北公路势在必行。目前，吉尔吉斯斯坦南方和北方地区之间仅有一条南北公路连接，而且这条公路设计等级不高，在"丝绸之路经济带"建设引发的区域一体化进程，这已经不满足经济的发展。

吉尔吉斯斯坦2018~2022年道路运输发展战略确定了汽车行业市场发展为重点任务，这是一个有针对性的方案，执行条件和资源，个别项目和非方案活动，为有系统的社会经济问题提供了有效的解决办法。要实现"战略"的目标，必须完成以下任务：一是形成统一的国家运输政策，更加充分地为人口提供客货运输，并且改善汽车运输业的国家监管体系；二是监管法律框架的形成和完善，符合国际立法和标准的要求，为运输业投资吸引力创造条件；三是确保公路的客货安全，以及环境安全；四是在国际公路运输的市场上，为国内航空公司创造具有竞争力的条件；五是增加人口的流动性，改善地区的交通可达性；六是更新和补充客货运车队，为行业创建一个信息支持系统。

吉尔吉斯斯坦农业
（1991—2021）
Chapter 7

第7章　吉尔吉斯斯坦农产品消费

农业是吉尔吉斯斯坦第二大物质生产部门，也是吉尔吉斯斯坦居民赖以生存的重要经济基础和生活福利的主要来源。十月革命前，吉尔吉斯斯坦是一个落后的农牧区，大部分居民没有独立的生产资料，没有足够的农产品消费。苏联时期，吉尔吉斯斯坦的农业获得了长足发展，种植业播种面积增加，畜牧业顺利发展，吉尔吉斯斯坦成为全苏联重要的精饲料、烟草、甜菜供应地。粮食由苏联中央储备中心供应，吉尔吉斯斯坦居民粮食、肉、蛋、奶的供应充分，消费量充足，结构均衡。吉尔吉斯斯坦独立后，失去了联盟的财政补贴，经济发展面临重大危机。国内的产业结构调整，私有化改革使农业发展遭受重创。居民的农产品消费量和消费结构也出现较大波动，部分农产品消费量急剧减少，居民生活水平明显下降（Anderson，2000）。1996年后，全国经济逐渐恢复，居民生活水平有所提高。近几年，农业在吉尔吉斯斯坦国民经济中占据重要地位，居民的农产品消费数量和结构也趋于平稳。

7.1 农产品的消费现状

本部分从吉尔吉斯斯坦大宗农产品的年消费量，居民食品消费量和结构这两个方面来分析吉尔吉斯斯坦农产品的消费现状。数据主要来源于西安财经大学"一带一路"大数据平台和吉尔吉斯斯坦国家统计局。

7.1.1 主要农产品年消费量

种植业是吉尔吉斯斯坦农业的重要组成部分，主要从事粮食作物、经济作物、瓜菜作物以及饲料作物的生产。种植业对居民生活、轻工业和食品工业的发展、畜牧业生产都有直接影响。苏联时期，吉

第7章 吉尔吉斯斯坦农产品消费

尔吉斯斯坦是全苏联畜牧业精饲料的主要供给者，因此扩大了饲料用大麦、玉米和燕麦等农作物的种植面积。吉尔吉斯斯坦居民所需要的粮食由苏联的中央粮食储备供应。吉尔吉斯斯坦独立后，保障居民粮食供应和面包、面包制品的需求成为吉尔吉斯斯坦政府亟待解决的问题。因此，吉尔吉斯斯坦政府采取积极措施，扩大粮食作物的种植面积，尤其是小麦的种植面积，提高粮食产量。其中，小麦的种植面积占粮食作物播种面积大幅度上升，占比超过了50%（刘庚岑、徐小云，2010）。

表7-1反映了吉尔吉斯斯坦主要大宗农作物的年消费量，包括小麦、玉米、大麦、大米、燕麦和棉籽等粮食作物和经济作物。1991年，吉尔吉斯斯坦宣布独立，同年12月底，苏联解体。在独立初期，由于原有传统经济体系遭到破坏，同时也失去了联盟中央的财政补贴，吉尔吉斯斯坦出现了严重的经济危机，农业发展受到严重破坏。因此，小麦等大宗农产品的消费在1991~1996这几年大幅度下降。小麦作为重要的生产与生活资料，年消费量最大，1990年达到1164千吨，受当时政治经济环境的影响，小麦的有效供给不足，1991~1996年的小麦年消费量呈下降的趋势，1994年的消费量只有778千吨，1996年为887千吨。1997~2014年小麦的消费量都超过1000千吨，2011年达到历史最高值1350千吨。2015~2019年小麦的年消费量有所下降，但也超过了900千吨。

表7-1　1990~2019年吉尔吉斯斯坦主要农产品消费量　　单位：千吨

年份	小麦	玉米	大麦	大米	燕麦	棉籽
1990	1164	454	925	1	15	101
1991	915	437	850	2	12	69
1992	919	301	670	2	12	41
1993	990	200	550	2	8	24
1994	778	138	300	2	7	35
1995	890	120	160	8	4	55

续表

年份	小麦	玉米	大麦	大米	燕麦	棉籽
1996	887	180	200	7	4	57
1997	1163	170	155	10	8	56
1998	1197	200	165	9	8	64
1999	1231	285	180	12	6	60
2000	1150	340	150	14	8	51
2001	1225	440	150	23	8	73
2002	1250	440	160	32	8	48
2003	1225	440	160	27	5	73
2004	1200	440	200	27	5	92
2005	1175	450	245	24	5	87
2006	1175	450	205	26	3	66
2007	1200	450	235	18	2	52
2008	1225	450	225	29	2	45
2009	1250	500	275	28	2	31
2010	1325	450	250	30	2	38
2011	1350	450	250	40	2	49
2012	1275	550	250	35	3	39
2013	1325	575	300	39	3	36
2014	1200	575	200	35	3	24
2015	925	600	350	34	4	16
2016	925	650	400	35	2	20
2017	925	650	460	39	2	35
2018	925	670	460	39	3	41
2019	900	700	440	39	3	45

资料来源：西安财经大学"一带一路"大数据平台，2019。

玉米作为重要的工业和饲料原材料，在吉尔吉斯斯坦的消费量呈上升的趋势。其中，1990~1996年玉米的消费量呈逐年下降的趋势，与当时国家的政治经济改革密切相关。从1997年开始，吉尔吉斯斯坦玉米的年消费量呈阶梯式的增长，2000年迈入300千吨的消费量，

2001年进入400千吨的年消费量，2012年超过500千吨的年消费量，2015年进入600千吨的年消费量，2019年的消费量达到700千吨，比1997年多出3倍。

从表7-1可知，大麦在吉尔吉斯斯坦的年消费量呈先降后升的趋势。大麦是重要的饲料供给来源，在苏联时期，大麦的播种面积大幅度上升，1990年大麦的消费量为925千吨。吉尔吉斯斯坦独立后，调整了种植业的结构，削减了大麦的种植面积，在加上吉尔吉斯斯坦产业结构调整，畜牧业生产下降，对大麦的需求量降低。因此，在1990年之后长达10多年的时间里，大麦的年消费量呈断崖式下降，2000年和2001年这两年的消费量仅有15千吨，为30年来的历史最低值。2002年之后，大麦的消费量逐渐回暖，2004~2014年的消费量集中在200千吨以上，2015年超过350千吨，2016年超过400千吨，2019年大麦的年消费量为440千吨，还未达到1990年的半数水平。

受制于本国的耕地和灌溉条件，吉尔吉斯斯坦大米的产量很低，大多数依赖进口，其大米的消费量也很低（李志芳等，2010）。1990~1996年，全国大米的年消费量不足10千吨，1997~2000年大米的年消费量在10~20千吨，2001~2010年这10年间大米的年消费量在20~30千吨，2010年之后，其大米的年消费量都在30千吨以上。尽管大米的年消费量在逐渐增加，与其他大宗农产品的年消费量还有很大差距。

从表7-1可知，与大米呈上升趋势的消费量相比，吉尔吉斯斯坦燕麦的消费量总体呈下降的趋势。1990年，其燕麦年消费量为15千吨，1993~2002年燕麦的年消费量在5~10千吨，其中1995年和1996年这两年大麦的消费量只有4千吨，2003年之后，燕麦消费量就集中在5千吨及以下。燕麦消费量的下降主要受制于国内粮食作物种植结构的调整，燕麦播种面积下降，也与国内产业结构调整相关。

棉花是吉尔吉斯斯坦第二大经济作物，苏联时期的1980年之前，吉尔吉斯斯坦南方的奥什州和贾拉拉巴德州，棉花是农业的主要产物，当时棉花占这两个州播种总面积的20%。虽然从20世纪80年代起，吉尔吉斯斯坦棉花的种植面积有所下降，但独立后棉花的种植面积不断扩大，棉花总产量和单位面积产量也有一定增长，棉籽总产量也有一定增长。吉尔吉斯斯坦独立后，每年都会向俄罗斯、白俄罗斯、拉脱维亚、德国、伊朗、捷克和土耳其等国出口2万~2.2万吨皮棉。与棉产业的整体恢复不同，吉尔吉斯斯坦国内棉籽的消费量波动较大。1990年棉籽的年消费量为101千吨，自此后3年，棉籽的年消费量逐年下降。1994~2004年，棉籽的消费量呈波动中上升的趋势，在2004年达到新的高值，为92千吨。但2005年之后，棉籽的消费量又在波动中下降，在2005年达到最低值，仅有16千吨。2005~2019年棉籽消费量又在逐渐上升，2019年消费量为45千吨（封慧茹等，2017）。

7.1.2 食物消费量及结构

苏联时期，吉尔吉斯斯坦是全苏联重要的糖料、烟草和饲料供应者，畜牧业中的养牛、养羊、养禽业都获得了长足的发展，居民的肉、蛋、奶消费充足。受到中央的统一调控，粮食由中央储备供给，居民的粮食消费也较充足。吉尔吉斯斯坦独立后，受到经济危机和产业结构调整的影响，吉尔吉斯斯坦的养殖业，尤其是养牛、养羊、养禽业受到极大冲击，居民食物的消费量和结构都受到较大影响（周振勇等，2018）。

表7-2显示了吉尔吉斯斯坦1990~2019年人均食物消费情况。从表中可知，在吉尔吉斯斯坦居民主要消费的食物种类中，面包制品、牛奶和乳制品以及鸡蛋的消费量较高，土豆、蔬菜和瓜果、水果和浆果、肉类及肉制品的消费量居中，植物油脂、糖类制品、水产及制品、酒精的消费量较低。1990年，人均食物月消费为65.7千克，

第7章 吉尔吉斯斯坦农产品消费

表7-2 1990~2019年吉尔吉斯斯坦人均食物消费量

单位：千克/月

年份	面包制品	土豆	蔬菜和瓜类	水果和浆果	肉类及肉制品	牛奶和乳制品	植物油脂	糖和制品	鸡蛋（片）	水产及制品	酒精消耗量（升）	合计
1990	10.7	5.1	7.2	2.8	3.5	20.1	0.8	1.6	13.2	0.4	0.3	65.7
1991	10.1	5.2	6.5	2.3	2.8	15.9	0.7	1.5	12.2	0.2	0.4	57.7
1992	10.2	5.7	6.9	3.0	2.7	14.5	0.6	1.0	12.9	0.1	0.2	57.7
1993	10.9	6.2	6.0	2.8	2.4	13.3	0.5	1.1	10.9	0.1	0.1	54.4
1994	10.2	4.4	5.4	2.9	2.1	12.8	0.6	0.8	5.3	0.0	0.2	44.6
1995	11.1	4.2	6.6	3.6	2.1	14.3	0.6	0.8	5.6	0.0	0.1	49.1
1996	10.8	4.6	7.4	4.2	1.9	12.7	0.7	1.0	5.0	0.1	0.1	48.4
1997	10.7	4.8	5.4	2.4	1.3	7.9	0.6	1.0	3.7	0.1	0.1	38.0
1998	10.9	4.7	5.4	1.7	1.3	8.4	0.7	1.0	4.2	0.1	0.1	38.4
1999	10.7	4.5	5.8	1.4	1.2	8.4	0.7	1.0	4.5	0.1	0.1	38.3
2000	10.3	4.5	5.5	2.1	1.1	7.3	0.7	1.0	4.3	0.1	0.1	36.9
2001	10.3	4.5	5.5	2.1	1.1	7.3	0.7	1.0	4.3	0.1	0.1	36.9
2002	11.4	4.4	5.8	2.2	1.1	7.5	0.8	1.0	4.5	0.1	0.1	38.8
2003	10.5	4.2	6.4	0.7	1.1	7.4	0.8	1.7	4.1	0.1	0.1	37.0
2004	11.7	5.3	7.0	1.4	1.3	7.5	0.9	1.3	4.3	0.1	0.1	41.1

吉尔吉斯斯坦农业（1991—2021）

续表

年份	面包制品	土豆	蔬菜和瓜类	水果和浆果	肉类及肉制品	牛奶和乳制品	植物油脂	糖和制品	鸡蛋（片）	水产及制品	酒精消耗量（升）	合计
2005	9.9	4.0	6.5	1.3	1.2	6.9	0.9	1.2	4.2	0.1	0.1	36.2
2006	10.7	3.8	6.9	2.0	1.4	7.3	0.9	1.2	4.6	0.1	0.2	39.0
2007	10.4	3.7	6.4	1.9	1.4	6.7	0.9	1.2	4.4	0.1	0.1	37.2
2008	10.8	4.1	7.0	2.0	1.6	6.8	0.9	1.3	4.5	0.1	0.2	39.3
2009	10.8	4.2	5.6	2.5	1.7	7.0	1.0	1.3	4.9	0.1	0.1	39.3
2010	10.6	4.0	7.0	2.1	1.7	7.5	1.0	1.3	5.2	0.1	0.1	40.6
2011	10.5	3.9	6.7	2.2	1.7	6.9	0.9	1.2	5.1	0.1	0.1	39.4
2012	10.5	3.8	6.2	1.9	1.7	6.1	1.0	1.2	5.0	0.1	0.1	37.5
2013	10.6	3.8	6.2	1.9	1.6	6.6	1.0	1.2	5.2	0.1	0.1	38.2
2014	10.8	3.7	6.4	2.1	1.7	6.7	0.9	1.1	5.5	0.1	0.1	39.1
2015	10.4	3.7	6.2	1.8	1.6	7.7	0.9	1.1	5.4	0.1	0.1	39.1
2016	10.7	3.9	6.4	2.0	1.7	6.9	1.0	1.1	4.9	0.1	0.1	38.8
2017	10.0	3.5	6.6	2.1	1.7	6.6	1.0	1.0	5.7	0.1	0.1	38.4
2018	10.1	3.4	6.7	2.6	1.9	7.4	0.9	1.1	6.6	0.1	0.1	41.0
2019	10.2	3.5	6.9	2.9	1.9	7.0	0.9	1.1	6.8	0.1	0.1	41.4

资料来源：吉尔吉斯斯坦国家统计局，2019。

受到国内粮食生产数量下降的影响，此后吉尔吉斯斯坦人均食物月消费量呈逐年下降的趋势，2005年下降至1990年以来的最低水平，为36.2千克，远远低于1990年的平均水平。2005年后，吉尔吉斯斯坦人均食物月消费量呈现出不稳定但总体上升的趋势。2019年，人均食物月消费量为41.4千克，较2005年有所上升，但较1990年还是有明显的下降。

图7-1和图7-2分别显示了1990年和2019年吉尔吉斯斯坦主要食物的人均月消费量。从图中可以明显看到，1990年和2019年吉尔吉斯斯坦人均消费量最大的食物种类和数量都有较大差异。

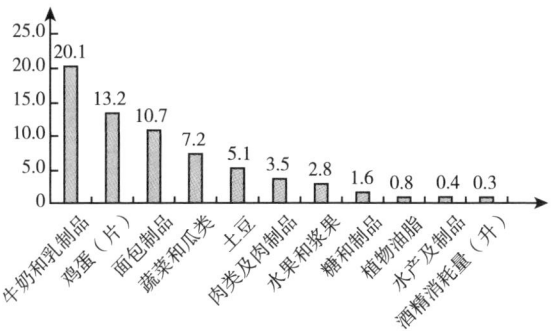

图7-1　1990年吉尔吉斯斯坦人均食物消费量（单位：千克/月）

资料来源：吉尔吉斯斯坦国家统计局，2019。

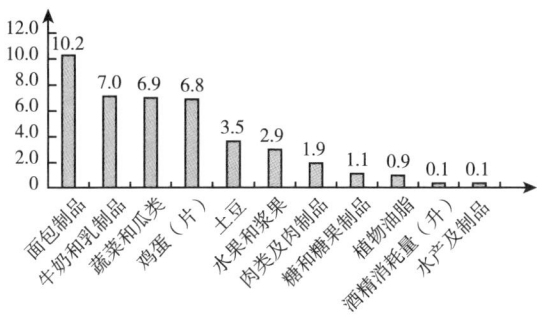

图7-2　2009年吉尔吉斯斯坦人均食物消费量（单位：千克/月）

资料来源：吉尔吉斯斯坦国家统计局，2019。

1990年，月消费量最多的是牛奶和乳制品，为20.1千克/月，与畜牧业的迅速发展密切相关。其次为鸡蛋，每月人均消费量为13.2片，排名第三的是面包制品，每月人均消费量为10.7千克。蔬菜瓜类和土豆的人均月消费量分别为7.2千克和5.1千克，肉类的人均月消费量是3.5千克。水果和浆果、植物油脂、水产及酒精的人均月消费量分别为1.6千克、0.8千克、0.4千克和0.3千克。

2019年，吉尔吉斯斯坦人均食物月消费结构与1990年有明显区别，人均月消费量最多的食物是面包制品，消费量是10.2千克。吉尔吉斯斯坦独立后，大力调整种植业的结构，扩大小麦的种植面积，满足本国居民对面包及面包制品的需求，稳定粮食安全。2019年，吉尔吉斯斯坦居民消费量排名第二的是牛奶和乳制品，人均月消费量为7.0千克，远远低于1990年的20.1千克/月的标准。这是因为吉尔吉斯斯坦独立后其养殖业尤其是养牛业和养羊业受到重创，牛、羊的存栏量和乳制品产量大幅度下降。吉尔吉斯斯坦居民蔬菜和瓜类以及鸡蛋的人均月消费量比较接近，分别为6.9千克和6.8千克，此消费量与1990年差距不大。土豆人均月消费量为3.5千克，低于1990年5.1千克/月的标准。水果和浆果的人均月消费量为2.9千克，高于1990年1.6千克/月的标准。肉类的人均月消费量为1.9千克，此消费量低于1990年3.5千克/月标准。吉尔吉斯斯坦独立后，1992~1993年，由于缺乏饲料及饲料涨价，吉尔吉斯斯坦养猪业情况急剧恶化。同时，在苏联时期建立起来的养禽场几乎都因为亏损而停产，影响了吉尔吉斯斯坦居民肉类的消费（刘庚岑、徐小云，2010）。2019年的食物消费中，糖果、植物油脂、酒精和水产的人均月消费量分别为1.1千克、0.9千克、0.1千克和0.1千克，这些种类的食物消费量比较小，与1990年差距不大。

7.2 主要农产品消费的演变

7.2.1 粮食作物

1. 大宗农产品消费结构的变化。

粮食安全是一个国家安全的基础，粮食消费是显示一个国家粮食数量和结构的指标。本部分旨在探讨吉尔吉斯斯坦主要大宗农产品，即小麦、玉米和大麦消费结构的演变。西安财经大学"一带一路"大数据平台的数据显示，吉尔吉斯斯坦小麦主要分为食用、种用、工业用和饲料用这两大类。

从图7-3中可以看出，1990年，吉尔吉斯斯坦食用、种用、工业用小麦占总消费量的60%，饲料用小麦占总消费量的40%。苏联时期，吉尔吉斯斯坦是全苏联重要的精饲料供应地，因此，小麦中40%用于加工制作饲料。独立后，为保障本国居民的粮食安全，用于加工饲料的小麦用量逐渐下降，食用、种用、工业用小麦的用量逐年增加。1990年，食用、种用、工业用小麦的用量接近60%，1991上升到75%，1993年的比重下降到69%。1993年之后，除个别年份的比重有小幅度下降外，食用、种用、工业用小麦用量的比重逐年上升，2019年的比重已经达到91%。与食用、种用和工业用小麦相反，饲料用小麦的用量逐年降低。1990年占比为40%，之后，除1993年占比超过30%外，其余年份的比重都在30%以下，2019年占比已经下降到10%以下，只有9%。食用、种用和工业用小麦消费量的增加与吉尔吉斯斯坦工业体系的恢复，尤其是食品加工业的恢复密切相关。

图7-4显示了1990~2019年吉尔吉斯斯坦玉米的消费结构。从图中可以明显看出，与小麦的消费结构相反，饲料用玉米在吉尔吉斯斯坦玉米消费中占较大比重。绝大多数年份饲料用玉米的消费量占比

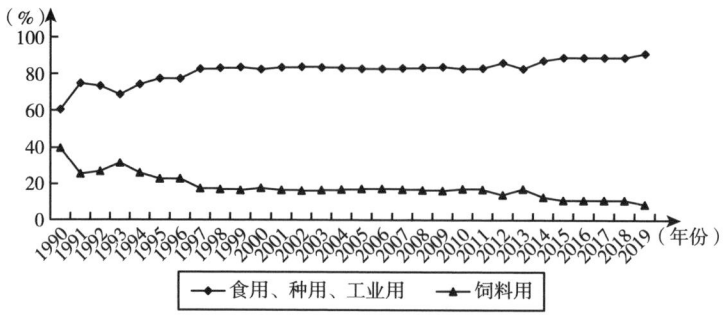

图 7-3　小麦消费结构（1990~2019 年）

资料来源：西安财经大学"一带一路"大数据平台。

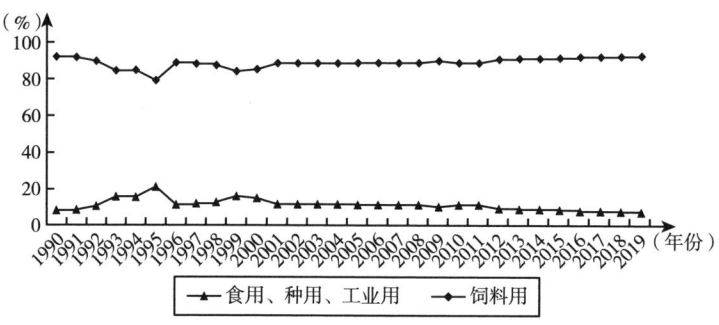

图 7-4　玉米消费结构（1990~2019 年）

资料来源：西安财经大学"一带一路"大数据平台。

在 90% 左右，出现较大波动的年份是 1994~1996 年，尤其是 1996 年，饲料用玉米的消费量降至 80% 以下。这是因为在 1991~1996 年，畜牧业遭受极大损失，羊的存栏数由 1000 万只锐减到 450 万只，由此影响到玉米的使用量。随后使用量逐年增加，2000 年以后饲料用玉米的消费量稳定在 90% 及以上。与饲料用玉米相反，吉尔吉斯斯坦食用、种用和工业用玉米的用量较少，1994~1996 年这几年的消费比重较高，1996 年的消费比重甚至超过了 20%，但其余年份的消费比重都在 10% 左右。2010 年之后，食用、种用和工业用玉米的消费量降至 10% 以下。吉尔吉斯斯坦饲料用玉米使用量的逐年增加与其国内养殖业,尤其是养牛业的恢复与发展密不可分。

图7-5显示了吉尔吉斯斯坦大麦的消费结构,从图中可知,吉尔吉斯斯坦饲料用大麦的比重明显高于食用、种用和工业用的比重。与小麦和玉米的消费比重基本稳定的情况不同,大麦的消费结构出现了几次较大的波动。第一次大的波动出现在1994~1996年,饲料用大麦的消费比重从1990年的接近90%下降到1996年的60%,下降近三成。随后饲料用大麦的消费量有所恢复,1998~2004这些年的消费比重集中在75%左右,2005年饲料用大麦的消费比重再次降至60%。第三次大的波动出现在2014年,饲料用大麦的使用量降至75%,随后有所上升,近几年饲料用大麦的消费比重维持在85%以上。吉尔吉斯斯坦食用、种用和工业用大麦的使用比重与饲料用大麦相反,饲料用大麦消费比重下降的年份正好是食用、种用和工业用大麦消费比重上升的年份。其比重上升的年份包括1994~1996年、2004~2006年以及2013~2015年。

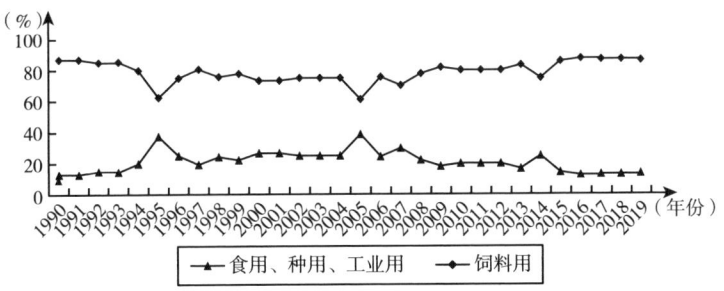

图7-5 大麦消费结构(1990~2019年)

资料来源:西安财经大学"一带一路"大数据平台。

2. 食物消费结构的变化。

以下就吉尔吉斯斯坦居民消费的主要食物品种进行分析,以此来了解吉尔吉斯斯坦独立后居民生活水平的变化。图7-6显示了1990~2019年吉尔吉斯斯坦居民面包制品与土豆人均月消费量的情况变化。作为主粮作物,面包制品和土豆与居民的饮食安全密切相关。吉尔吉斯斯坦居民面包制品的消费量总体处于平稳的状态，人均月消费量保持10～12千克的水平。但也有个别年份，如1994年、2003年和2005年消费量有明显的下降，2005年后，面包制品的消费量基本保持10～11千克的月消费量水平。

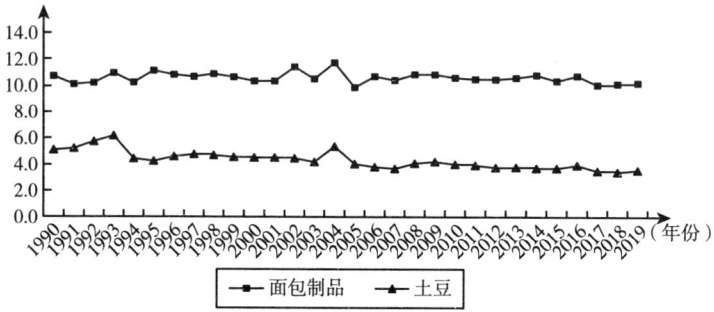

图7－6　1990～2019年吉尔吉斯斯坦面包制品与土豆人均消费量情况变化（单位：千克/月）

资料来源：吉尔吉斯斯坦国家统计局，2019。

土豆是仅次于面包的第二位的重要食物。吉尔吉斯斯坦在20世纪60年代开始大量栽培土豆，苏联时期土豆产量大幅度增加。独立后，吉尔吉斯斯坦土豆种植业得到了更大的发展，目前，就土豆的种植面积和总产量而言，吉尔吉斯斯坦在中亚地区都是首屈一指。吉尔吉斯斯坦居民土豆的人均月消费量保持在3～6千克，呈现出波动中下降的趋势，1993年和2004年有上升，但在2004年之后，土豆的人均月消费量集中在3～4千克，近几年的消费量维持在3.5千克左右。

7.2.2　肉蛋奶类

图7－7反映了吉尔吉斯斯坦居民肉类和乳制品的消费量。从图中可以看出，吉尔吉斯斯坦居民牛奶和乳制品的人均月消费量从1990年开始呈下降的趋势。其中，1990年的人均月消费量超过20千克，而2019年的消费量为7千克，只有1990年的1/3。差距如此大

的原因在于苏联解体后,吉尔吉斯斯坦遭受到严重的经济危机和产业结构的调整,养牛业受到重创。仅 1991~1995 年,牛的存栏总数由 51.86 万头降至 47.09 万头;牛奶总产量由 112.75 万吨下降到 86.04 万吨。与牛奶和乳制品消费量急剧下降的情况不同,吉尔吉斯斯坦居民肉类及肉制品的人均月消费量基本保持稳定,1990~1994 年肉类消费集中在 2~4 千克,1995 年后人均肉类月消费量都在 2 千克以下,其中 1996~2007 年,吉尔吉斯斯坦人均肉类消费量在 1.5 千克以下,个别年份仅仅高于 1 千克。2007 年之后,吉尔吉斯斯坦人均肉类月消费量稳步缓慢上升;2019 年,人均月消费量在 1.9 千克。这与吉尔吉斯斯坦畜牧业的恢复发展密切相关。

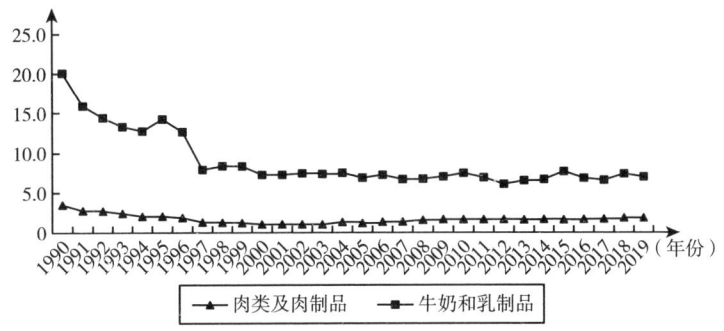

图 7-7 1990~2019 年吉尔吉斯斯坦肉类及乳类制品
人均消费量情况变化(单位:千克/月)

资料来源:吉尔吉斯斯坦国家统计局,2019。

在吉尔吉斯斯坦,养禽业作为一个独立经济部门是在 20 世纪 60 年代开始发展起来的。当时,在品种改良、大幅度增加家禽数量,增加禽蛋、肉产量方面进行了大量工作,在很短时间内,这个部门为全苏联提供了比较充分的、富有营养的肉、禽食品。吉尔吉斯斯坦独立后,苏联时期建立起来养禽场受到重创,养禽业产值急剧下降,家禽数量不断减少。1991~2003 年,家禽数目由 1357.12 万只锐减至 364.76 万只。1991~2002 年,禽蛋产量由 6.5 亿个减至 2.4 亿个,一只母鸡的年均产蛋量由 204 个减少到 119 个。

图 7-8 显示了从 1990~2019 年吉尔吉斯斯坦居民人均鸡蛋月消费量的变化情况。从图中可以明显看出，吉尔吉斯斯坦居民鸡蛋的月消费量经历了很大程度的下降。1990 年的人均消费为 13.2 片/月，但从 1992 年开始就呈现断崖式的下降，从 1992 年的 12.2 片/月下降到 1994 年的 5.3 片/月，还不及 1992 年的一半，在 1997 年更是下降到 3.7 片/月，创造历史新低，这与国家自独立后遭遇的严重经济危机与养禽业产值下降有关。1997 年之后，国家经济逐渐恢复，鸡蛋的消费量缓慢上升，保持在 4 片/月以上，2010 年之后，鸡蛋的消费量保持在 5 片/月以上（除 2016 年的 4.9 片/月），2019 年的鸡蛋消费量在 6.8 片/月，与 1990 年比还是有很大的差异。

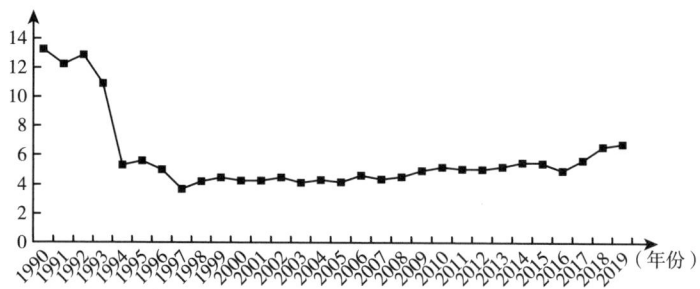

图 7-8　1990~2019 年吉尔吉斯斯坦鸡蛋人均消费量情况变化（单位：片/月）

资料来源：吉尔吉斯斯坦国家统计局，2019。

7.2.3　蔬菜类

吉尔吉斯斯坦自古以来就生产瓜类，这种作物种植最先开始于奥什州、贾拉拉巴德州和楚河州，后来在塔拉斯谷地发展起来。同时，在吉尔吉斯斯坦境内种植 20 多种蔬菜，在楚河谷地和南部地区种植喜温蔬菜，在伊塞克湖盆地、天山山区和塔阿斯谷地种植早熟蔬菜、块根素材和豆角等。自吉尔吉斯斯坦独立后，蔬菜种植业快速发展，不仅保证了居民对新鲜蔬菜的需求，而且还加工蔬菜以供出口。吉尔

第7章 吉尔吉斯斯坦农产品消费

吉斯斯坦优越的气候条件适于种植果树浆果作物。吉尔吉斯斯坦多年来培育出各种各样的果类作物品种。在果树浆果作物中有：籽果类、核果类、亚热带柑橘作物和浆果作物。近年来，吉尔吉斯斯坦果树浆果类发展迅速。

图7-9显示了吉尔吉斯斯坦居民蔬菜和瓜类、水果和浆果的人均月消费量。这两类农作物的消费都有较大的起伏，蔬菜和瓜类的消费从1990年开始下降，在1994年降至低点，只有5.4千克/月，随后有所上升，在1996年达到7.4千克/月。1997~2002年蔬菜和瓜果的消费量维持在5~6千克/月，2003~2008年，蔬菜和瓜果的消费呈现一年上升、一年下降的特点，但消费量维持在6~7千克/月，2009年蔬菜和瓜果的消费量出现下降，只有5.6千克/月。2010年之后，蔬菜和瓜果的消费量继续维持在6~7千克/月；2019年，蔬菜和瓜果的消费量在6.9千克/月。与此同时，吉尔吉斯斯坦居民水果和浆果的人均月消费量变化明显。1990年的消费量为2.8千克/月，1996年上升至4.2千克/月，1999年又下降至1.4千克/月，2003年跌至历史最低点，只有0.7千克/月。2003年之后，吉尔吉斯斯坦居民水果和浆果的人均月消费量逐渐上升，到2019年达到2.9千克/月，与1990年的消费基本持平。

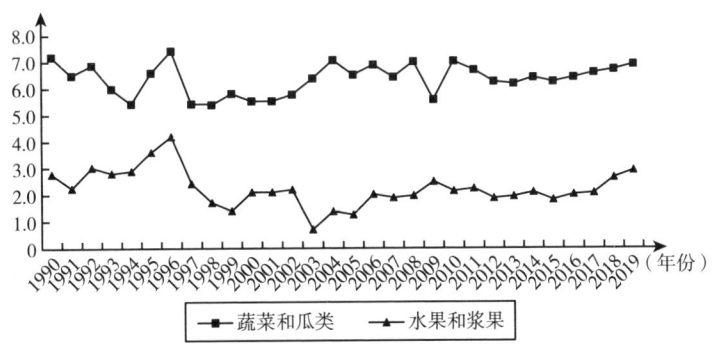

**图7-9　1990~2019年吉尔吉斯斯坦蔬菜和水果
人均消费量情况变化（单位：千克/月）**

资料来源：吉尔吉斯斯坦国家统计局，2019。

7.2.4 糖类

苏联时期，吉尔吉斯斯坦是中亚最大的甜菜生产国，吉尔吉斯斯坦独立后，为满足居民对食糖的需求，逐渐扩大甜菜的种植面积、提高单位面积产量。图7-10显示了吉尔吉斯斯坦居民糖类及其制品的人均月消费量。从图中可以看出，尽管显示出较大的变化，但吉尔吉斯斯坦居民的糖类消费量大部分维持在1~1.5千克/月。其中，糖类消费量从1990年的1.6千克/月降至1992年的1千克/月，1994年，只有0.8千克/月，为30年来的最低点。2003年，糖类消费较上一年有很大的上升，达到1.7千克/月，随后又有所下降，但大部分维持在1~1.5千克/月，2019年的月消费量为1.1千克/月。

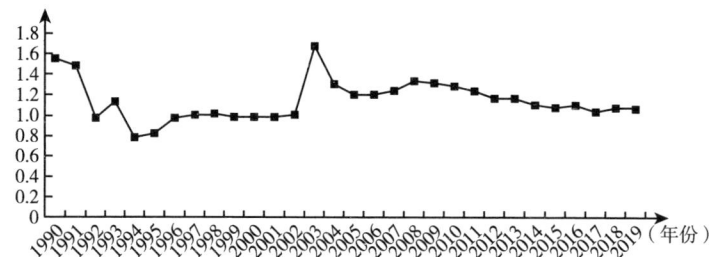

图7-10 1990~2019年吉尔吉斯斯坦糖类及制品
人均消费量情况变化（单位：千克/月）

资料来源：吉尔吉斯斯坦国家统计局，2019。

7.3 影响农产品消费的主要因素

7.3.1 农产品价格

影响吉尔吉斯斯坦居民农产品消费的一个重要因素是物价水平。

物价水平可以反映出一国的经济现状和发展趋势。在独立初期，吉尔吉斯斯坦出现了重大的经济危机，物价水平高涨，通货膨胀率居高不下。尤其是独立以来的十多年间，其经济形势由迅速恶化到逐渐好转，经历了一个"V"字形的发展过程。吉尔吉斯斯坦独立后，实行非国有化和私有化改革，调整产业结构，加大国内投资力度，增加财政收入，扩大出口，发展中小企业等一系列改革，逐渐稳定了物价，使经济发展逐渐恢复。

图7-11反映了1995~2019年吉尔吉斯斯坦的CPI（2010=100）水平和通货膨胀率。相关数据显示，在独立初期的1992年和1993年，吉尔吉斯斯坦的通货膨胀率分别为1295%和1363%，通胀率直线上升了将近350倍，人民生活水平普遍下降。由于吉尔吉斯斯坦政府采取了一系列稳定、恢复和发展经济的措施以及国际社会的帮助，从1996年起，经济停止下滑并开始回升，其通胀水平也有所下降。从图7-11可知，吉尔吉斯斯坦的通胀水平从1995年的42%下降到1998年的9%，尽管1999年通胀率又上升到接近38%，但之后的20年内，其通胀率都控制在25%以下。进入2000年以后，除个别年份（2007年、2008年、2011年），吉尔吉斯斯坦的通胀率都在10%以下。与通货膨胀率不稳定的变化情况不同，吉尔吉斯斯坦1995~2019年CPI水平处于逐步上升的趋势。其中，1995年的CPI是16.74%，2019年CPI为155.68%，远远高于1995年的水平。物

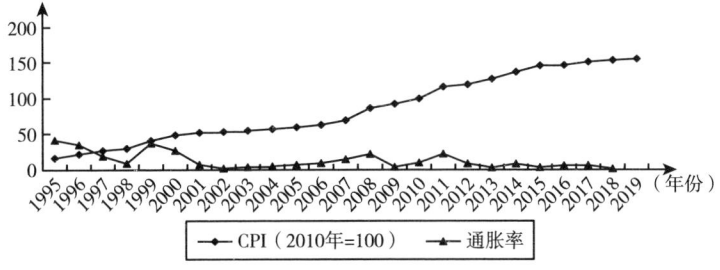

图7-11　1990~2019年吉尔吉斯斯坦CPI和通货膨胀率

资料来源：吉尔吉斯斯坦国家统计局，2019。

价水平的快速增长，与吉尔吉斯斯坦的经济体制改革密切相关，也影响吉尔吉斯斯坦居民农产品的消费能力。

7.3.2 家庭收入

收入水平是影响居民有效需求和购买能力的重要因素。从独联体公布的统计数据看，吉尔吉斯斯坦自独立以来，其居民的货币收入逐年上升，收支相抵还有结余。1993年居民的货币收入为26亿索姆，货币支出22亿索姆，结余4亿索姆；1996年收入134亿索姆，支出117亿索姆。吉尔吉斯斯坦官方统计数据显示，居民存款金额也不断增长，从1993年的2540万索姆，增长到1996年的3.132亿索姆，人均存款金额由5.68索姆增长到69索姆。但是，这种情况并不意味广大居民的生活水平在提高。由于实行住房私有化和取消以往医疗服务方面的福利待遇，广大居民为了购房和就医，不得不节衣缩食，压低购买力，减少开支。居民的人均农产品消费数量降低，生活质量明显下降。尤其是1990~1995年，居民人均肉和肉制品、奶和乳制品、鱼和鱼制品、禽蛋消费都明显下降。因此，需要综合考虑收入与支出来反映吉尔吉斯斯坦居民的农产品消费状况。

图7-12显示了吉尔吉斯斯坦居民1990~2019年人均GDP的情况。与吉尔吉斯斯坦总体经济发展相似，在独立的最初10年，人均GDP的发展也经历了一个"V"字形的发展过程。1990年的人均GDP为7251索姆，而1995年人均GDP为3540索姆，只有1990年一半。1995年之后，吉尔吉斯斯坦经济停止下滑并开始回升。1996年，吉尔吉斯斯坦国内生产总值为225亿索姆，比1995年增长5.6%。1996年，人均GDP上升到3735索姆，比1995年增长5.5%。随后，吉尔吉斯斯坦居民的人均GDP逐渐上升，以5%左右的年增长率增长，2019年时上升到7185索姆，但与1990年的水平还有差距。

第7章 吉尔吉斯斯坦农产品消费

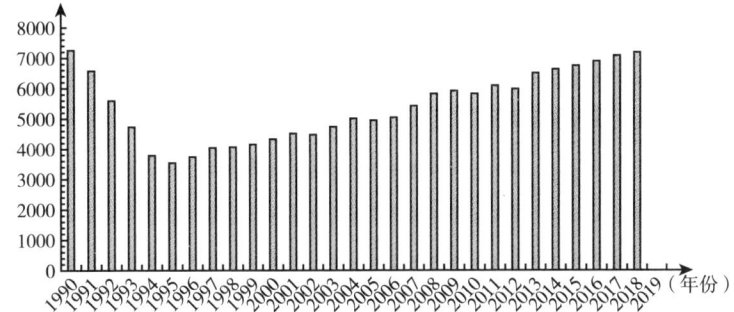

图 7-12　1990~2019 吉尔吉斯斯坦人均 GDP（本币元，1995 年不变价）

资料来源：吉尔吉斯斯坦国家统计局，2019。

根据吉尔吉斯斯坦统计局的资料显示，吉尔吉斯斯坦居民的收入来源主要包括农业、林业、渔业，矿业，制造业，电、气、蒸汽和空调供给，水，建筑，批发、修理，运输和贮存，住宿和食物，信息和通信，金融和保险，房地产，科研，行政管理，公共管理，教育，健康和社会服务，艺术、娱乐，其他这 19 类。

表 7-3 显示了 1990~2019 年吉尔吉斯斯坦居民主要食品的购买能力。从表中可以看出，居民对于牛肉、牛奶、鸡蛋、冻鱼、砂糖、植物油、动物油脂、马铃薯和面包这些主要食物的购买能力都经历了下降后又缓慢上升的过程。但居民在 2019 年对部分食物的购买能力还没有恢复到 1990 年的水平。

表 7-3　1990~2019 年吉尔吉斯斯坦居民主要食品的购买能力

单位：千克/月

年份	牛肉	牛奶（升）	鸡蛋（片）	冻鱼	砂糖	植物油	动物油脂	马铃薯	面包
1990	23	386	1042	116	120	72	29	232	274
1991	14	361	692	58	82	51	19	118	222
1992	16	206	501	36	15	17	5	102	161
1993	14	104	311	22	23	9	6	67	151
1994	13	64	158	16	18	10	5	68	62

续表

年份	牛肉	牛奶（升）	鸡蛋（片）	冻鱼	砂糖	植物油	动物油脂	马铃薯	面包
1995	14	71	167	16	18	12	5	67	50
1996	11	66	148	14	27	15	5	70	38
1997	8	69	156	14	24	11	5	110	43
1998	9	72	178	14	26	13	5	137	47
1999	10	80	194	15	23	14	5	103	42
2000	9	77	201	15	26	16	5	133	42
2001	10	85	224	17	26	17	6	165	51
2002	11	96	261	19	32	18	7	136	59
2003	9	102	292	19	37	19	8	132	62
2004	10	97	274	18	37	21	7	130	53
2005	10	96	286	17	39	24	8	127	64
2006	11	102	309	18	33	28	10	86	74
2007	11	102	340	19	50	25	11	122	71
2008	13	101	394	19	65	23	12	162	63
2009	14	112	416	22	59	37	12	188	76
2010	14	123	438	23	49	34	12	196	87
2011	11	121	472	23	48	31	13	174	86
2012	11	124	495	22	62	34	13	208	89
2013	12	124	482	21	68	35	13	160	85
2014	12	135	508	23	75	43	14	148	97
2015	12	142	550	22	78	44	15	221	95
2016	15	156	593	22	79	46	15	276	98
2017	16	158	659	24	88	52	15	175	107
2018	17	190	758	28	113	61	17	262	121
2019	18	200	800	28	123	66	18	324	128

资料来源：吉尔吉斯斯坦国家统计局，2019。

除去居民的收入水平，家庭消费支出结构也会影响居民的农产品消费情况。表7-4显示了1990~2019年吉尔吉斯斯坦居民家庭消费支出的情况。由表7-4可知，吉尔吉斯斯坦居民主要家庭消费支出

第7章 吉尔吉斯斯坦农产品消费

表7-4 吉尔吉斯斯坦家庭消费支出

单位：索姆/月

年份	食品	酒类	非食品	服务费	住宅公用事业	保健	学前教育	教育服务	文化机构的服务	公共交通服务	电信服务
1990	2	0	2	1	0	0	0	0	0	0	0
1991	3	0	3	1	0	0	0	0	0	0	0
1992	28	2	15	8	1	0	1	0	0	2	0
1993	3	0	1	1	0	0	0	0	0	0	0
1994	49	2	23	14	2	0	1	0	0	4	0
1995	74	3	31	21	5	1	0	1	0	6	0
1996	99	3	38	29	7	1	1	1	0	8	1
1997	124	4	57	38	10	1	1	2	0	10	1
1998	135	4	64	43	11	2	1	3	0	11	2
1999	179	5	81	56	14	3	1	5	0	14	2
2000	221	6	104	76	20	4	1	8	0	19	3
2001	254	7	136	101	28	5	1	11	0	25	5
2002	278	7	149	121	32	6	2	14	0	28	6
2003	346	5	186	123	35	15	1	25	0	29	6
2004	384	7	189	193	60	15	2	24	0	31	11
2005	508	6	203	224	48	20	4	25	1	41	15

续表

年份	食品	酒类	非食品	服务费	住宅公用事业	保健	学前教育	教育服务	文化机构的服务	公共交通服务	电信服务
2006	556	6	231	271	46	25	3	26	1	50	18
2007	720	6	414	231	58	23	13	29	1	60	27
2008	1093	10	573	323	70	32	8	43	1	80	45
2009	1095	10	470	398	92	38	12	59	2	80	58
2010	1106	9	574	423	119	37	12	56	2	86	62
2011	1299	7	640	433	118	38	10	53	2	91	67
2012	1229	5	522	415	127	36	11	39	2	101	73
2013	1301	4	600	478	139	43	16	50	2	99	75
2014	1458	4	756	551	138	53	19	55	2	123	83
2015	1565	4	787	584	158	73	22	50	2	125	85
2016	1515	3	773	609	165	61	24	52	1	113	101
2017	1366	2	857	640	177	66	22	53	2	124	131
2018	1468	2	934	736	187	91	25	62	2	134	159
2019	1472	3	932	771	188	91	24	57	2	153	142

资料来源：吉尔吉斯斯坦国家统计局，2019。

包括购买食品、酒类、非食品类、服务费、住宅和公共事业、保健、学前教育、教育服务、文化机构的服务、公共交通服务以及电信服务。

其中，食品类消费占有较大的比重，食品消费支出的数量从1990年的1.7索姆/月增长到2019年的1471.7索姆/月，增长率超过了800倍。1990年，每月食品消费占总消费支出的38%，1991年占到每月家庭消费总支出的43%。1992~2016年，吉尔吉斯斯坦居民食品支出都占每月消费支出的50%以上，1996年，食物支出甚至占到总消费支出的58%。2017~2019年，吉尔吉斯斯坦食品类消费支出占每月家庭消费支出的45%左右，2019年的食品消费支出占到家庭消费支出的44.7%。

非食品类消费支出也是吉尔吉斯斯坦居民家庭消费支出的重要项目。从数量上看，非食品类消费支出从1990年的1.6索姆/月上升到2019年的931.8索姆/月，增长率超过了1400倍。非食品类消费在吉尔吉斯斯坦居民家庭消费中也占有较大比重。1990年，非食品类支出占吉尔吉斯斯坦家庭消费支出的35.3%，1991年与1990年的情况相似。从1992年开始，非食品类消费在吉尔吉斯斯坦居民家庭消费支出的比重集中在20%~30%，其中2007年的比重为30.2%。近几年，非食品类消费支出占家庭消费总支出的比重在28%左右，2019年的比重为28.3%。

服务费也是吉尔吉斯斯坦居民家庭消费支出的重要一项。从数量上看，服务类消费支出从1990年的1索姆/月上升到2019年的771.1索姆/月，增长率超过700多倍。1990年，服务费占家庭消费支出的比重为22.8%，1991~2000年，吉尔吉斯斯坦居民服务费支出占家庭消费支出的比重维持在15%~20%。2000年以后，服务费支出的比重变化频繁，2004年和2006年，服务费支出占比超过了25%，但个别年份，如2007年和2008年，服务费占比分别只有16.9%和16.2%。2016年以来，服务费占比逐年上升，2019年达到23.4%。

在居民收入和消费支出增长的同时,吉尔吉斯斯坦还存在一定程度上的贫困,贫困会在很大程度上影响居民的购买能力。1998年为吉尔吉斯斯坦的"扶贫年",按照当年制定的标准,吉尔吉斯斯坦贫困人口占全国总人口的60%(Babu,2000)。为消除贫困,吉尔吉斯斯坦建立了直属总统的国家消除贫困委员会,设立国家消除贫困基金。吉尔吉斯斯坦统计局的数据显示,2017年,吉尔吉斯斯坦总体的贫困发生率为25.6%,极度贫困状况为0.8%;城市的贫困率为20.4%,极度贫困率是0.3%;农村的贫困率是28.4%,极度贫困率是1%。从总体上来说,吉尔吉斯斯坦的贫困问题还急需解决。

表7-5　　　　　　　　2015~2017年贫困发生率

贫困发生率		2015年	2016年	2017年
总体	总贫困率	32.1	25.4	25.6
	极度贫困率	1.2	0.8	0.8
城市	总贫困率	29.3	18.6	20.4
	极度贫困率	1.0	0.3	0.3
农村	总贫困率	33.6	29.0	28.4
	极度贫困率	1.4	1.1	1.0

资料来源:吉尔吉斯斯坦国家统计局,2019。

7.3.3　消费习惯

经过与俄罗斯人100多年的交往,吉尔吉斯斯坦居民在饮食、风俗习惯、语言等方面的俄罗斯化严重。吉尔吉斯斯坦独立以来,民族传统风习得到重视。一些革命节日不再举行纪念活动,而肉孜节、古尔邦节、诺鲁孜节则被规定为非工作的节日。吉尔吉斯斯坦独立后,该国伊斯兰教受到世界和地区伊斯兰复兴运动活跃的影响而出现回潮,其消费习惯也受到伊斯兰教的教义和教规的影响(阿斯卡尔·居努斯,2004)。

作为传统的游牧民族,吉尔吉斯人的饮食多半是牛奶和肉类,粮食制品是在由游牧转向定居、农耕的过程中才开始出现的。奶类食品是吉尔吉斯人食品的主要成分。奶类制品主要包括纯酸牛奶、酸牛奶、由煮过的牛奶制作的酸凝乳、乳酪、用羊奶制作的奶渣干酪、乳皮、黄油以及炼过的动物油等。吉尔吉斯人食用羊肉、马肉、牛肉、骆驼肉和牦牛肉。其中绵羊肉和山羊肉特别受欢迎，在进餐较多的大型宴席上，人们主要吃马肉。吉尔吉斯斯坦居民还有贮藏肉、奶食品备用的习惯。他们主要制作干牛奶食品、黄油和小碎块干肉等。他们的面食品由小麦、玉米、大米、小米和燕麦制成。用粮食粒和面粉制成各种饭菜。例如，各种粥，用水或牛奶和面团制成的食品，用面粉、麦粒或土豆之类熬成的稀汤等。面包制品或者馕有以下分类：用发酵酸面团制成的面饼，加有奶油、鸡蛋的分层薄面饼，用未发酵的面团制成的分层面饼等。

吉尔吉斯斯坦居民酷爱吃肉，在本国买得最多的肉：牛肉，占居民食品支出的17%。排名第二位的是羊肉（2.2%），第三位受欢迎的为鸡肉（2%）。鱼肉和猪肉在吉尔吉斯斯坦似乎不怎么受欢迎，仅占居民食品支出的0.7%。吉尔吉斯斯坦人平均每月食用肉1.6千克。吉尔吉斯斯坦每年花费2300万索姆购买进口肉。

7.3.4 农产品安全

农产品安全是影响居民消费的一个重要因素，农产品安全既包括数量安全，如粮食安全，也包括质量的安全，如食品安全。吉尔吉斯斯坦农业生产能力有限，不能实现农产品的有效供给，还存在粮食安全问题。2013年，吉尔吉斯斯坦进口小麦36.3万吨、大米2.2万吨、面粉14万吨、肉类6.1万吨、植物油4.9万吨。2019年，吉尔吉斯斯坦小麦需求量达100万吨，而产量仅60万吨，还有40万吨的缺口。粮食安全是影响吉尔吉斯斯坦居民农产品消费的重要因素（驻吉尔吉斯经商参处，2018）。

除去粮食安全,吉尔吉斯斯坦存在严重的食品安全问题。吉尔吉斯斯坦卫生部称,该国是目前欧亚经济联盟成员国中,唯一没有食品安全法的国家。食品安全事故频发,给居民的身体健康和财产安全都造成了很多损失。据吉尔吉斯斯坦卫生部数据,2017年,吉尔吉斯斯坦共发生食物中毒事件52起,受害人数达235人,99人为腊肠毒菌病中毒(丝路新观察,2018)。据调查,食物中毒事故多是由于违反烹饪技术、食品储存不当以及餐饮从业人员不遵守个人卫生而导致。此外,吉尔吉斯斯坦农业部也指出,炭疽等疾病数量也有所增加。另外还出现私自屠宰牛羊贩售、乳制品中检出有害物质和兽药残留等现象。

吉尔吉斯斯坦农业
（1991—2021）
Chapter 8

第8章　吉尔吉斯斯坦农产品贸易现状及趋势

8.1　农产品贸易发展概况

8.1.1　农产品统计范围界定

农产品贸易合作是指以农业生产的商品作为贸易客体而进行的贸易。农产品贸易作为链接农产品生产和消费的中介，涵盖了农产品的收购、运输、储存以及销售各个环节。

按照农产品的用途划分，农产品贸易可以划分为两种基本类型：一种是将农产品作为最终消费品的贸易类型，另一种是将农产品作为中间产品的贸易类型。

研究农产品贸易合作，首先需要解决的是农产品范围的界定。然而，现实中农产品的概念和产品类别，不同数据公布部门存在差别，进而导致所公布的农产品贸易统计数据存在差异（张玉娥等，2016）。目前，国内权威的中国农产品贸易数据发布主体包括农业部、商务部和海关总署。各部门根据自身的统计规则对农产品进出口进行统计，数据相差较大。

海关总署公布的《海关统计商品目录》是中国管理商品进出口的依据。该目录1985~1991年是依据《国际贸易标准分类》（SITC编码）编制的。随着《商品名称及编码协调制度国际公约》及其附件《协调制度》（HS编码）受到各国的普遍认可，其成为国际贸易商品分类的"标准语言"，被200多个国家和地区使用。1992年起《海关统计商品目录》开始以HS编码为基础进行编制。HS 6位码（HS 6 digits）后加中国的本国子目，形成HS 8位码及HS 10位码。目前，我国农业农村部、商务部和海关总署对农产品贸易的统计口径均是以HS编码为基础的，但稍有不同。

（1）农业农村部。农业部发布的《中国农产品贸易发展报告》

中对农产品进出口进行了分类的统计和分析,但农业农村部的统计数据分类在 2008 年出现了一次调整。

2008 年前包括 15 类:粮食、棉花、食用油籽、植物油、食糖、蔬菜、水果、坚果、茶叶、花卉、干豆、饼粕、畜产品、水产品、其他农产品。其中 2006~2007 的植物油统计为食用植物油。

2008 年后包括 20 类:谷物、棉麻丝、油籽、植物油、糖料及糖类、蔬菜、水果、坚果、饮品类、花卉、干豆(不含大豆)、饼粕、畜产品、水产品、调味香料、精油、粮食制品、薯类、药材和其他农产品。

(2)商务部。商务部每月发布的《中国农产品进出口月度统计报告》对农产品的分类也基本遵循 HS 编码的分类规则,更加详细(商务部,2006)。

其一共包括 27 个类别:活动物、畜肉及杂碎、禽肉及杂碎、水海产品、乳蛋蜂蜜及其他食用动物产品、其他动物产品、活植物及花卉、食用蔬菜、食用水果及坚果、咖啡茶马黛茶及调味香料、谷物、制粉工业产品、油料工业用或药用植物稻草秸秆及饲料、植物液汁、编结用植物材料、动植物油脂及其分解产品、肉类制品、水产品制品、糖及粮食、可可及制品、谷物粮食粉淀粉制品糕点、蔬菜水果坚果制品、杂项食品、饮料酒及醋、食品工业的残渣肥料配置的动物饲料、烟草及其制品、其他农产品。

(3)海关总署。海关总署的农产品统计口径遵循了世贸组织(WTO)农产品统计口径中的基本农产品统计规则。基本农产品或谈判农产品是 WTO 成员参与各项谈判时的农产品范围,也是各成员受约束的农产品范围(WTO,1997)。乌拉圭回合《农业协定》附件 1 中给出了详细商品范围,以 HS 编码为基础,包括 HS 编码 1 – 24 章及其他产品。

表 8 – 1　　　　　　　《农业协定》农产品范围

涵盖章节	涵盖具体产品
1 – 24 章（除水产品以外）	活动物及动物产品（HS01 – HS05），植物产品（HS06 – HS14），动、植物油、脂、蜡，精制食用油脂（HS15），食品、饮料、酒及醋，烟草及制品（HS16 – 24）
其他	甘露糖醇（HS290543），山梨醇（HS290544），精油（HS3301），蛋白类植物、改性淀粉、胶（HS3501 – HS3505），整理剂（HS38091），HS290544 以外的山梨醇（HS38236），生皮（HS4101 – HS4103），生毛皮（HS4301），生丝和废丝（HS5001 – HS5003），羊毛和动物毛（HS5101 – HS5103），原棉、废棉和已梳面（HS5201 – 5203），生亚麻（HS5301），生大麻（5302）

资料来源：乌拉圭回合《农业协定》附录。

8.1.2　农产品贸易整体情况

吉尔吉斯斯坦于 1998 年加入世界贸易组织，是中亚地区最早加入世界贸易组织的国家，也是中亚地区经济开放度最高、贸易政策和关税壁垒最为透明和宽松的国家之一（苗红萍等，2019）。根据联合国贸易数据库以及吉尔吉斯斯坦国家统计委员会公布的数据，1995～2019 年吉尔吉斯斯坦农产品年均对外贸易额 5.80 亿美元，环比增长 11.86%。其中，年均出口 1.60 亿美元，年均环比增长率 6.09%，年均进口 4.19 亿美元，年均环比增长率 14.23%。进口额是出口额的 2.62 倍，年均贸易逆差 2.59 亿美元，环比增长 5.19%。

表 8 – 2　　　　　　1995～2019 年吉尔吉斯斯坦农产品

对外贸易发展情况　　　　　　　单位：亿美元，%

指标 年份	出口总额	环比增长	进口总额	环比增长	贸易总额	环比增长	贸易逆差	环比增长
1995	1.19	—	0.98	—	2.17	—	-0.02	—
1996	1.68	48.67	1.87	90.60	3.55	63.34	0.19	-193.54
2000	0.54	-114.05	0.81	-56.65	1.35	-61.99	0.27	40.62

续表

指标 年份	出口总额	环比增长	进口总额	环比增长	贸易总额	环比增长	贸易逆差	环比增长
2001	0.48	-5.33	0.58	-27.97	1.07	-20.77	0.01	-63.35
2002	0.54	5.32	0.77	32.36	1.31	22.62	0.23	134.81
2003	0.52	-1.41	0.92	19.29	1.45	10.31	0.39	69.23
2004	0.81	28.45	1.27	38.33	2.08	44.13	0.47	17.34
2005	0.77	-3.64	1.67	30.72	2.44	17.07	0.89	91.42
2006	0.97	19.81	2.48	48.85	3.45	41.52	1.51	68.79
2007	1.57	59.92	3.76	51.38	5.32	54.31	2.19	44.71
2008	1.79	22.21	5.36	42.47	7.15	34.14	3.56	62.73
2009	1.55	-23.77	5.04	-5.91	6.59	-7.76	3.48	-2.21
2010	1.92	36.72	5.45	8.19	7.37	11.83	3.53	1.30
2011	2.23	30.74	7.11	30.32	9.33	26.59	4.87	38.09
2012	2.24	1.53	7.85	10.57	10.10	8.21	5.61	15.09
2013	2.41	16.43	8.48	7.93	10.89	7.79	6.07	8.16
2014	4.55	213.95	8.44	-0.52	12.98	19.25	3.89	-35.94
2015	1.44	-310.85	5.74	-32.03	7.17	-44.75	4.29	10.42
2016	1.46	2.53	4.62	-19.52	6.07	-15.25	3.15	-26.65
2017	2.18	71.25	6.39	38.39	8.56	40.87	4.21	33.62
2018	1.97	-20.91	5.96	-6.67	7.92	-7.41	3.99	-5.14
2019	2.53	56.38	6.73	12.94	9.26	16.84	4.20	5.19

资料来源：根据联合国贸易数据库（Un Cometrade）1995~2019年数据整理得出。

在农产品贸易产品结构方面，1995~2019 年，吉尔吉斯斯坦农产品对外贸易总额规模较高的包括谷物（HS10）、糖及糖食（HS17）等大宗农产品，食用蔬菜、根及块茎，食用水果（HS07）及坚果；柑桔属水果或甜瓜果皮（HS08）等植物产品，烟草及烟草代用品的制品（HS24）等加工农产品。上述五类农产品的对外贸易总额依次为 11.42 亿美元、12.24 亿美元、11.73 亿美元、10.01 亿美元以及

12.53亿美元。

由于吉尔吉斯斯坦在土地资源和畜牧资源上具有比较优势,因此,在土地资源密集型产品,如棉花、水果、烟草、蔬菜等植物产品,以及牛、马、羊等动物产品上具有较强的出口优势(开艺兰等,2021;李志芳等,2015)。贸易顺差主要集中在活动物(HS01),乳品、蛋品、天然蜂蜜、其他食用动物产品(HS04)和食用蔬菜、根及块茎(HS07)等植物产品,顺差额依次为0.78亿美元、1.91亿美元、9.82亿美元。

此外,由于吉尔吉斯斯坦农业加工能力有限,对劳动集约型农产品进口需求较大,大部分食品及加工农产品处于贸易逆差状态(郭玲霞等,2021;朱万里、高贵现,2021)。贸易逆差规模较高的加工农产品包括动、植物油、脂及其分解产品;精制的食用油脂;动、植物蜡(HS15),糖及食糖(HS17),可可及可可制品(HS18),饮料、酒及醋(HS22),逆差额依次为8.23亿美元、8.90亿美元、5.42亿美元和6.90亿美元。

表8-3 1995~2019年吉尔吉斯斯坦农产品对外贸易总额、顺差及占比

章	出口金额(百万美元)	占比(%)	进口金额(百万美元)	占比(%)	贸易总额(百万美元)	占比(%)	贸易顺差(百万美元)
第1章 活动物	87.27	2.47	9.34	0.10	96.60	2.57	77.93
第2章 肉及食用杂碎	189.89	5.37	699.84	7.58	889.73	12.95	-509.95
第3章 鱼、甲壳动物,软体动物及其他水生无脊椎动物	—	—	92.47	1.00	92.47	1.00	-92.47
第4章 乳品;蛋品;天然蜂蜜;其他食用动物产品	458.60	12.97	268.07	2.90	726.66	15.88	190.53

续表

章	出口金额（百万美元）	占比（%）	进口金额（百万美元）	占比（%）	贸易总额（百万美元）	占比（%）	贸易顺差（百万美元）
第5章 其他动物产品	18.79	0.53	3.51	0.04	22.30	0.57	15.27
第6章 活树及其他活植物；鳞茎、根及类似品；插花及装饰用簇叶	7.83	0.22	25.89	0.28	33.73	0.50	-18.06
第7章 食用蔬菜、根及块茎	1078.08	30.51	95.69	1.04	1173.77	31.54	982.39
第8章 食用水果及坚果；柑桔属水果及甜瓜的果皮	537.66	15.21	463.84	5.02	1001.50	20.24	73.82
第9章 咖啡、茶、马黛茶及调味香料	21.32	0.60	149.61	1.62	170.93	2.22	-128.28
第10章 谷物	—	—	1142.42	12.38	1142.42	12.38	-1142.42
第11章 制粉工业产品；麦芽；淀粉；菊粉；面筋	12.51	0.35	434.48	4.71	446.99	5.06	-421.97
第12章 含油子仁及果实；杂项子仁及果实；工业用或药用植物；稻草、秸秆及饲料	37.03	1.05	45.89	0.49	82.93	1.55	-8.87
第13章 虫胶；树胶、树脂及其他植物液、汁	2.69	0.08	3.41	0.03	6.11	0.11	-0.73
第14章 编结用植物材料；其他植物产品	3.26	0.09	1.41	0.01	4.67	0.10	1.86

续表

章	出口金额（百万美元）	占比（%）	进口金额（百万美元）	占比（%）	贸易总额（百万美元）	占比（%）	贸易顺差（百万美元）
第15章 动、植物油、脂及其分解产品；精制的食用油脂；动、植物蜡	42.71	1.21	865.37	9.37	908.08	10.58	-822.66
第16章 肉、鱼、甲壳动物，软体动物及其他水生无脊椎动物的制品	37.74	1.07	93.58	1.01	131.32	2.08	-55.84
第17章 糖及食糖	167.23	4.73	1057.08	11.45	1224.31	16.18	-889.85
第18章 可可及可可制品	26.11	0.74	740.16	8.01	766.27	8.76	-714.05
第19章 谷物、粮食粉、淀粉或乳的制品；糕饼点心	96.75	2.73	639.24	6.92	735.99	9.66	-542.49
第20章 蔬菜、水果、坚果或植物其他部分的制品	32.22	0.91	196.40	2.13	228.62	3.04	-164.19
第21章 杂项食品	88.87	2.51	451.03	4.89	539.89	7.40	-362.16
第22章 饮料、酒及醋	152.88	4.32	843.29	9.13	996.18	13.46	-690.41
第23章 食品工业的残渣及废料；配制的动物饲料	2.33	0.07	87.96	0.95	90.29	1.01	-85.63
第24章 烟草及烟草代用品的制品	432.00	12.22	821.36	8.89	1253.36	21.12	-389.36

资料来源：根据联合国贸易数据库（Un Cometrade）1995~2019年数据整理得出。

第8章 吉尔吉斯斯坦农产品贸易现状及趋势

8.2 农产品出口贸易

8.2.1 农产品出口的结构及地区分布

1995~2019年，吉尔吉斯斯坦出口农产品涉及22章4大类。总体而言，吉尔吉斯斯坦农产品出口商品结构呈现初级农产品出口集中度较高、食品及加工制成品出口分散的特征，初级农产品出口主要集中在乳品、蛋品、天然蜂蜜、其他食用动物产品（HS04），食用蔬菜、根及块茎类产品（HS07），食用水果及坚果、柑桔属水果或甜瓜的果皮（HS08），加工类农产品主要集中在烟草及烟草代用品的制品（HS24）。除上述四类商品外，其他农产品出口规模普遍较低、出口竞争力较弱。一些涉及粮食安全的特殊类商品，如鱼、甲壳动物、软体动物及其他水生无脊椎动物（HS03）和谷物（HS10）商品出口受到限制。

植物产品类是吉尔吉斯斯坦第一大出口商品类别。其中食用蔬菜、根及块茎是吉尔吉斯斯坦出口规模最大的农产品类别，出口总额10.78亿美元、占比30.51%。此外，食用水果及坚果、柑桔属水果及甜瓜的果皮也是吉尔吉斯斯坦出口的主要农产品，出口总额5.38亿美元、占比15.21%。

在政府的大力推动下，吉尔吉斯斯坦畜牧业及养殖业发展较为迅速，带来乳品、蛋品、天然蜂蜜和其他食用动物产品出口竞争力的提升，出口总额4.59亿美元、占比12.98%。烟草及烟草代用品是吉尔吉斯斯坦主要的食品及加工制成品，出口总额4.32亿美元、占比12.22%（见图8-1）。

1995~2019年出口总额排名前五位的农产品依次为食用蔬菜、根及块茎（HS07），食用水果及坚果、柑桔属水果或甜瓜的果皮

(HS08)、乳品、蛋品、天然蜂蜜、其他食用动物产品（HS04），烟草及烟草代用品的制品（HS24）以及肉及食用杂碎（HS02）。上述五章农产品出口总计21.58亿美元，占比76.28%，是吉尔吉斯斯坦农产品贸易发展的核心行业。

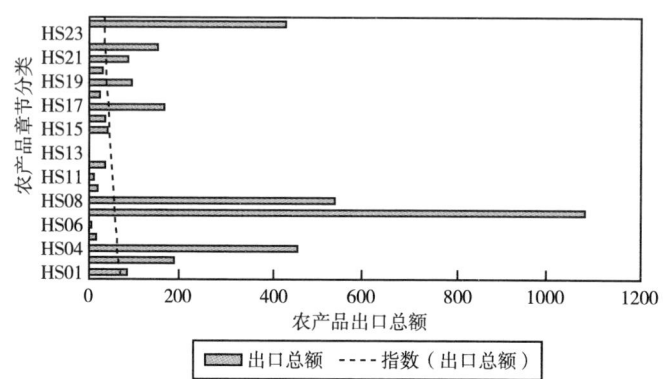

图8-1 1995~2019年吉尔吉斯斯坦1-24章
农产品出口总额（单位：百万美元）

资料来源：根据联合国贸易数据库（Un Cometrade）1995~2019年数据整理得出，不包括第3章和第10章。

1995~2019年出口总额排名后五位的农产品依次为食品工业的残渣及废料、配制的动物饲料（HS23），虫胶、树胶、树脂及其他植物液、汁（HS13），编结用植物材料、其他植物产品（HS14），活树及其他活植物、鳞茎、根及类似品、插花及装饰用簇叶（HS06）以及制粉工业产品、麦芽、淀粉、菊粉、面筋（HS11）。上述五章农产品出口总计0.28亿美元、占比不足0.80%（见图8-2）。

从发展趋势看，乳品、蛋品、天然蜂蜜、其他食用动物产品（HS04），烟草及烟草代用品的制品出口贸易除在2014年出现短暂大规模扩张外、整体发展较为平稳，烟草及烟草代用品制品（HS24）近年来出口增速明显加快。食用蔬菜、块及根茎农产品的出口贸易发展十分迅猛，并在2011~2014年、2017~2019年出现两次较大规模的数量扩张。食用水果及坚果、柑桔属水果或甜瓜的果皮类农产品出

第8章 吉尔吉斯斯坦农产品贸易现状及趋势

口贸易波动显著,2008~2009年、2012~2013年以及2018~2019年出现大幅波动,出口规模不断增长(见图8-3)。

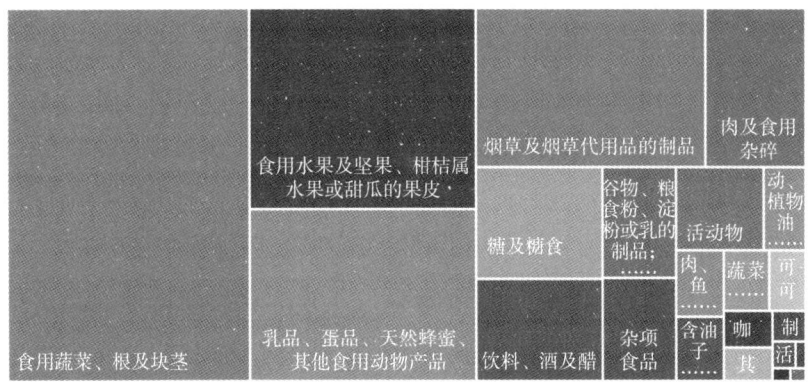

图8-2 1995~2019年吉尔吉斯斯坦1-24章农产品出口总额分布状况

资料来源:根据联合国贸易数据库(Un Cometrade)1995~2019年数据绘制得出,不包括第3章和第10章。

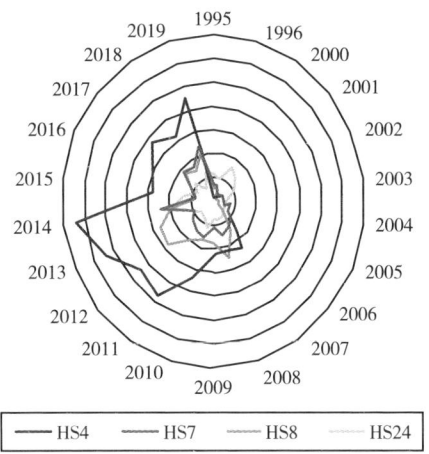

图8-3 1995~2019年吉尔吉斯斯坦主要农产品出口额变化情况

资料来源:根据联合国贸易数据库(Un Comtrade)1995~2019年数据整理得出。

8.2.2 农产品出口总额及其变化趋势

联合国贸易数据库统计数据（1995～2019 年）显示[①]，近三十年来吉尔吉斯斯坦农产品出口总额合计 35.34 亿美元，年均出口总额 1.61 亿美元，2001 年农产品出口出现阶段性低点 0.48 亿美元，2014 年农产品出口总额达到阶段性峰值 4.54 亿美元，趋势线反映出近三十年吉尔吉斯斯坦农产品出口总额呈现稳步发展态势。

从农产品出口总额的整体态势看，吉尔吉斯斯坦的农产品出口贸易呈"W"形，大致可以分为低位起步阶段（1995～2003 年）、快速增长阶段（2004～2013 年）和高位稳定阶段（2015～2019 年）。

（1）低位起步阶段（1995～2003 年）。1995 年和 1996 年吉尔吉斯斯坦的农产品出口总额规模较高，分别为 1.19 亿美元和 1.67 亿美元。然而自 2000 年，吉尔吉斯斯坦的农产品出口贸易总额大幅度收缩，2000～2003 年，农产品出口总额基本围绕 0.50 亿美元的均值水平小幅波动。

（2）快速增长阶段（2004～2014 年）。2004 年开始大幅度增长，经过四年的发展至 2007 年重新实现 1 亿美元以上的农产品出口规模。此后，吉尔吉斯斯坦农产品出口总额进入快速增长通道，呈现爆发式增长，2007～2014 年，吉尔吉斯斯坦农产品出口年均总额 2.28 亿美元。

（3）高位稳定阶段（2015～2019 年）。这一阶段吉尔吉斯斯坦农产品出口总额围绕 2 亿美元的发展规模高位徘徊。2015 年吉尔吉斯斯坦的农产品出口总额大幅度收缩，下降至 1.43 亿美元，2016 年为 1.46 亿美元，与上一年相比规模基本维持不变。2017 年吉尔吉斯斯坦的农产品出口总额 2.18 亿美元，又一次进入"2"时代。其后

---

① 缺少 1997 年、1998 年和 1999 年数据。

2018年、2019年农产品出口总额分别为1.97亿美元和2.53亿美元（见图8-4）。

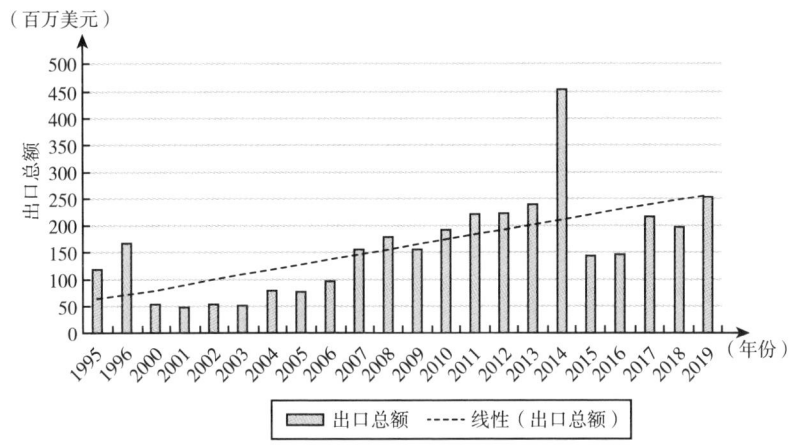

图8-4 1995~2019年吉尔吉斯斯坦农产品出口总额（单位：百万美元）

资料来源：根据联合国贸易数据库（Un Cometrade）1995~2019年数据整理得出。

从农产品出口总额的环比增长率看，近三十年吉尔吉斯斯坦的农产品出口总额年均环比增长率49.72%，出口扩张速度较快，并且大多数年份表现出正向增长的特征。波动较为剧烈的有2014年环比增长率213.95%，2015年环比增长率-310.85%。近三十年可以划分为小幅波动阶段（1995~2001年）、温和变化阶段（2002~2013年）以及大幅剧烈波动阶段（2014~2019年）三个阶段。

（1）小幅波动阶段（1995~2001年）。该期环比增长率变化较大的年份出现在1996年和2000年。1996年吉尔吉斯斯坦的农产品出口总额实现正向环比增长，而2000年吉尔吉斯斯坦的农产品出口环比下降114.05%，表现出年际间的小幅交替波动，进一步说明此时期吉尔吉斯斯坦的农产品出口总额规模小、出口扩张的能力较弱。

（2）温和变化阶段（2002~2013年）。该期环比增长率整体表现较为平稳、变化较为温和。除2009年59.92%以及2009年-23.77%的大幅变化外，其余年份的环比增长率基本保持在［20%，30%］的区间之内。平稳、温和的正向环比增长率表明这一阶段吉尔吉斯斯坦农产品出口总额呈现出较好的发展扩张态势。

(3) 剧烈波动阶段 (2014~2019年)。自2014年开始,吉尔吉斯斯坦的农产品出口总额环比增长率变化剧烈,2014年、2015年两年连续发生数倍的增长/下降速度。年均环比增长率112.67%,远远高于49.72%的年均水平。此时期的剧烈波动表明受到单边主义等贸易保护主义影响,再加上国内政治局势动荡、地缘冲突迭起,此阶段吉尔吉斯斯坦农产品出口增长乏力。而2013年中国提出的"一带一路"倡议及其构建的互通机制虽然在一定程度上推动了吉尔吉斯斯坦农产品出口总额的快速扩张,但尚未建立起稳定的、长效的发展机制(见图8-5)。

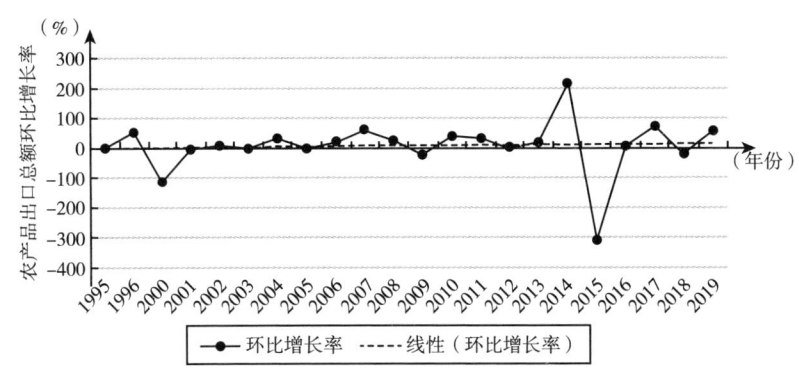

图8-5 1995~2019年吉尔吉斯斯坦农产品出口
总额环比增长率 (单位:%)

资料来源:根据联合国贸易数据库 (Un Cometrade) 1995~2019年数据计算得出。
注:同比增速=[(本期数-同期数)/同期数]×100%。

吉尔吉斯斯坦农产品出口规模小、商品结构和贸易伙伴过于集中的发展特征反映出该国农业部门缺乏比较优势、国际竞争力较弱的现实状况。虽然吉尔吉斯斯坦有着丰富的农业生产资源和开放的农产品贸易制度,但国内农业部门机械化程度低、过度依赖传统种植和养殖技术模式、农产品仓储物流设施不完善等问题都是导致吉尔吉斯斯坦农产品竞争力低下的重要原因（王恒、王征兵，2021；高贵现、徐雯，2020；王云风、孟硕，2021；娜娜等，2017）。

8.3 农产品进口贸易

8.3.1 农产品进口的结构及地区分布

1995~2019年，吉尔吉斯斯坦进口农产品种类丰富、涵盖了农产品4大类24章。各类农产品进口规模差别较大，大规模的进口分布在食品加工和植物产品两大类中，商品结构呈现不均衡的发展特征（魏魏、于子超，2021；Aizhamal，2020）。该特征进一步反映出吉尔吉斯斯坦农业部门中食品加工行业竞争力、部分农业生产禀赋稀缺等问题。

食品、饮料、酒及醋、烟草及烟草代用品的制品是吉尔吉斯斯坦最大进口类别，进口总额49.30亿美元、占比53.41%。由于国内农产品加工部门生产力不足、竞争力较低，因此需要依靠国际市场满足国内农产品加工制品的需求。

植物产品类是吉尔吉斯斯坦第二大进口商品类别，进口总额23.62亿美元、占比25.59%，其中的水果和谷物是吉尔吉斯斯坦进口的主要植物产品，占比分别为5.02%和12.38%。吉尔吉斯斯坦国内的干旱气候以及水资源匮乏等现实条件制约了果业、谷物生产行业产量提升和品种多样化发展。

活动物类产品和动、植物油、脂及其分解产品类，精制的食用油脂，动、植物蜡产品进口规模相对较小，进口总额分别为10.73亿美元和8.65亿美元，占比分别为11.63%、占比9.37%，合计占比21.00%（见图8-6）。

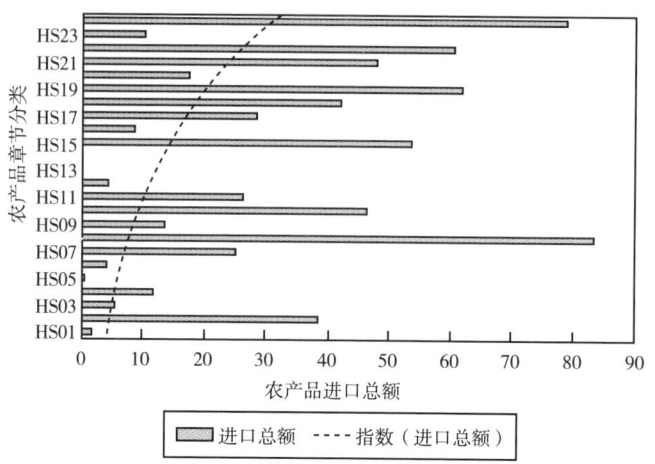

图 8 – 6　1995~2019 年吉尔吉斯斯坦 1 – 24 章农产品进口总额（单位：百万美元）

资料来源：根据联合国贸易数据库（Un Cometrade）1995~2019 年数据整理得出。

1995~2019 年进口总额排名前五位的农产品依次谷物（HS10）；糖及糖食（HS17）；动、植物油、脂及其分解产品，精制的食用油脂，动物、植物蜡（HS15）；饮料、酒及醋（HS22）以及烟草及烟草代用品的制品。上述五章农产品进口总计 47.29 亿美元，占比 51.22%，是吉尔吉斯斯坦农产品进口的重点商品。

1995~2019 年进口总额排名后五位的农产品主要集中在植物产品类（见图 8 – 7），依次是编结用植物材料，其他植物产品（HS14）；虫胶、树胶、树脂及其他植物液、汁（HS13）；其他动物产品（HS05）；活动物（HS01）和含油子仁及果实，杂项子仁及果实，工业用或药用植物，稻草、秸秆及饲料（HS12）。

从发展趋势看，谷物产品进口规模扩张主要发生在 2007~2014 年，2015 年之后谷物进口规模迅速下降，接近 1995 年的水平。糖及食糖产品进口规模扩张主要发生在 2011~2014 年，并在 1996 年、2011 年出现过两次高峰。动、植物油、脂及其分解产品，精制的食

第8章 吉尔吉斯斯坦农产品贸易现状及趋势

用油脂、动物、植物蜡产品进口规模自2008年扩张之后，一直维持在较高水平。饮料、酒及醋产品的进口规模扩张在2009～2014年，与谷物产品的发展形态比较接近（见图8-8）。

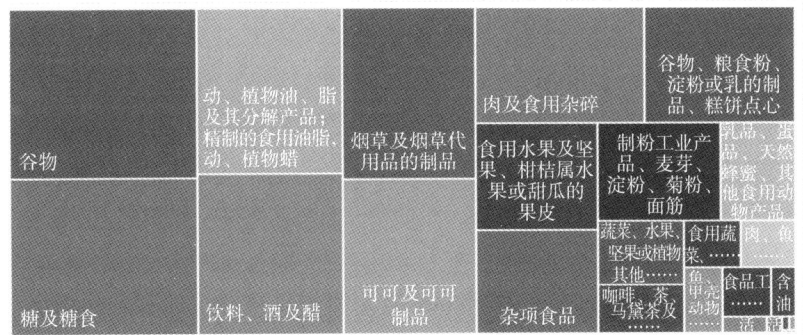

图8-7　1995～2019年吉尔吉斯斯坦1-24章农产品进口总额分布状况

资料来源：根据联合国贸易数据库（Un Cometrade）1995～2019年数据绘制得出。

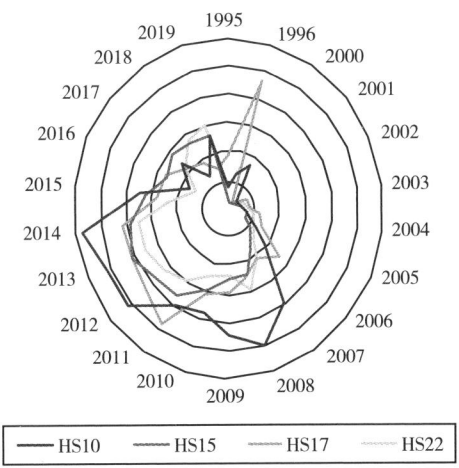

图8-8　1995～2019年吉尔吉斯斯坦主要农产品进口额变化情况

资料来源：根据联合国贸易数据库（Un Cometrade）1995～2019年数据整理得出。

8.3.2 农产品进口总额及其变化趋势

联合国贸易数据库统计数据（1995~2019年）显示，近三十年吉尔吉斯斯坦农产品进口总额合计92.31亿美元，年均进口总额4.19亿美元。其中，2013年农产品进口总额出现峰值、高达8.48亿美元，2001年吉尔吉斯斯坦仅实现0.58亿美元的农产品进口总额，趋势线反映出吉尔吉斯斯坦农产品进口总额呈现快速增长的发展态势。

从农产品进口总额的整体态势看，吉尔吉斯斯坦的农产品进口总额规模持续扩张，大致经历了起步发展阶段（1995~2005年）、快速扩张阶段（2006~2014年）和高位稳定阶段（2015~2019年）。

（1）起步发展阶段（1995~2005年）。此阶段吉尔吉斯斯坦处于加入世界贸易组织初期，其农产品进口贸易也呈现出规模小的发展初期特征。1995年农产品进口总额0.98亿美元，1996年达到阶段峰值1.87亿美元，而此后农产品进口总额一直处于规模萎缩状态，年均进口总额仅为1.11亿美元，远低于1995~2019年4.19亿美元的年均进口水平。

（2）快速扩张阶段（2006~2014年）。此阶段吉尔吉斯斯坦渡过了加入世界贸易组织时承诺的过渡期，国内农产品市场进一步开放，农产品进口贸易实现飞速发展。进口规模从期初2.48亿美元跃升至期末8.45亿美元，九年间进口规模出现两倍增长。此阶段吉尔吉斯斯坦农产品年均进口总额5.99亿美元，高出1995~2019年年均进口总额42.96%。

（3）稳定成熟阶段（2015~2019年）。此阶段吉尔吉斯斯坦农产品进口规模基本保持5.89亿美元的年均发展水平，年际间波动幅度较小，发展较为稳定，步入进口贸易的成熟阶段（见图8-9）。

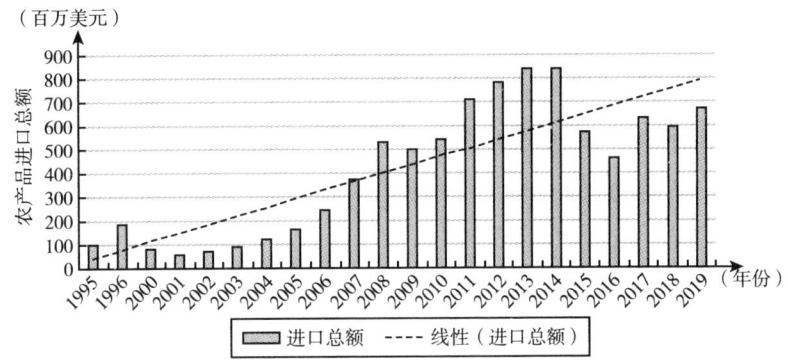

图 8-9 1995~2019 年吉尔吉斯斯坦农产品进口总额（单位：百万美元）

资料来源：根据联合国贸易数据库（Un Cometrade）1995~2019 年数据整理得出。

从农产品进口总额的同比增速看，近三十年吉尔吉斯斯坦的农产品进口总额年均同比增速 14.22%，表现出进口增速逐年下降的发展特征。波动较为剧烈的 1996 年同比增速 90.60%，2000 年同比增速 -56.65%。近三十年可以进一步划分为大幅剧烈波动阶段（1995~2002 年）、温和增长阶段（2003~2008 年）、快速下降阶段（2009~2014 年）以及小幅波动阶段（2015~2019 年）四个阶段。

（1）剧烈波动阶段（1995~2002 年）。此阶段吉尔吉斯斯坦农产品进口额环比增长率变化剧烈，1995 年环比增长 90.60%、2000 年环比下降 56.65%，年均环比增长率 112.67%，远远高于 1995~2019 年 49.72% 的年均水平。加入世界贸易组织带来的关税下调以及非关税壁垒削减是诱发该期吉尔吉斯斯坦农产品进口额环比增长率大幅波动的主要原因之一。

（2）温和增长阶段（2003~2008 年）。该期环比增长率均值 38.51%、年际波动较小、整体表现出稳定增长的发展特征。平稳、温和的正向环比增长率表明这一阶段吉尔吉斯斯坦农产品进口总额呈现出较好的发展扩张态势。

（3）快速下降阶段（2009~2014 年）。该期吉尔吉斯斯坦的农产品进口额环比增长率出现了三次大幅变化，从 2009 年 -5.91% 变为2010年8.19%，2011年进一步增长至30.32%。2008年的金融危机带来的经济增长放缓以及随后的全球贸易保护主义盛行是导致该期吉尔吉斯斯坦农产品进口额环比增长率大幅下降的重要外部因素，而国内政局动荡、地缘冲突加剧是主要的内容因素。

（4）小幅波动阶段（2015～2019年）。该期吉尔吉斯斯坦的农产品进口额环比增长率出现了较为快速的增长。"一带一路"倡议的深化推动吉尔吉斯斯坦农产品对外贸易的快速扩张。与此同时，国内政治局势动荡不安导致吉尔吉斯斯坦农产品出口受阻（见图8－10）。

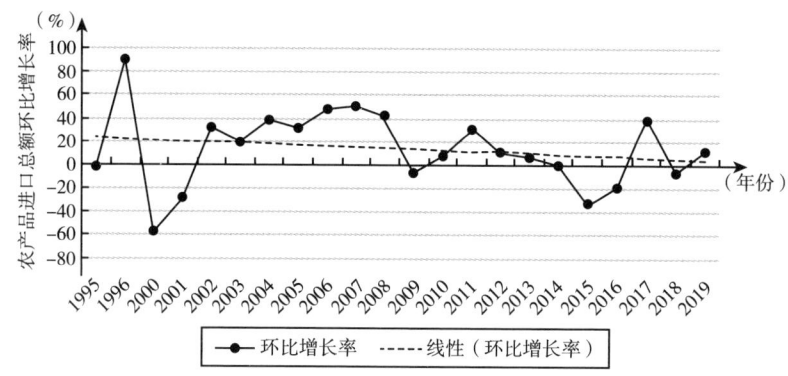

图8－10 1995～2019年吉尔吉斯斯坦农产品进口总额环比增长率（单位：%）

资料来源：根据联合国贸易数据库（Un Cometrade）1995～2019年数据整理得出。

8.4 与中国农产品贸易竞争性与互补性分析

吉尔吉斯斯坦与中国有着悠久的农产品贸易交往历史（德阿丽娜，2020；孟高飞，2018；方媛，2012；布娲鹣·阿布拉等，2011；张凯等，2010）。1992年吉中双边政府签署了经济贸易协定、进出口产品质量认证协定等协议等合作的规则框架，并在此基础上设立了中

第8章 吉尔吉斯斯坦农产品贸易现状及趋势

吉政府间经贸合作委员会的组织框架（郑国富，2021；赵青松，2016），促进了吉中农产品贸易合作的迅速发展。综观吉中农产品贸易发展历程，大致经历三个发展阶段（见表8-11）：第一阶段为合作起步阶段（1995~2004年）；第二阶段为快速发展阶段（2005~2014年）；第三阶段为深化发展阶段（2015~2019年）。

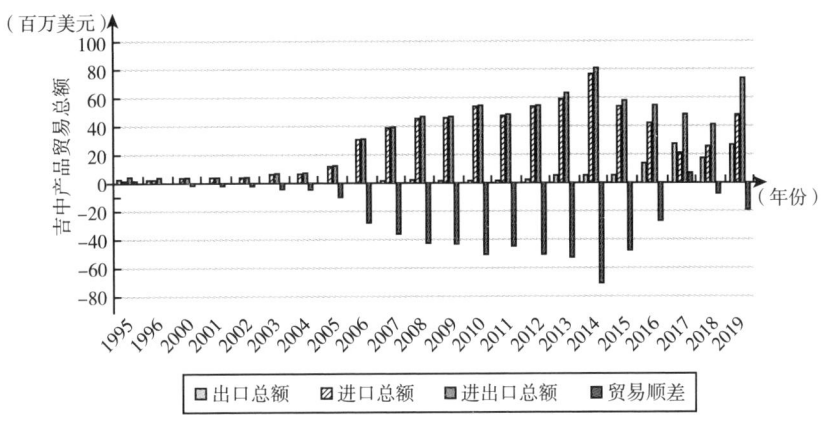

图8-11　1995~2019年吉尔吉斯斯坦—中国农产品贸易发展情况

资料来源：根据联合国贸易数据库（Un Cometrade）1995~2019年数据整理得出。

（1）合作起步阶段（1995~2004年）。

据联合国贸易统计数据库统计，1995年吉中双边农产品贸易总额仅为3.26百万美元、贸易顺差1.07百万美元，2004年增长到6.28百万美元、贸易逆差5.50百万美元。总体上看，该阶段吉中双边农产品贸易规模较小，并且波动较大，2000年之后出现贸易逆差且逆差规模不断扩大。

1998年吉尔吉斯斯坦成为中亚地区第一个加入世界贸易组织的国家（郑竟放，2018）。经过过渡期的改革，吉尔吉斯斯坦的总体关税水平下降到10%以下。中国自2001年加入世界贸易组织，经过三年的过渡期之后贸易规则更加规范和透明。在共同贸易合作机制的作用下，吉中农产品贸易进入快速发展阶段。此外，2003年在上海合作组织框架内双方政府签署《上海合作组织成员国经贸合作纲要》，进一步推动双边农产品贸易深化（见表 8-4）。

表 8-4　　　　1992~2005 年吉尔吉斯斯坦—中国
农产品贸易发展情况　　　　单位：百万美元

年份	出口总额	进口总额	进出口总额	贸易顺差
1995	2.16	1.09	3.26	1.07
1996	1.56	1.59	3.16	-0.03
2000	0.29	2.66	2.95	-2.36
2001	0.23	2.98	3.20	-2.75
2002	0.31	3.22	3.53	-2.90
2003	0.41	5.58	5.99	-5.17
2004	0.39	5.89	6.28	-5.50

资料来源：根据联合国贸易数据库（Un Cometrade）1995~2005 年数据整理得出。

（2）快速发展阶段（2005~2014 年）。

虽然 2005 年吉尔吉斯斯坦国内爆发了"颜色革命"，但吉中农产品贸易的发展并未受到该事件的影响。2005~2014 年吉中农产品贸易总额和逆差均出现大幅增长，2005 年农产品贸易总额 11.30 百万美元、贸易逆差 10.80 百万美元，2014 年农产品贸易总额 79.71 百万美元、贸易逆差 71.45 百万美元，十年间贸易总额增长了 7.38 倍以上。其中，出口由 2005 年的 0.25 百万美元增长到 2014 年的 4.13 百万美元、增长 15.52 倍；进口由 2015 年的 11.05 百万美元增长到 75.58 百万美元、增长 6.84 倍。

该时期吉中农产品进口贸易发展的显著特点是贸易逆差大幅增长，甚至接近吉尔吉斯斯坦的国内生产总值。巨额的贸易逆差源于吉尔吉斯斯坦"自由港"的特殊地位。吉尔吉斯斯坦优越的地理位置以及政府大力推行贸易自由化政策，使其成为中国农产品进入中亚五国及独联体市场的集散中心和分拨中心，大部分自中国进口的农产品变为转口商品流入周边国家（见表 8-5）。

表 8-5　2005~2014 年吉尔吉斯斯坦—中国
农产品贸易发展情况　　　　单位：百万美元

年份	出口总额	进口总额	进出口总额	贸易顺差
2005	0.25	11.05	11.30	-10.80
2006	0.58	29.71	30.29	-29.14
2007	0.66	37.81	38.47	-37.15
2008	1.30	44.47	45.77	-43.17
2009	1.06	44.92	45.98	-43.86
2010	0.96	52.62	53.58	-51.66
2011	0.64	46.55	47.20	-45.91
2012	1.35	52.55	53.90	-51.21
2013	4.26	57.83	62.09	-53.57
2014	4.13	75.58	79.71	-71.45

资料来源：根据联合国贸易数据库（Un Cometrade）2005~2015 年数据整理得出。

（3）深化发展阶段（2015~2019 年）。

受到国内政局逐渐稳定以及"一带一路"合作深化的溢出效应，该阶段吉中农产品贸易呈现"V"形发展态势。2015 年吉中农产品进出口总额 56.92 百万美元、贸易逆差 48.51 百万美元，此后 2016 年、2017 年持续下降，直至 2018 年下降至阶段性低点，双边农产品贸易总额仅有 40.65 百万美元、贸易逆差 8.48 百万美元。2019 年开始，吉中农产品贸易快速恢复性增长，进出口总额 72.45 百万美元、贸易逆差 20.94 百万美元。

该阶段吉中农产品贸易发展的显著特点是总量下降、结构优化、逆差缩减。2017 年吉尔吉斯斯坦大选顺利完成，结束了国内持续多年的政权更迭局面。此外，"一带一路"倡议推动了双边一系列贸易自由化合作安排，中国出台《"一带一路"农业合作愿景》，"一带一路"合作文件与《吉尔吉斯斯坦 2018~2040 年发展战略》的深化对接等一系列推动双边合作推动了吉中农产品贸易合作的结构优化以及逆差缩减（见表 8-6）。

表 8-6　　　　2015~2019 年吉尔吉斯斯坦—中国
农产品贸易发展情况　　　　单位：百万美元

年份	出口总额	进口总额	进出口总额	贸易顺差
2015	4.20	52.71	56.92	-48.51
2016	12.93	40.84	53.77	-27.91
2017	26.83	20.39	47.22	6.44
2018	16.08	24.57	40.65	-8.48
2019	25.76	46.70	72.45	-20.94

资料来源：根据联合国贸易数据库（Un Cometrade）2016~2020 年数据整理得出。

8.4.1　双边农产品贸易竞争性分析

国际贸易学术领域分析竞争性的指标通常包括出口相似性指数（ESI）以及比较优势指数（RCA），本节将利用以上指数对吉尔吉斯斯坦以及中国 HS01-HS24 章农产品对外贸易展开深入分析。首先运用 ESI 指数对各章农产品的出口相似性进行测算；其次运用 RCA 指数对比较优势开展进一步测度，以分析双边农产品贸易竞争性及演化趋势。

（1）出口相似性指数分析。

出口相似性指数最早由 Finger 和 Kreinin（1979）两位学者设计，用于衡量两个国家或地区世界市场出口产品的相似性程度（宋海英、孙林，2004）。其后，Click 和 Rose 进一步对该指数进行了改进，分为产品相似性指数和市场相似性指数。

$$\mathrm{ESI}_{ij,k}^{P} = \left[\sum \mathrm{Min}\left(\frac{X_{iw}^{k}}{X_{iw}}, \frac{X_{jw}^{K}}{X_{jw}}\right) \right] \times 100 \quad (8-1)$$

其中，ESI_{ij}^{P} 表示 i 国和 j 国出口相似性指数；i、j 表示所要比较的任意两个国家，X 表示出口；$\frac{X_{iw}^{k}}{X_{iw}}$ 代表 i 国出口到 w 市场第 k 种商品所占份额，$\frac{X_{jw}^{k}}{X_{jw}}$ 代表 j 国出口到 w 市场第 k 种商品所占份额。当 ESI =

第8章 吉尔吉斯斯坦农产品贸易现状及趋势

100时,则认为i国和j国出口到w市场的产品结构分布完全相同,两国出口产品具有高度相似性、呈现竞争型贸易关系;当ESI=0时,则认为i国和j国出口到w市场的产品结构分布完全不相同,两国出口产品具有高度异质性、呈现互补型贸易关系。

进一步纳入时间因素,如果随着时间的变化,当ESI呈现增长的趋势时,则表明两国出口到w市场的产品结构日趋收敛、出口产品竞争加剧;当ESI呈现下降趋势时,则意味着两国出口到w市场的产品结构趋于分化、两国在w市场上的专业化分工程度正在上升,出口产品互补性增强。

1995~2019年,吉尔吉斯斯坦与中国农产品的出口贸易相似性指数均值35.86、最大值48.99、最小值5.64,表明两国出口到世界市场的农产品存在一定的结构相似性、农产品出口同质性较高,农产品贸易表现出比较强的竞争性特征。同时,不同类型农产品的出口贸易相似性指数差异较大。具体分析如下:

活动物产品和动、植物油、脂、蜡,精制食用油脂产品的出口相似性指数值接近0,均值分别为3.16和0.47、最大值分别为6.80和1.53、最小值分别为0.53和0.02,表明两国出口到世界市场的活动物产品,动、植物油、脂、蜡和精制食用油脂产品的农产品结构具有高度异质性,农产品贸易为互补型。

植物产品的出口相似性指数均值19.37,最大值和最小值分别为24.48和2.42。食品、饮料、酒及醋,烟草及制品产品的出口相似性分布状况与植物产品较为接近,均值12.19、最大值23.96和最小值2.63。进一步表明,在植物产品和食品、饮料、酒及醋,烟草及制品产品的出口贸易中,吉尔吉斯斯坦与中国呈现一定程度上的出口相似度,两国在世界市场上互补性较高,同时存在一定程度上的竞争性。

从时序变化特征看,吉尔吉斯斯坦与中国的农产品出口贸易相似性指数除早期变化较为剧烈外,近年来一直呈现小幅稳步下降、较为平稳的变化。这表明两国在世界市场上的农产品贸易结构趋于分化、出口专业化分工趋势增强、农产品出口贸易的互补性增强（见表 8-7）。

表 8-7　　1995~2019 年吉尔吉斯斯坦—中国农产品贸易 ESI 指数

年份	总体	活动物产品	植物产品	动、植物油、脂、蜡，精制食用油脂产品	食品、饮料、酒及醋，烟草及制品产品
1995	39.11	4.23	16.68	0.71	17.50
1996	36.54	3.40	15.46	0.31	17.37
2000	27.45	1.50	17.44	0.87	7.64
2001	30.28	1.45	20.09	0.04	8.69
2002	5.64	0.53	2.42	0.06	2.63
2003	40.01	4.16	23.21	0.10	12.55
2004	38.02	3.49	22.72	0.06	11.74
2005	37.48	3.39	18.52	1.07	14.49
2006	34.65	2.88	18.41	1.29	12.08
2007	32.78	2.88	17.04	0.92	11.95
2008	34.18	3.44	17.40	1.53	11.80
2009	36.90	2.93	20.77	0.86	12.34
2010	38.92	4.47	22.64	0.55	11.25
2011	36.87	2.76	21.89	0.02	12.20
2012	48.97	6.80	17.27	0.93	23.96
2013	34.87	2.35	20.19	0.03	12.30
2014	28.53	3.55	18.49	0.02	6.48
2015	36.83	2.40	22.39	0.20	11.84
2016	37.69	2.69	23.97	0.03	11.00
2017	39.60	3.02	24.48	0.26	11.84
2018	40.37	3.42	22.07	0.22	14.66
2019	38.18	3.48	22.57	0.32	11.80

续表

年份	总体	活动物产品	植物产品	动、植物油、脂、蜡，精制食用油脂产品	食品、饮料、酒及醋，烟草及制品产品
均值	35.18	3.16	19.37	0.47	12.19
最大值	48.99	6.80	24.48	1.53	23.96
最小值	5.64	0.53	2.42	0.02	2.63

资料来源：根据联合国贸易数据库（Un Cometrade）1995~2019年数据整理得出。

8.4.2 双边农产品贸易互补性分析

两国间贸易互补性的强弱，通常可由贸易互补指数测度。贸易互补性概念最早是由 Peter Drysdale 于 1967 年提出用于衡量两国贸易合作可能性的。该指数主要体现在一方主要出口或进口的产品是否为对方主要进口或出口的产品，如果相吻合，则两国间的互补性指数大；相反，如果不能吻合，则两国间的互补性指数小（王伶，2014）。指数的具体形式如下：

$$\text{TCI}_{ij}^{k} = \text{RCA}_{xi}^{k} \times \text{RCA}_{mj}^{k} \tag{8-2}$$

$$\text{RCA}_{i}^{k} = \left(\frac{x_{i}^{k}}{x_{i}^{a}}\right) / \left(\frac{x_{w}^{k}}{x_{w}^{a}}\right) \tag{8-3}$$

其中，TCI_{ij}^{k} 表示贸易互补性指数，i、j 分别代表出口国与进口国。TCI_{ij}^{k} 的具体含义表示 i 国与 j 国在 k 章产品上的贸易互补性指数。RCA_{xi}^{k} 表示用出口来衡量的国家 i 在产品 k 上的比较优势，RCA_{mj}^{k} 表示用进口来衡量的国家 i 在产品 k 上的比较劣势。

为进一步凸显被分析国家或地区在农产品贸易领域中的竞争力状况，根据《协调编码制度》以及乌拉圭回合《农业协定》分类标准，将 HS01-24 章合并成四大农产品类别，即 HS01-05 章列为活动物类，HS06-14 章列为植物产品类，HS15 章列为动、植物油、脂、蜡，精制食用油脂产品，HS16-24 章列为食品、饮料、酒及醋，烟草及制品产品。

在第一类农产品上，中国出口到吉尔吉斯斯坦农产品，贸易互补性指数绝对值均小于1。这说明在第一大类农产品上，中国与吉尔吉斯斯坦的互补性并不是很强。该结论也进一步表明，吉尔吉斯斯坦的国内的第一大类农产品消费市场，对于中国的农产品国际市场而言并不是十分重要的市场。在第二类农产品上，贸易互补指数在大多数年份中的绝对值均大于1，表明此类产品中两国的贸易互补性比较强。吉尔吉斯斯坦在中国的植物产品类国际市场上占据十分重要的地位。在第三类农产品上，计算所得的贸易互补性指数绝对值均小于1，进一步表明两国之间的互补性并不是很强。在烟草类农产品方面，贸易互补指数的绝对值大于1，说明两国之间的贸易互补性比较强，吉尔吉斯斯坦在第四类农产品的消费市场对中国来说很重要。

吉尔吉斯斯坦农业
（1991—2021）
Chapter 9

第9章　吉尔吉斯斯坦农业科研机构

9.1 农业科研机构概况[①]

9.1.1 农业科研机构的构成

吉尔吉斯斯坦农业科研机构的设立依据其具有比较优势的农业主导产业，目前主要的农业技术机构包括吉尔吉斯斯坦国家科学院生物研究所、吉尔吉斯斯坦国家科学院植物园研究所、吉尔吉斯斯坦国家科学院核桃和水果研究所、吉尔吉斯斯坦牲畜和牧场研究所、吉尔吉斯斯坦农业研究所。上述农业科研机构除吉尔吉斯斯坦国家科学院核桃和水果研究所位于贾拉拉巴德州之外，其余四所研究机构均位于首都比什凯克地区。

9.1.2 主要农业科研机构的规划和发展原则

吉尔吉斯斯坦主要农业科研机构的规划和发展原则主要依托机构的定位和服务功能，承载不同功能科研机构的规划和发展原则各不相同。以吉尔吉斯斯坦国家科学院植物园研究所为例，该机构的发展原则包括：（1）植物园的设计是基于其使命和工作方向；（2）植物园必须用于满足科学研究和特殊国际项目；（3）研究和生产场所应向公众关闭，防止未经授权的进入和破坏，园区内需要安装视频监控，花园发展规划包括行政区、公众开放区以及收藏展区；（4）植物园区的揽客功能方面，基础设施和展览会应设计成一年四季都能吸引游客的方式，以提升植物园区的吸引力。

[①] 本节资料由本课题组调研整理。

9.1.3 主要农业科研机构的组织形式和人员构成

（1）吉尔吉斯斯坦国家科学院生物研究所。该机构现有员工136人，其中研究人员89人（院士1人、博士9人、理科研究生28人）。研究所下设植物区系、真菌学与植物病理学、地植物学与特殊保护区、蠕虫学、昆虫学与寄生虫学、脊椎动物学、鱼类学与水生物学、生态微生物学、生物地球化学与放射生态学、森林作物与育种、林业、森林生态与森林保护、经济与林业，共13个研究室。

此外，该机构还建有科研生产基地"伊塞克—库尔生物站"，阿克绥森林实验站、萨拉—巴拉卡、卡拉—欧依树木园三个农场，以及一个动物博物馆。

（2）吉尔吉斯斯坦国家科学院核桃和水果研究所。贾拉拉巴德科学中心包括6个实验室、8个研究中心和1个植物园。该机构的实验室分别是森林监测与保护实验室、坚果生产与创新技术实验室、草本植物与土壤科学实验室、森林资源实验室、替代能源研究实验室、外源性过程与环境污染实验室。该研究所的科学据点：阿克—泰克（AK - Terek）、库玛丹（Kurmadan）、德拉诺（Delano）、噶拉多（Garador）、卡拉—布拉克（Kara - Bulak）、科尔马（Colma）、萨拉—霍尔（Cara – Hell）以及科学垃圾填埋场和植物园。

（3）吉尔吉斯斯坦牲畜和牧场研究所。该机构现有员工115人。其中博士8名、科学候选人17名。该机构的组织结构较为现代化，设有7个部门和2个实验室、一个生物技术中心、9个国家育种工厂和种子农场。

（4）吉尔吉斯斯坦农业研究所。该机构现有专职员工58人，其中14人为技术和维修人员。

9.2 农业科研机构的演变历程

9.2.1 吉尔吉斯斯坦国家科学院生物研究所

该机构的前身成立于 1943 年，隶属苏联科学院的吉尔吉斯斯坦分支机构。该机构目前是吉尔吉斯斯坦境内唯一在生态系统生物多样性保护和生物资源可持续利用领域，开展基础科学研究、咨询工作以及方法论的研究中心。2018 年，吉尔吉斯斯坦国家科学院 P. A. Gan 森林研究所加入该机构，成为吉尔吉斯斯坦国家科学院生物研究所 P. A. Gan 森林研究生产中心。

9.2.2 吉尔吉斯斯坦国家科学院植物园研究所

该机构是由 1964 年 8 月 14 日的吉尔吉斯苏维埃社会主义共和国部长理事会第 355 号决议通过设立的，是吉尔吉斯斯坦国家科学院系统中的下设研究机构之一，属于化学技术、生物医学和农业科学部的一部分。

该机构运行的法律依据是《吉尔吉斯斯坦国家科学院法》《吉尔吉斯斯坦国家科学院宪章》《吉尔吉斯斯坦 NAS 宪章的 BS 条例》。植物园研究所设有独立主席团，主席团经由吉尔吉斯斯坦农业部下设的管理局等部门批准，是一个具有独立的法律实体。主席团依据《吉尔吉斯斯坦 NAS 宪章的 BS 条例》批准的基础科学研究和应用研究领域中的各类规划、项目、研发计划等也是植物园研究所运行的法律依据。

植物园研究所是吉尔吉斯斯坦第一个、也是最重要的生物多样性和植物遗传资源专业研究与保护中心，主要工作目标是基于可持续发展原则引进、选择、保存和丰富世界和吉尔吉斯斯坦本土的植物遗传资源。植物园研究所开展的主要研究项目包括植物引种与驯化、"吉尔吉斯斯坦植物基因库保存与富集"和"环境教育与公民教育",并通过引进世界不同国家的植物来丰富吉尔吉斯斯坦的植物种群。

9.2.3　吉尔吉斯斯坦牲畜和牧场研究所

1930年11月23日,苏维埃社会主义共和国吉尔吉斯自治区人民委员会通过第107号决议,决定在吉尔吉斯斯坦现存的动物饲养技术和植物群研究所基础上成立吉尔吉斯斯坦牲畜和牧场研究所。园艺部是在1971年吉尔吉斯斯坦牧场和牧草技术研究所重组后成立的。

9.3　各农业科研机构的职能定位及作用发挥

9.3.1　各机构的职能定位

(1) 吉尔吉斯斯坦国家科学院生物研究所。该机构的主要职责包括:监控吉尔吉斯斯坦动植物的变化情况;保护、合理使用珍惜物种以及维护生态系统;参与新建保护区的调查研究以及监测已有保护区的运营情况;向吉尔吉斯斯坦境内引进国外新品种并且评估引进品种的生物类群和风险;从生态学、生物地球化学、放射学领域评估现有自然及人造环境的发展状况;开发和研制促进土壤改良和农作物保护微生物解构技术。

(2) 吉尔吉斯斯坦国家科学院植物园研究所。该机构的主要职责包括:引进、保存和合理利用乔木及灌木植物;引进和精选花卉等园林观赏植物;引进、精选水果植物并开展基因研究;针对具有良好市场前景及经济价值的园林观赏植物和中药材开展生物特性、繁殖以及栽种研究工作；引进和改良纳伦州高山地区的植物。

（3）吉尔吉斯斯坦国家科学院核桃和水果研究所。该机构的主要职责包括：开发和执行有效途径培育具有市场前景的坚果类作物高产品种；精选和研究提升坚果类作物生产力的有效方法；基于可持续发展原则保护核桃品种的基因多样性；综合评价吉尔吉斯斯坦南部引进甜杏仁和红枣品种的多样性；吉尔吉斯斯塔南部坚果林带生态系统的土壤改良、植被覆盖及其保护；组织森林保护、监测和保护吉尔吉斯斯坦南部产坚果森林的生物多样性；研究开发吉尔吉斯斯坦南部山区提高高价值水果作物产量的方法；研究科卡特河谷地区主要植物群落的优势种和次要种的生长发育动态；对贾拉拉巴德州利用太阳能的各种方法进行研究；太阳能电池粒子的计算和太阳能电池的弛豫时间；工程地球动力学的研究及其对整体可持续性的影响；研究侵蚀过程、研究防止侵蚀的方法以及在奥罗可—科罗塔（Oloke - Kolot）科学试验场进行地球物理监测。

（4）吉尔吉斯斯坦牲畜和牧场研究所。保存家畜品种遗传资源、开发改良技术的科学依据、合理利用遗传资源、创造家畜品种、开发家畜饲养技术；开发改善天然牧场的科学技术、培育牧草新品种的高产农业技术，组织初级种子生产及繁殖；在农业实践中推广和实施动物技术和农业科学成果、组织咨询服务、发表科学论文和专题建议；与国外研究中心合作，制订和实施饲料生产的联合投资计划和项目。

（5）吉尔吉斯斯坦农业研究所。在畜牧业、农业、食品和饮料生产加工（服务）提供项目开发和咨询服务、开展基础科学和应用研究，建设基础研究和应用研究的科学公园和研究中心；开展农业化学品基础科学研究和应用研究、建设研究中心和实验室、开展基础科学研究和应用研究（可持续的）；开展饲料领域基础科学研究和应用研究；开展生物技术领域基础科学研究和应用研究；开展农业和土壤领域基础科学研究和应用研究、开展食品产品（服务）的分析和测试。

9.3.2 各机构发挥的作用

(1) 吉尔吉斯斯坦国家科学院生物研究所。

在植物品种方面,该机构系统描述了维管植物的 15 个新品种和 6 个杂交品种,以及 1 个吉尔吉斯斯坦本土新植物种,共计发现维管植物 4 属 20 种、真菌 50 种,并对维管植物区系进行了研究,目前已有 700 余种。

在动物品种方面,在吉尔吉斯斯坦境内首次发现昆虫 2 种、寄生线虫 1 属 19 种、水蚤 2 种、幼虫 1 种、蚊幼虫 6 种。该机构还发现了吉尔吉斯斯坦一种新型疾病:低洼云杉—云杉科——一种罕见的真菌,该真菌导致柳树干燥,大蒜锈病。其主要对伊塞克—库尔国家自然保护区的真菌种类进行了研究,共记录了 104 种。该保护区首次发现了 24 个物种。

(2) 吉尔吉斯斯坦国家科学院植物园研究所。

在植物品种培育方面,该机构的主要成果包括:①选育 50 多种有前途、高产的新型坚果作物(核桃和开心果);②在吉尔吉斯斯坦南部山区开发出以封闭根系种植材料的新方法和提高坚果类植物生产力的方法,并引进生产技术;③制订超过 15 条关于种植品种幼苗的建议,用于生产力改善和提高,以及土地覆盖、坚果作物和森林生态系统的转变;④确定草甸带的定量指标和物种组成,提出合理利用草甸带的途径;⑤为森林保护措施进行决策和选择,建立区域病虫害监测和预测系统;⑥研究科卡特河谷主要植物群落的优势种和次要种的生长发育动态。

在其他方面,该机构的主要成果包括:①在吉尔吉斯共和国国家科学院院士的领导下,制造电动疫苗接种机的工作版本;②计算太阳能电池粒子和太阳能电池的弛豫时间,研究基本半导体材料太阳能电池的类型,以及对贾拉拉巴德地区利用太阳能的各种方法;③开展工程地球动力学的研究及其对整体可持续性的影响，研究侵蚀过程、防止侵蚀的方法，以及在奥罗可—科罗塔（Oloke–Kolot）科学试验场进行地球物理监测；④测定"扎格兹—张克1号"和"扎格兹—张克2号"水源饮用水的理化性质。研究发现，该水质符合既定的监管要求，可用于人类饮用和家庭需求，且水中含有生物必需的宏观元素和微量元素。

（3）吉尔吉斯斯坦牲畜和牧场研究所。

该机构的主要成果集中在育种领域。所有的育种品种、品种群和品系都具有高产和适应当地环境条件的特点，为家畜育种提供了理论和实践依据，为家畜的改良、杂交和杂种优势的提高、动物繁殖和人工授精提供了理论和实践依据。此外，该研究所科学家培育和划分了24个多年生豆科、禾本科和豆科的高产品种。25年来，获得版权证书和专利73项。具体成果包括：培育吉尔吉斯细毛、天山半细毛、阿莱半粗毛、吉尔吉斯山美利奴、艾科尔肉羊和牛脂羊品种；培育Alatau和Aulieatinsky品种牛；培育Novokyrgyz品种马；培育吉尔吉斯山羊的羽绒、羊毛和奶山羊品种；培育吉尔吉斯斯坦鸡品种群；培育羊品系27条、工厂品系8条、牛品系21户。

吉尔吉斯斯坦农业
（1991—2021）
Chapter 10

第10章　吉尔吉斯斯坦农业国际合作

10.1　农业国际合作现状概述

吉尔吉斯斯坦在农业资源方面富足，农业产业就业人口众多。但是在农业生产、农业技术和农产品贸易等领域资金投入不足、生产技术落后等制约因素，阻碍了其农业的快速发展。因此，通过农业国际合作解决本国农业技术落后、引入农业生产资金是吉尔吉斯斯坦政府倡导的推动农业产业发展的渠道（Mambetova，2020；查库特等，2020；Aizhan，2019）。目前，吉尔吉斯斯坦农业国际合作的主要内容和形式主要包括农业及相关领域援助、能力建设、农业直接投资、农产品贸易合作以及农业科技合作等多个领域（张宁，2019；赵敏娟，2018）。

第一，农业援助。欧盟、美国对吉尔吉斯斯坦的援助领域主要集中在交通、能源、环境、教育、边境、政策等方面，对农业援助的项目相对较少。我国对吉尔吉斯斯坦的农业援助主要集中在农业培训领域，农业资源开发方面主要采取合作方式。

第二，能力建设。能力建设涵盖经济社会发展各个方面，如农业技术研发和推广、农业生产人力资源培训、风险应对与管理、乡村建设与治理、基础设施建设、金融信贷支持、市场和信息预警机制、改善农产品仓储、发挥小农户家庭和妇女的作用等。主要是针对吉尔吉斯斯坦社会发展和提高农业生产能力，实现生产和生活发展。

第三，农业直接投资。主要是吸引国外企业投资，具体形式包括以下几种：建立稳定的农产品生产基地，如鼓励外商投资企业通过租赁或购买吉尔吉斯斯坦的农业耕地，在当地从事农业生产并将产品返销国内；或者采用"订单农业"方式，鼓励外商投资企业与本国农户签订长期供应合同等方式等。

第四，农产品贸易合作。吉尔吉斯斯坦是中亚地区唯一获得欧盟最惠国待遇的国家,在吉尔吉斯斯坦生产的6000余种商品可免税进入欧盟国家,这对没有获得此待遇国家的投资者来说是一个非常大的优势,在吉尔吉斯斯坦生产的商品将在欧盟市场具有很强的竞争力。

第五,农业科技合作。农业技术合作的领域和方式不断得到拓展和加深。目前吉尔吉斯斯坦的对外农业科技合作主要方式包括科技平台建设、高校科研合作、农业技术培训、劳务输出、人员培训和产业园区建设等;主要合作领域集中在农业育种推广、旱区农业以及设施农业技术和培训等方面。

10.2 与国际组织及主要国家农业国际合作基本概况

10.2.1 与国际组织的合作概况

联合国粮农组织(FAO)、世界粮食计划署(WFP)、联合国开发计划署(UNDP)、国际农业发展基金(IFAD)、世界银行以及亚洲开发银行(ADB)等多个组织,在吉尔吉斯斯坦构成一个综合性的农业合作体系,各项目相互结合,各有侧重,推动吉尔吉斯斯坦农业可持续发展(杨张锋,2020;张宁,2019;聂凤英、张莉,2018;张宁等,2015)。

(1)联合国粮农组织。

联合国粮农组织在吉尔吉斯斯坦农业合作大多以技术合作为主要形式,采用联合国粮农组织提供支持资金的模式开展,旨在提高吉尔吉斯斯坦的农业综合生产能力。具体合作主要包括:①加强和改善对农业、林业和渔业的生产投入;②农村扶贫;③建设更具包容性和更有效率的地区和国家层面的农业和粮食系统;④增强应对危机和威胁的能力,发展集约化和可持续的种植业和畜牧业;⑤渔业和水产资源、林业资源的可持续管理；⑥土壤、水、遗传资源的可持续管理；⑦应对全球化；⑧促进公私层面对农村和农业的投入等。

（2）世界粮食计划署。

世界粮食计划署在吉尔吉斯斯坦的工作重点集中在三大领域，即防止粮食严重短缺社会的饥饿问题、提高社区粮食安全、支持政府更加有效地监测和解决粮食不安全问题。具体的项目"持久的救灾行动计划"（PRRO），其内容主要包括：①季节性粮食帮助和弱势群体粮食帮助计划，即在冬季和粮食歉收年份的春季向农村缺粮家庭和弱势家庭提供口粮；②食物换资产计划（FFA）和食物换培训计划（FFT），即向弱势家庭提供临时就业机会，并以粮食作为报酬；③改善粮食安全检测系统，提高政府应对粮食安全危机的能力。

（3）国际农业发展基金会。

国际农业发展基金会同吉尔吉斯斯坦的农业合作主要涉及改善自然资源管理、推进牧民对自然资源的参与式管理、发展农村小额信贷、支持土地私有化改革，确保土地所有权、加强农民对基层社区的参与式管理等。具体项目包括：①畜牧业和牧场发展计划；②农业投资和服务计划，用于农村基础设施、农业服务系统和兽医服务系统建设等。

（4）亚洲开发银行。

亚洲开发银行在吉尔吉斯斯坦的农业项目主要涉及男女性别平等、能力建设、农业生产基础设施、土地等农村基本制度、环境、乡村建设、鼓励私人部门发展等问题，旨在恢复农业生产力，加强包容性增长，让所有社会成员都能够享有获取社会发展成果的机会，促进社会成员参与式发展（见表10-1）。

表10-1　吉尔吉斯斯坦与亚洲开发银行的农业国际合作项目

项目名称	项目形式	项目主题
南部农业地区发展计划	贷款	经济增长/环境
南部农业地区发展计划	贷款	经济增长/环境/性别平等
土地改良准备计划	技术援助	经济增长/环境

续表

项目名称	项目形式	项目主题
土地改革对农业、扶贫和环境的影响研究	技术援助	经济增长
农村生活水平提高计划	技术援助	经济增长/环境
农业地区发展计划	技术援助	经济增长
农业发展策略制定	技术援助	经济增长
灌溉价格系统和成本回收机制研究	技术援助	经济增长
环境检测和管理能力建设	技术援助	性别平等
农业水利部能力建设	技术援助	性别平等
农业地区发展	技术援助	经济增长/性别平等
农业水利部能力建设	技术援助	性别平等
农业地区发展	技术援助	性别平等

资料来源：亚洲开发银行。

10.2.2 与美国的合作概况

美国与吉尔吉斯斯坦的合作主要通过提供技术援助和项目援助、信贷支持等方式，并且借助制度建设（完善立法和标准、制定规划）等形式，美国将其理念、制度、标准等推广至吉尔吉斯斯坦，其结果是形成合作壁垒，客观上阻碍了其他国家与吉尔吉斯斯坦的合作广度和深度。此外，美国与吉尔吉斯斯坦的农业合作注重引入国际组织的力量共同实现合作项目的落地。

具体的农业合作项目包括：（1）设立"经济发展基金"。美国国际开发署同吉尔吉斯斯坦政府联合组建农业发展扶持基金。该基金的主要运作领域是支持农户发展农业，如采购本地种子分配给农户，向采用特定种子的农户提供相关农业机械，收购养殖户的活禽、活畜等农产品，向养殖户提供专项技术援助等。（2）设立农业技术推广项目，如帮助农民使用改良升级后的新型种子、帮助农民学习掌握科学畜牧养殖技术等。（3）"为了和平的粮食援助"计划。美国通过该计划向吉尔吉斯斯坦的比什凯克、纳伦州、伊塞克湖州、楚河州、贾拉拉巴德州、奥什州和巴特肯州的中小农企业和农户提供种子、农业机械、畜牧良种和养殖技术等。

10.2.3 与欧盟的合作概况

欧盟与吉尔吉斯斯坦的农业合作主要涉及农业政策和农业体制改革、农业科技、全球气候变化、农村基础设施建设和粮食安全五大领域。具体项目包括：（1）乡村发展计划。该计划的工作重点包括帮助弱势人口获取经济机会；改善农村基础设施；向极端贫困家庭提供种苗。（2）社会建设。（3）粮食安全。免费发放蔬菜种子，改善食品安全。（4）就业帮助。通过发展农业机械化技术和操作规范培训，帮助吉尔吉斯斯坦发展职业教育。（5）风险管理和救灾计划。紧急医疗物资和粮食援助项目。

10.2.4 主要经济协议框架内的合作概况

（1）欧亚经济联盟。

吉尔吉斯斯坦在欧亚经济联盟框架内的合作主要涉及统一农业市场、统一农业补贴规则、农工综合体发展等重大领域，如表 10-2 所示。

表 10-2　欧亚经济联盟框架下的主要农业合作协议

协议	目标
《成员国农工政策构想》	维护和促进成员国农工企业稳定发展，协调陈光国农业管理和发展政策
《农产品、原料和粮食的"欧亚商业流通体系"构想》	建立"欧亚商业流通体系"，利用成员国现有基础设施和生产条件，建立区域协调统一的农产品流通大市场，减少中间环节，降低生产和流通成本，确保农产品供应

续表

协议	目标
《欧亚经济共同体粮食安全构想》	确定衡量一国粮食安全程度的指标体系
《关税联盟和统一经济空间成员协调统一农业政策构想》	加强农业政策领域合作，维护区域农业平衡稳定发展、保护公平公正的竞争环境、协调市场准入条件、统一农产品和食品安全卫生标准、制定农产品流通规则、维护生产者和消费者权益等

资料来源：张宁，杨正周，阳军. 上海合作组织农业合作与中国粮食安全 [M]. 北京：社会科学文献出版社，2015：407-410.

(2) 上海合作组织。

吉尔吉斯斯坦在上海合作组织框架内的农业国际合作涉及领域广泛、合作形式多样。根据上海合作组织合作深化的发展历程和合作纲要，主要分成以下三个阶段。

①第一个阶段（2001~2005年）。此阶段的重要合作纲要包括《关于开展多边经济合作的基本目标和方向及贸易投资便利化进程的备忘录》《上海合作组织多边经贸合作纲要》以及《〈多边经贸合作纲要〉落实措施计划》和《〈多边经贸合作纲要落实措施计划〉实施机制》。

《措施计划》和《实施机制》两个文件对农业发展合作的具体项目、课题和合作方向，甚至合作项目的执行时间和执行单位等落实机制进行了明确规定，因此，相对以前文件，关于农业合作发展的规定更加明确，且更具操作性。在《〈多边经贸合作纲要〉落实措施计划》的第七部分"农业领域合作"中，共确定了六个农业合作项目。在《〈多边经贸合作纲要落实措施计划〉实施机制》中，确立了开展经济合作项目的"自愿"原则，落实项目的工作机构是经贸部长会议下设的高官会和专家工作组，秘书处履行监督和协调职能。项目的主要融资渠道包括上海合作组织成员国的预算资金、预算外资金、发展基金、国际组织和实业机构的赞助资金以及银联体等。

表 10-3　上海合作组织成员国农业合作相关协议 (2001~2005 年)

签署年份	会议名称	会议成果
2001 年 9 月	阿拉木图总理会晤	《关于开展多边经济合作的基本目标和方向及贸易投资便利化进程的备忘录》
2003 年 9 月	北京总理会晤	《上海合作组织多边经贸合作纲要》
2004 年 9 月	比什凯克总理会晤	《〈多边经贸合作纲要〉落实措施计划》
2005 年 10 月	莫斯科总理会晤	《〈多边经贸合作纲要落实措施计划〉实施机制》

资料来源：张宁，杨正周，阳军. 上海合作组织农业合作与中国粮食安全 [M]. 北京：社会科学文献出版社，2015：407-410。

②第二个阶段（2006~2013 年）。2005~2008 年全球食品价格出现短期内暴涨，再加上全球粮食库存储备不足导致全球粮食危机严重暴发（彭珂珊，2018），上合组织成员国经济和社会也受到一定程度的冲击。因而，确保地区粮食安全、深化农业产业链合作成为这一时期的普遍诉求，吉尔吉斯斯坦与上合组织成员国间粮食安全合作成为合作的重点领域。

吉尔吉斯斯坦与上合组织成员国的合作机制更加细化和务实，强调的合作领域集中于粮食安全、种业合作、农业信息共享、农业科技交流和培训、农产品加工合作五大领域。此外，推广农业技术示范园区、发展农业技术交流和培训合作以及积极推动企业、民间组织和国际机构等多元主体参与成为这一时期农业发展合作的主要实现路径。

此阶段的主要文件包括《成员国政府间农业合作协定》，这是关于上合组织成员国农业发展合作的专向性纲领和顶层设计，是日后上海合作组织成员国农业发展合作的指导性文件。

根据元首理事会提出的农业发展合作领域的顶层设计文件，首脑（总理）对话机制对该文件强调的农业发展合作领域、合作模式进行了进一步的协商，将构建粮食安全合作机制、动植物疫病防控、建立"种子库"设定为优先发展合作领域，并突出农业技术示范园区和农业技术培训等技术交流合作模式（见表 10-4）。

表 10-4　上海合作组织成员国 2010~2013 年总理
会晤机制下的农业国际合作内容

年份	会议地点	涉农合作内容
2010	杜尚别	加强农业合作，研究建立上海合作组织粮食安全合作机制；中国愿意在成员国建立农业技术示范园区
2011	圣彼得堡	设立上合组织"种子库"，推广优良品种；加强农业技术培训、动植物疫病防控等措施；健全粮食安全合作机制
2012	比什凯克	—
2013	塔什干	加强农业领域相互协作；责成农业部长切实落实已有共识和商定项目

资料来源：根据中国政府网公布的历届《上海合作组织成员国首脑（总理）理事会联合公报》（2010~2013 年）整理得出。

10.3　中吉两国农业合作情况

10.3.1　中吉两国农业投资合作情况

（1）吉尔吉斯斯坦农业 FDI 概况。

吉尔吉斯斯坦国家统计委员会公开数据显示，1998~2019 年吉尔吉斯斯坦农业、捕猎业以及林业的外资直接投资规模波动幅度较大，2004 年吉尔吉斯斯坦的净流入外资规模达到 975.2 万美元，出现历史峰值。其后，外商直接投资规模逐渐收缩，2011 年出现历史低点，全年农业吸引外资规模仅有 0.27 万美元。

2017~2019 年，农业吸收外商直接投资的波动依然较为剧烈，且受到吉尔吉斯斯坦内部政局动荡，以及全球蔓延的新冠肺炎疫情持续影响，吸收规模有可能出现进一步缩减（见表 10-5）。

吉尔吉斯斯坦的投资条件较为便利，具备较为完善的法律条件，其中《吉尔吉斯斯坦投资法》对外国投资的领域等。

表 10-5　吉尔吉斯斯坦农业、捕猎业以及林业 FDI 规模　　单位：千美元

年份	1998	1999	2000	2001	2002	2003	2004	2005	2006	2007	2008
规模	299.9	620.3	40.8	130.1	805.3	2009.9	9752.7	763.4	3561.0	4268.1	583.6
年份	2009	2010	2011	2012	2013	2014	2015	2016	2017	2018	2019
规模	17.6	2.7	3.5	2045.7	345.0	—	—	—	21.8	2327.6	149.1

资料来源：由课题组调研整理得出。

（2）中吉双边农业投资合作情况。

中吉两国的农业投资合作始于 20 世纪 90 年代初期，中吉两国的农业投资合作范围涉及农业生产、农产品及食品加工等领域，并且根据吉尔吉斯斯坦农业自然禀赋和市场需求，投资当地种植业、畜牧业和食品加工业。重点合作领域是贸易合作、投资合作和技术合作三大领域，重点项目主要包括科技示范农业园、农业基础设施建设、农产品加工体系建设和农业科教培训项目。

中国在吉尔吉斯斯坦的农业投资仍然处于起步阶段，总体规模较小。但随着"一带一路"倡议的深化，中国在吉尔吉斯斯坦的农业投资从种植业拓展至农产品生产加工和农机制造等领域，推进吉尔吉斯斯坦农业发展向技术密集型和资本密集型转变，通过建设农业产业合作园区，充分发挥中国农业的技术、资本优势。

此外，两国的农业合作在上海合作组织框架下和 WTO 平台中进一步加强交流，不断调整和优化参与双边农产品商品结构与农产品生产结构。与此同时，进一步深入开展农业生产、农产品加工、农机制造、农业科技等领域的合作，支持企业向农业深加工方向转变，推进资源密集型和劳动密集型企业向资本密集型和技术密集型行业发展。吉尔吉斯斯坦在土地密集型农产品和活动物产品上具有比较优势，两国间具有较强的资源，且吉尔吉斯斯坦与中国接壤，可降低运输成本，有利于投资的便利。

截至 2017 年底，中国对吉累计直接投资 23.17 亿美元，占同期吉吸引外商直接投资总额的 22%。中国是吉尔吉斯斯坦最大的直接投资来源地。特别是"一带一路"倡议提出后中国对吉尔吉斯斯坦

对外直接投资的规模快速扩张,2013~2017年共投资17.68亿美元。吉境内共有3107家外企(其中合资1328家,独资1779家),从业人口6.25万,占吉实体经济总就业人口的31.3%。其中在吉尔吉斯斯坦运营的中资企业共574家(合资177家,独资397家),数量仅次于俄罗斯的688家,居第二位。2018年,中资企业(含合资)共上缴利税38亿索姆(约合5500万美元),较2017年增长20%(李金叶,2020;孙力,2020;马磊;2019;李越,2019;郝洁,2019)。

2018年上合组织成员国在"青岛峰会"上共同签署《上合组织成员国农业安全合作纲要》,提出要扩大上合成员国的农业相互投资,具体措施包括:积极扶持国内的农业龙头企业,不断扩大农业领域相互投资的规模;鼓励各自的农业龙头企业与农业科研机构开展合作、组建新型投资实体、提升农业相互投资的深度;基于两国农业的比较优势,中国企业应扩大对吉尔吉斯斯坦农业加工、流通领域的投资力度,吉尔吉斯斯坦农业企业应该扩大对中国农业技术、农产品贸易领域的投资力度;充分发挥中国农业援助体系对农业投资的带动作用,吸引更多的印度农业企业来华投资,扩大中国农业利用外资的市场范围(杜奇睿,2020;穆晓路等,2018)。

农业投资典型项目:(1)河北百斗嘉肥料公司2018年9月与吉方签署吉尔吉斯斯坦国家化肥厂合作协议,计划投资2亿美元,采用"建设—经营—转让"(BOT)模式,运营30年后无偿移交吉政府。(2)山东大成集团2002年兼并吉尔吉斯斯坦托克马克市一个大型禽业养殖场,投资成立楚河禽业有限公司,发展成禽类养殖基地和鸡肉供应商。(3)河南贵友实业集团投资1.2亿美元在楚河州伊斯克拉镇建设"亚洲之星"农业产业合作区,涵盖农业种植、畜禽养殖、饲料加工、屠宰加工、速冻食品、物流仓储、农机配件等。2011年开始建设,2016年被商务部列入国家级"经济贸易合作园区"。(4)2014年,中国杨凌国家农业高新技术产业示范区乐达生物科技公司在吉尔吉斯斯坦楚河州启动中吉农业科技示范园建设项目。目前该公司已经在楚河州租赁土地482.3公顷，种植苜蓿187公顷，建设标准化果园100公顷，修建田园道路、灌溉渠等基础设施，累计投资943.7万元人民币。

中国企业通过租赁土地或企业，与中亚国家一起从事农业种植、养殖和农产品加工合作，既为中亚国家带去先进技术和设备，又丰富其市场供应。

10.3.2 中吉两国农业技术合作情况

在农业科技合作方面，涵盖种植、养殖、农资、农产品加工业、农业技术等诸多领域，如种子交流、高产栽培技术、食用菌高产栽培技术、节水灌溉、土壤改良、农业机械应用与推广、资源管理与规划等。中国和吉尔吉斯斯坦在农业技术方面存在较强的互补性，主要合作领域包括良种繁育、土壤改良、病虫害防治、设施农业等生产技术，抗旱新品种、旱作农业技术、农业节水灌溉技术等资源利用技术，以平地、推土、开沟及挖掘为主的平整机械和以中耕、追肥、纸包及打顶为主的管理机械等，因而未来中吉两国可进一步强化技术贸易合作（赵敏娟，2018）。

2016年3~4月，中国杨凌国家农业高新技术产业示范区在陕西杨陵国际交流中心举办了为期21天的"2016年发展中国家干旱半干旱地区节水灌溉研究班"。

2015年10月，西北农林科技大学代表团访问了吉尔吉斯斯坦国立农业大学和田园木叶集团公司，与田园牧业公司达成合作建立西北农林科技大学吉尔吉斯斯坦农业示范园区的协议，推广小麦、玉米、苹果、樱桃、葡萄等新品种。

2016年9月，中国新疆农垦科学院与吉尔吉斯斯坦植物品种遗传资源测试中心签约共建中吉实验室协议书，并在吉尔吉斯斯坦举行了中国现代农业技术培训班。

10.3.3 中吉两国农业其他合作

在政策合作方面,与多国签署了双/多边农产品合作谅解备忘录(协议),内容涉及农业科技、动植物检疫、病虫害防治、农业生产与贸易多个领域(见表10-6)。

表10-6　吉尔吉斯斯坦与中国签署的农业合作协议

合作机制名称	签署时间
中吉农业合作谅解备忘录	2006年6月
中华人民共和国政府和吉尔吉斯共和国政府关于动物检疫及动物卫生的合作协定	2007年8月
中华人民共和国农业部与吉尔吉斯共和国农业与土壤改良部2013~2014年农业合作交流计划	2012年9月

资料来源:课题组调研整理得出。

10.4　加强中吉两国农业合作的建议

10.4.1　加强农业政策沟通

第一,完善农业合作的金融支持体系。两国政府要鼓励各自的金融机构为双边农业贸易和投资提供支持,不断创新金融支持产品,完善金融支持方式;积极探索亚洲基础设施投资银行、金砖新开发银行、上合组织开发银行等对双边农业合作的投融资模式,提升金融支持的效能;注重农业保险机构对农业合作风险的调控作用,为农业生产、贸易、投资和科技合作提供保障,提升两国农业企业相互投资的积极性。

第二,完善各自的农业关税及补贴政策。双方应该在世贸组织

(WTO)框架下，进一步降低双边农产品贸易的关税税率，降低市场准入门槛；基于《农业协定》的要求，双方应进一步完善各自的良种补贴、价格支持、粮食直补、农资补贴等补贴体系，减少农业补贴对双边贸易的扭曲；进一步完善双边农业生产资料、农业机械进出口的退税政策。

第三，完善双边农业合作的全局性和整体性机制。中吉双边现有的农业合作机制多是局部性、单一性的，双边农业政策的衔接性层次不高，制度安排协调性不足，因此必须建立稳定的、长期的农业合作机制。一方面，扩大农业合作机制的覆盖范围，除了继续提升双边农业贸易投资的便利化程度之外，还应该探索双边农业市场准入、关税减让等实质性内容，双方政府要在对话合作的基础上，不断提升农业企业、行业组织以及其他投资实体在农业合作中的参与度，落实合作项目的资金保障，维持稳定的农业合作关系。另一方面，中方要进一步完善农业"一带一路"合作机制，通过与吉尔吉斯斯坦政府的沟通，将中国与吉尔吉斯斯坦的农业合作纳入中国"一带一路"农业国际合作的体系之中，落实具体的合作范围，确保合作项目能够落实到位，并且完善相关的服务机制。

10.4.2 推动农业科技合作

科技创新是推动农业经济发展、提升农业国际合作层次的基本保障。中国与吉尔吉斯斯坦农业科技各有优势，两国也有着各自的农业科技发展战略，两国农业科技合作前景较为广阔，具体措施包括：

第一，建立中国与吉尔吉斯斯坦农业科技合作及人才培训体系。提升科技人才、管理人才和咨询人才，针对不同的人才特点及需求，针对农业技术、政策法规、贸易投资、风险控制等方面的培训，为中国和吉尔吉斯斯坦农业合作提供智力支持。

第二，建立中国和吉尔吉斯斯坦农业科技创新联盟体系。以中国和吉尔吉斯斯坦农业科研院校、院所为核心,将中国和吉尔吉斯斯坦两国的农业企业纳入其中,明确中国和吉尔吉斯斯坦农业合作所需的技术来提升双方科研联合的动力,巩固现有的联合实验室,新建一大批农业科技示范基地,推进两国农业院校、科研院所的人员交流。

第三,完善双方农业合作项目的监测评价体系。在中国和吉尔吉斯斯坦的双方农业合作进程中,以项目为依托、以科技合作和创新为支撑点,对合作项目进行定期监测和评估,总结项目合作经验及成效。

第四,提高农业技术标准合作的战略地位,充分利用现有合作机制,在"一带一路"合作文件、WTO框架协议、自由贸易协定(FTP)中,加入农业技术标准合作的条款、义务和承诺,形成升级版或创新双多边协议。中国与吉尔吉斯斯坦农业技术标准的多样性和复杂性,可根据实际需要从标准输出、标准互认、标准共建三种模式中选取适宜的合作方式,逐步实现技术标准的对接和标准体系的兼容。

10.4.3 农业投资合作

农业投资是推进中吉双边农业国际合作的重要组成部分,是利用"两种资源、两类市场"的方式。中国与吉尔吉斯斯坦的农业投资合作尚处于初步阶段,中国农业投资企业更倾向于开发吉尔吉斯斯坦国内丰富、优质的农业资源,主要模式采用投资建厂、订单农业等模式,成套项目、人力资源开发等高水平农业投资合作形式较为欠缺。

第一,鼓励农业投资企业创新投资合作模式。支持有实力的企业牵头建设农业产业园区,在境外搭建基础设施完善、产业链完整,主导产业规模化、集约化运作等特点的园区服务平台。同时,引导中小企业积极参与境外园区建设,共享园区基础设施,降低农业投资成本,入区企业之间加强业务横向联合或纵向链接,共同争取东道国更多的政策支持,发挥集聚效益、增强风险防范能力。

第二，加强旱地作物、畜牧业等优势农产品全产业链合作。利用中国在旱地作物领域的品种优势、技术、农资、农机装备等优势，帮助吉尔吉斯斯坦提升农业综合生产能力，提升吉尔吉斯斯坦农业品的供给能力。同时，加强两国在育种、加工、仓储、物流等价值链高端环节的投资合作，提高农作物和畜牧产品的附加值，提升吉尔吉斯斯坦农业产业效益。

第三，强化内外投资政策对接联动，提供风险评估、风险预警和风险保障体系。近年来吉尔吉斯斯坦政局不稳定，处于政治转型期，政坛错综复杂。2020年新冠肺炎疫情暴发，边境关闭进一步削弱了吉尔吉斯斯坦的营商环境，导致吉尔吉斯斯坦的资本出逃问题较为严重。中国应从国家层面完善对外投资的风险评估体系和风险保障制度，积极寻求与吉尔吉斯斯坦签订双边投资协定，避免双重征税。同时，利用外交手段与具有投资潜力的国家或地区建立战略合作，使企业获得东道国政策支持，降低政治经济风险，提高投资便利化水平。

10.4.4 农产品贸易合作

中吉农产品具有很强的互补性。近年来，中国国内对农产品需求的不断扩张、与此同时，国内资源环境、要素价格等客观制约造成的国内农产品供给不足，利用全球农产品国际市场已成为解决国内供需失衡的重要途径。吉尔吉斯斯坦农业占比较重，迫切需要把富余农产品推销到国际市场，加强中吉两国农产品贸易合作符合两国的根本利益、可以实现互利共赢。

第一，利用政府间合作机制，提高双边农产品贸易便利化程度。推动双边贸易部门、司法部门、农业部门、海关部门间的持续沟通，完善双边农产品贸易争端解决体制。在协商通关流程、检验检疫标准等多方面加强高层协商，具体包括实现中吉农产品海关检疫结果互认化、贸易手续审批简洁化、进出境程序手续便利化、适度"白名单"

企业以及重点农产品的通关"绿色通道"。

第二,加快重点贸易产品的筛选和推广。中国企业应以果蔬类产品和农资机械为重点,大力发展对吉尔吉斯斯坦的促贸投资和促贸援助,推动对吉尔吉斯斯坦的农产品出口。与此同时,以牛皮、蜂蜜、奶制品等畜产品,以樱桃、核桃等林国产品为重点,积极扩大对吉尔吉斯斯坦绿色、有机农产品的进口。

第三,建设为双边贸易企业服务的农产品市场信息平台。运用互联网、云计算、分布式存储等现代科技手段,按照生产质量标准与卫生标准、农产品买卖价格、农贸企业资质等多个板块加以公布,实现双边农产品交易信息共享开放。搭建双边成熟跨境电商平台的合作渠道,利用现有成熟平台的访问流量推广农产品及外延产品的线上零售渠道。

参 考 文 献

[1] Curtis, Glenn E. Kazakstan, Kyrgyzstan, Tajikistan, Turkmenistan, and Uzbekistan: Country Studies [M]. Washington D. C, USA: Federal Research Division, Library of Congress, 1996.

[2] Delehanty, James, and Rasmussen, Kathryn. Land reform and farm restructuring in the Kyrgyz Republic [J]. Post – Soviet Geography, 1995, 36 (9): 565 – 586.

[3] Lee, Euna and Mah, Jai S. Industrial policy, industrialization and economic development of Kyrgyzstan [J]. Asian Social Science, 2020, 16 (9): 41 – 55.

[4] Zhunusova, Eliza. Agricultural development in the Kyrgyz Republic: the impact of domestic policies, changing macroeconomic conditions, and international migration [D]. Agricultural Sciences, Nutritional Sciences and Environmental Management, JLU Giessen, 2017.

[5] Anderson, Kathryn, and Pomfret, Richard. Living standards during transition to a market economy: The Kyrgyz Republic in 1993 and 1996 [J]. Journal of Comparative Economics, 2000, 28 (3): 502 – 523.

[6] Oroshbekovna, Osmonkulova Guldana. Agriculture in the Kyrgyz Republic: Problems and development [J]. Journal of Agricultural & Food Information, 2006, 7 (4): 63 – 70.

[7] Mogilevskii, Roman, Abdrazakova, Nazgul, Bolotbekova,

Aida, Chalbasova, Saule, Dzhumaeva, Shoola, and Tilekeyev, Kanat. The outcomes of 25 years of agricultural reforms in Kyrgyzstan [R]. Halle, Saale: IAMO Discussion Papers 162, Leibniz Institute of Agricultural Development in Transition Economies, 2017.

[8] Маматканов, Д М, Бажанова Л В, Романовский В В. Водные Ресурсы Кыргызстана на Современном Этапе [M]. Бишкек: Илим, 2006.

[9] Babu, Suresh, and Reidhead, William. Poverty, food security, and nutrition in Central Asia: a case study of the Kyrgyz Republic [J]. Food policy, 2000, 25 (6): 647 – 660.

[10] Ebrill, Liam, and Havrylyshyn, Oleh. Tax reform in the Baltics, Russia, and other countries of the former Soviet Union [M]. Washingtong DC: International Monetary Fund, 1999.

[11] Uschan, Michael V. The Central Asian States: Then and Now [M]. San Diego, CA, U. S.: Reference Point Press, Inc., 2015.

[12] WTO. Uruguay round agreement on agriculture [Z]. WTO, 1996.

[13] Lerman, Zvi, and Sedik, David. Agrarian reform in Kyrgyzstan: Achievements and the unfinished agenda [R]. FAO Regional Office for Europe and Central Asia: Policy Studies on Rural Transition No. 2009 – 1, September 2009.

[14] 阿斯卡尔·居努斯. 独立以来吉尔吉斯人的文化变迁和族际关系 [J]. 新疆社科论坛, 2004 (4): 73 – 76.

[15] 布娲鹣·阿布拉, 张凯, 陈俭, 方媛, 肖霞. 中国与吉尔吉斯斯坦的农产品贸易互补性分析 [J]. 新疆农业科学, 2011 (6): 1130 – 1136.

[16] 查库特, 余强明, 朱小栋, 张钰. "一带一路" 下中国与吉尔吉斯斯坦国际物流的发展战略研究 [J]. 电子商务, 2020

(10): 5-7.

[17] 陈曦, Salamat Alamanov 吉尔吉斯斯坦自然地理 [M]. 北京: 中国环境出版社, 2016.

[18] 崔剑. 从农业政策看苏联解体苏联剧变的深层次原因研究之二 [J]. 广西社会科学, 2008 (5): 112-116.

[19] 德阿丽娜 (Tynaibekova Alina). 中国与吉尔吉斯斯坦农产品产业内贸易研究 [D]. 沈阳: 沈阳理工大学, 2020.

[20] 杜奇睿. 民营企业"一带一路"实用投资指南 [M]. 北京: 中华工商联合出版社, 2020.

[21] 丁峰, 蒲胜海, 赵勇, 马雪琴, 耿庆龙, 王新勇. 吉尔吉斯斯坦气象干旱时空特征分析 [J]. 西北农业学报, 2014 (3): 93-100.

[22] 邓浩. 苏维埃时期吉尔吉斯斯坦的民族问题研究 [M]. 北京: 中国社会科学出版社, 2011.

[23] Mambetova, Eliza "一带一路"背景下中国与吉尔吉斯斯坦经济互动策略研究 [D]. 北京: 中国政法大学, 2020.

[24] Aizhan, Erkinova "一带一路"背景下的吉尔吉斯斯坦中吉合作报道 [D]. 苏州: 苏州大学, 2019.

[25] 封慧茹, 陈军, 铁易提别克. 吉尔吉斯斯坦农业区域发展差异及协调发展研究 [J]. 农业科学研究, 2017 (4): 48-55.

[26] 方群. 苏联农产品价格政策问题初探 [J]. 世界农业, 1984 (3): 3-5.

[27] 方媛, 布娲鹣·阿布拉. 影响中国与吉尔吉斯斯坦农产品产业内贸易因素分析 [J]. 世界农业, 2012 (5): 50-53.

[28] 郝洁. 中国对吉尔吉斯斯坦直接投资的分析 [J]. 中国商论, 2019 (23): 109-112.

[29] 高贵现, 徐雯. 中国与中东欧中亚国家农产品贸易分析 [J], 农业展望, 2020 (3): 140-146, 152.

[30] 郭玲霞，高贵现，徐雯．中亚五国对中国农产品出口多样性及影响因素研究［J］．新疆农垦经济，2021（6）：52-62．

[31] 姜振军，王彩霞，常玮娜．"一带一路"国别概论——吉尔吉斯斯坦［M］．大连：大连海事大学出版社，2018．

[32] 江秀凯．苏联东欧国家农产品价格政策的比较［J］．人文杂志，1986（3）：55-60．

[33] 纪洪江．苏联的农业生产专业化［J］．外国问题研究，1984（4）：25-29．

[34] 开艺兰，甘学玲，张迪，汪晶晶．中亚国家贸易便利化对中国新疆农产品出口贸易影响研究［J］．对外经贸，2021（4）：16-20．

[35] 卡米拉．吉尔吉斯斯坦在"一带一路"背景下的物流发展研究［D］．北京：对外经济贸易大学，2018．

[36] 刘庚岑，徐小云．列国志：吉尔吉斯斯坦［M］．北京：社会科学文献出版社，2005．

[37] 刘芸芸，刘敏．各国农业金融制度研究［J］．农村金融研究，1988（1）：52-58．

[38] 李琪．"中亚"所指及其历史演变［J］．新疆师范大学学报（哲学社会科学版），2015（3）：62-76．

[39] 李伟．基于改进BEPS模型的中亚生态系统生产力时空变化研究［D］．洛阳：河南理工大学，2019．

[40] 李湘权，邓铭江，龙爱华，章毅，雷雨．吉尔吉斯斯坦水资源及其开发利用［J］．地球科学进展，2010（12）：1367-1735．

[41] 李志芳，田佳妮，徐明，朱荷琴，金轲．吉尔吉斯斯坦农业发展概况［J］．世界农业，2015（4）：124-128．

[42] 李越．巩固中吉传统友谊 不断深化务实合作［N］．国际商报，2019-06-14（006）．

[43] 李金叶．中亚俄罗斯经济发展研究报告［M］，北京：经济

科学出版社，2020．

［44］（苏）卢宁著，韩高译．苏联大百科全书选译——吉尔吉斯苏维埃社会主义共和国［M］．北京：民族出版社，1957．

［45］拉·乌·尤苏波夫．吉尔吉斯斯坦的农业和土地改革［J］．俄罗斯中亚东欧市场，2003（12）：15-18．

［46］陆南泉．俄罗斯农业制度变革史论［J］．中国浦东干部学院学报，2020（5）：123-136．

［47］刘月坤．俄罗斯农业改革［D］．哈尔滨：黑龙江大学，2013．

［48］曲文轶．苏联所有制体制的历史沿革［J］．东欧中亚研究，2000（2）：60-66．

［49］孟高飞．"一带一路"建设背景下中国与中亚五国蔬菜类农产品贸易竞争性与互补性研究［J］．世界农业，2018（3）：106-113．

［50］马磊．吉尔吉斯斯坦营商环境［R］．深圳：深圳大学中国经济特区研究中心，2019：7．

［51］穆晓路，阿尔玛耶夫，张彩虹．中国与吉尔吉斯斯坦设施农业合作前景浅析［J］．新疆农机化，2018（3）：35-37．

［52］买玉华，孙晋斐．吉尔吉斯斯坦［M］．乌鲁木齐：新疆人民出版社，2008．

［53］苗红萍，张利召，田聪华，包艳丽，戴俊生．中国—吉尔吉斯斯坦农产品贸易分析与展望——基于新中国成立70年的历史考察［J］．农业展望，2019（12）：24-31．

［54］聂凤英，张莉．"一带一路"国家农业发展与合作 中亚五国 哈萨克斯坦 乌兹别克斯坦 土库曼斯坦 塔吉克斯坦［M］．北京：中国农业科学技术出版社，2018．

［55］娜娜，Symbat Satyshova，陈军．吉尔吉斯斯坦与中国农产品贸易结构变化及增长成因分析［J］．合肥工业大学学报（社会科学版），2017，31（5）：7-12，130．

［56］商务部．中国农产品进出口月度统计报告［R］．北京：商

务部，2006.

［57］宋海英，孙林. 中泰农产品零关税协议下蔬菜贸易的竞争关系研究［J］. 世界经济研究，2004（3）.

［58］斯维特兰娜·达耶尔. 东干人的历史与现状［J］. 回族研究，1994（3）：65-72.

［59］Aizhamal, Pinnazarova. 中国与吉尔吉斯斯坦农产品贸易研究［D］. 苏州：苏州大学，2020.

［60］宋超. 建国初期中苏农业科学技术合作研究［D］. 南京：南京农业大学，2007.

［61］孙力. 中亚国家发展报告2020［M］. 北京：社会科学文献出版社，2020.

［62］史谢虹. 吉尔吉斯民族传统社会结构探析［D］. 北京：中国社会科学院，2011.

［63］商务部，吉尔吉斯斯坦2017年全年对外贸易简况［EB/OL］. 中华人民共和国驻吉尔吉斯共和国大使馆经济商务处网站，2018年2月26日.

［64］尤素帕夫·拉什德. 吉尔吉斯斯坦的农业改革：过渡时期的困难和前景［J］. 中国人民大学学报，1996（5）：18-22.

［65］阿斯卡尔·居努斯. 独立以来吉尔吉斯人的文化变迁和族际关系［J］. 新疆社科论坛，2004（4）：73-75.

［66］杨张锋. 土耳其对吉尔吉斯斯坦的援助及影响［J］. 外国问题研究，2020（2）：70-77，119.

［67］外交部. 吉尔吉斯斯坦国家概况［EB/OL］. 中华人民共和国外交部网站，2020年5月更新.

［68］王思卓. 20世纪50年代中苏农业合作研究［D］. 哈尔滨：黑龙江省社会科学院，2019.

［69］王恒，王征兵. "一带一路"背景下中国与中亚五国农业合作研究［J］. 中国集体经济，2021（5）：167-168.

[70] 王云风, 孟硕. 基于引力模型对中国开拓中亚农产品市场潜力的分析——以哈萨克斯坦、吉尔吉斯斯坦为例 [J]. 世界农业, 2012 (4): 66-69.

[71] 王国杰. 东干族形成发展史: 中亚陕甘回族移民研究 [M]. 西安: 陕西人民出版社, 1997.

[72] 王劲松, 陈发虎, 张强, 靳立亚, 李静, 金明, 陈建徽. 亚洲中部干旱半干旱区近100年来的气温变化研究 [J]. 高原气象, 2008 (5): 1035-1044.

[73] 王梦霓. "一带一路"背景下费尔干纳盆地问题研究 [D]. 上海: 华东师范大学, 2018.

[74] 王建军. 苏联和东欧国家的农业税制改革 [J]. 中国农村经济, 1986 (5): 62-64.

[75] 魏鹏, 张晓婷, 满路. 中亚东干族聚落空间研究 [J]. 兰州文理学院学报, 2018 (1): 44-49.

[76] 魏巍. 气候变化背景下中亚地区植被与土地退化评价 [D]. 北京: 北京林业大学, 2019.

[77] 魏巍, 于子超. 中国对中亚五国农产品出口波动的影响因素研究——基于CMS模型的实证分析 [J]. 东北亚经济研究, 2021, 5 (3): 96-108.

[78] 吴淼, 张小云, 王丽贤, 陈曦, 张捷斌, 包安明. 吉尔吉斯斯坦水资源及其利用研究 [J]. 干旱区研究, 2011 (3): 455-462.

[79] 谢文庆, 李越. 中亚五国: 哈萨克斯坦、土库曼斯坦、乌兹别克斯坦、吉尔吉斯斯坦、塔吉克斯坦 [M]. 北京: 军事谊文出版社, 1995.

[80] 张凯, 布娲鹣·阿布拉. 中国与吉尔吉斯斯坦农产品贸易互竞性分析 [J]. 经济研究导刊, 2010 (31): 198-199.

[81] 张玉娥, 曹历娟, 魏艳骄. 农产品贸易研究中农产品范围的界定和分类 [J]. 世界农业, 2016 (5): 4-11.

[82] 张娜,吴良全. 费尔干纳盆地的飞地问题——对20世纪20~30年代中亚地区民族——国家划界的反思 [J]. 世界民族, 2013 (1): 29-37.

[83] 张进选,宋俊英. 中苏农业合作（集体）化实践和比较分析 [J]. 经济经纬, 2003 (2): 59-61.

[84] 张宁,李雪,李昕韡. 吉尔吉斯斯坦独立后的政治经济发展 [M]. 上海大学出版社. 2013.

[85] 张宁,杨正周,阳军. 上海合作组织农业合作与中国粮食安全 [M]. 北京：社会科学文献出版社, 2015.

[86] 张宁. 中亚国家粮食生产国别报告 [M]. 北京：中国社会科学出版社, 2019.

[87] 赵青松,中国与吉尔吉斯斯坦经贸关系：历史、现状与前景 [J]. 新疆财经, 2016 (1): 67.

[88] 郑国富. "一带一路"倡议下中国与中亚五国农产品贸易发展的新动态、问题与路径 [J]. 内蒙古财经大学学报, 2021, 19 (1): 102-107.

[89] 郑竟放. 中国与中亚国家农业国际合作问题研究 [J]. 乡村科技, 2018 (19): 29-30, 32.

[90] 朱万里,高贵现. 对外直接投资与农产品贸易——基于中国与亚欧中部国家的空间面板模型的实证研究 [J]. 技术经济与管理研究, 2021 (6): 118-122.

[91] 赵敏娟. 中亚五国农业发展：资源、区划与合作 [M]. 北京：中国农业出版社, 2018.

[92] 周伟洲,丁景泰. 丝绸之路大辞典 [M]. 西安：陕西人民出版社, 2006.

[93] 周振勇,李红波,张杨,闫向民,杜玮,张金山,李娜,袁理星,崔繁荣,叶治兵. 吉尔吉斯斯坦畜牧业规模、结构和特点 [J]. 草食家畜（双月刊）, 2018 (9): 48-59.

附录
Appendix

吉尔吉斯斯坦 FARM. KG 项目：农业经营新探索*

Kyrgyzstan FARM. KG Project: A New Try on Agriculture Business

A1 FARM. KG 项目背景
A1 Background of FARM. KG

吉尔吉斯斯坦农产品在环保与纯天然方面具有独特价值优势。但是，大多数吉尔吉斯斯坦国内企业家缺乏开展出口贸易的经验，微型农业经营企业更是因为没有触及国际市场经验与能力而无法开展商品出口业务。现实中，外国商人在吉尔吉斯斯坦开展原料采购与贸易时，多是以他们自己的品牌包装并销售。为解决这些问题或发展困境，特别是加快推进落后地区农业企业和农场经营业务的发展，吉尔吉斯斯坦需要一个专门的组织向国内农业企业提供平台支持，加速潜在投资人了解各类农业企业的产品，建立国际合作，为最终产品的国内外促销和销售创造先决条件等。

---

* 英文文本及图片供稿：佐菲娅·穆萨洛娃·阿卜杜拉赫马诺夫纳（Zulfia Musarova Abdurakhmanovna），吉尔吉斯斯坦外交部外交学院博士生.
中文编译：苏珊珊、宁泽途、阿米娜·穆萨洛娃·阿卜杜拉赫马诺夫纳（Amina Musarova Abdurakhmanovna）.

附录　吉尔吉斯斯坦FARM.KG项目：农业经营新探索

附图1　吉尔吉斯斯坦的传统农业

Figure 1　Traditional Agriculture of Kyrgyzstan

附图2　吉尔吉斯斯坦的现代农业

Figure 2　Modern Agriculture of Kyrgyzstan

A2　FARM.KG团队及工作目标
A2　FARM.KG Project Group and Its Goals

2021年1月，吉尔吉斯斯坦农业食品产业部开始了FARM.KG项目的试点。该项目将为吉尔吉斯斯坦国内企业提供参观和访问机会，并谨慎筛选参观者开展食品加工流程现场观察的机会与资格；为吉尔吉斯斯坦农业企业家创造开展出口贸易新机会，特别是为小型农业企业开启了面向世界的自我展示窗口。

A2.1　FARM.KG团队简介
A2.1　Introduction on FARM.KG Project Group

作为一家本土的创新创业型项目公司，FARM.KG组织架构及运行方式，采取了适应性强、灵活机动的项目组（Project Group），公司网址是 *www.farm.kg*。本公司目前的岗位设计与人员配备情况依次是：项目主管（Head）佐菲娅·穆萨洛娃（Zulfia Musarova），项目监理（Supervisor）阿丽娜·扎库波娃（Alina Dzhakupova），行政助理（Executive Assistant）梅迪娜·杜伊舍娃（Medina Duisheeva），总干事（Administrative Coordinator）努尔白克·托拉利耶夫（Nurbek Toraliev），经理（Manager）帕克林·迪乌塞诺夫（Pakhridin Diusenov）。

附图3　青年活力的FARM.KG项目团队

Figure 3　The FARM.KG Project Group：Young & Vigorous

附图4　FARM.KG项目团队在走访考察企业

Figure4　Visiting Enterprises of FARM.KG Project Group

A2.2　FARM.KG 项目目标

A2.2　Goals of FARM.KG Project

FARM.KG项目的主要目标有：

（1）确保本项目的科学取向与教育取向。面向吉尔吉斯斯坦学龄儿童和在校学生，提供一个了解食物生产过程的窗口，展示现代生产技术与现代生产全过程；能为当地儿童与青少年提供未来职业生涯设计的帮助。

（2）吸引客户需求与风险投资。面向吉尔吉斯斯坦企业创造参观与游学的机会，通过策划组织展会促销与体验试吃等活动，加速他们产品的宣传与推广。同时，借助现代摄影技术给产品生产制造过程拍照，助推吉尔吉斯斯坦国内外游客了解企业详情，以桥接未来营销活动。特别是，给吉尔吉斯斯坦国内涉农企业提供向潜在风险投资人推荐产品的机会，搭建国际合作平台，提升商品产品的国内销售与国际贸易量。

（3）信息化服务。为吉尔吉斯斯坦国内企业提供一个英文、中文、阿拉伯文等多语种版的信息网络平台是本项目的基础功能。在这个互联网平台上，任何人都可以找到关于吉尔吉斯斯坦企业、农产品加工企业、农场企业的信息，以方便建构各种直接的联系。

A3 FARM. KG 实验性商务探索

A3 Some Business Trials of FARM. KG

FARM. KG 项目启动至今，该项目团队已经联系到了来自中国的主要国际市场买家，组织并开展了有吉尔吉斯斯坦加工企业和中国买家共同参与的线上交易磋商，成功促成了试销订单。2021 年 3 月 7 日，该项目团队在完成清关工作准备之后，已将一批吉尔吉斯斯坦出产的"吉尔吉斯巧克力（Kyrgyz Chocolate；Кыргыз шоколад）"和"努加·巴厘（Nuga Bali；Нуга Бали）"品牌产品运往中国的天牧润业公司（TIANMURUNYE；Тянмурунье）。这次贸易对 FARM. KG 和天牧润业两家企业而言，都是单次价值最高的进出口贸易业务。

2021 年 3 月 16 日，FARM. KG 项目团队成功地将"吉尔吉斯巧克力"、"努加·巴厘"，医用香烟"吉斯特尔·印地（Kyst al Hindi；Кыст аль хинди）"以及"帕斯提拉（Pastila；Пастила）"等品牌产品成功地送往迪拜进行品质检测。

截至2021年10月初，FARM.KG项目团队已与好几个国际买家达成产品贸易意向，并成功地将第二批"自然（Natural；Натурал）"、"阿曼·米德（Aman Med；Аман мед）"和"努加·巴厘"果汁等品牌产品运销阿联酋，其买家为阿联酋海湾食品贸易有限责任公司（Gulf Foodstuff Trading LLC）。

附图5　参与FARM.KG项目的部分农产品品牌
Figure 5　Some Agricultural Product Brand/Logo Joining in FARM.KG

经过实践探索与经验总结，FARM.KG项目团队已初步建构了自己的出口业务流程，即：

首先，FARM.KG建立一个登记国内产品的目录册，并向国际市场买家推送、宣传；

其次，FARM.KG分别签署两份产品购销合同，一份是与国际市场买主之间的合同，另一份是与农产品加工企业之间的合同。

再次，FARM.KG 对每次交易活动做出专项成本核算。

最后，FARM.KG 负责缮制并完成所有产品运销清关业务。

A4　FARM.KG 项目愿景及建设进度
A4　Vision and Proceeding of FARM.KG

FARM.KG 项目团队本着切实推广"吉尔吉斯斯坦制造"（Made in Kyrgyzstan；Сделано в Кыргызстане）品牌的愿景，决意打造一个聚集吉尔吉斯斯坦国内生产加工企业的统一互联网信息平台。

经过团队的不懈努力，截至 2021 年 10 月，该平台已经到了研发的最后冲刺阶段，并探索性地推出了部分业务尝试。当然，该平台成熟运行后，将为吉尔斯斯坦国内中小微型农业企业或农业经营者提直接参与农产品国际贸易的机会与实践场景，加速推进吉尔斯斯坦国际贸易高质量发展。

后　　记

　　吉尔吉斯斯坦是中亚五国之一，是"丝绸之路经济带"沿线重要国家之一，拥有国土面积 19.99 万平方千米，与我国陕西省面积相当，常住人口 650 万，约陕西省西安市常住人口的二分之一。吉尔吉斯斯坦东南和东面与中国接壤，两国拥有长 1100 多千米的共同边境线，是中国西北最重要的中亚邻国之一。深入了解吉尔吉斯斯坦，是深度融入共建"一带一路"大格局的具体举措之一，是切实提升中国与"丝绸之路经济带"沿线国家的政策沟通、设施联通、贸易畅通、资金融通、民心相通的务实举措之一。

　　吉尔吉斯斯坦于 1990 年 12 月宣布脱离苏联，1991 年 8 月宣布独立，政治改革、社会重建、经济发展有序推进，但至今仍是一个工业基础薄弱的典型的内陆型农业国。中国和吉尔吉斯斯坦两国虽然社会体制不一样，国情有较大差异，但两国始终是山水相依的友好邻邦。两国贸易往来频繁，中国是吉尔吉斯斯坦最重要的外贸来源国；吉尔吉斯斯坦积极响应并参与"上合组织"、"一带一路"倡议，在若干重大关键问题上与中国政府保持紧密沟通与合作。

　　吉尔吉斯斯坦虽然是小国，但人均自然资源占有量高，特别是人均农林牧渔业自然资源占有量高，有一定的开发潜力。吉尔吉斯斯坦农业体量虽小，但特色显著，特别在山地农业、畜牧业等方面因地制宜地积累了较具特色的经验，在绿色、生态、有机农业方面有一定比较优势，盛产高山蜂蜜、干果、乳制品等特色农产品，在中国市场较受欢迎，有一定的投资前景。

后　记

　　本书系统梳理1991年至今吉尔吉斯斯坦农业发展、技术推广、政策创新、市场完善、国际贸易等内容，一是了解吉尔吉斯斯坦国家和民众在农业方面的重要探索和实践经验，促进中国—吉尔吉斯斯坦两国农业的合作交流，取长补短，促进共同发展；二是帮助中国民众、企业家、学者、政府决策者相对全面地了解吉尔吉斯斯坦农业的过去、现状及未来发展走势，以更好地优化参观、考察、合作、投资、援助等决策。也正是本着上述目标，西安财经大学丝绸之路经济带（中亚）农业国际合作与发展研究中心，首先选择了吉尔吉斯斯坦农业开展了系列专题，并结集出版此书，希望能使读者对吉尔吉斯斯坦农业有个总括性了解，并从中得到一点有益启发。

　　本书在研究撰写过程中，得到了以下项目的资助：

　　"一带一路"倡议下中国—吉尔吉斯斯坦农业合作问题研究，2019年度中国（西安）丝绸之路研究院科研项目（编号：2019YA09）；

　　"一带一路"倡议下陕西—吉尔吉斯斯坦农业产能合作问题研究，2020年度陕西省社科界重大理论与现实问题研究项目（编号：2020Z143）；

　　"双循环"背景下中国（西安）—吉尔吉斯斯坦农业合作质量提升研究，2021年度西安市社会科学规划基金项目（编号：JX170）；

　　深度融入共建"一带一路"大格局下陕西—中亚跨境农业产业链构建研究，2021年陕西省社会科学基金年度项目（编号：2021D011）；

　　西安—中亚农产品贸易合作效率测度及协同机制建设研究，2020年度西安市社会科学规划基金项目（编号：ZX140）；

　　陕西省农业外贸升级研究：驱动、制约与路径，2021年陕西省社会科学基金年度项目（编号：2021D019）；

　　丝绸之路经济带沿线省份"五大发展理念"贯彻成效评价及优化，2017年度国家统计局全国统计科学研究项目（编号：2017LY17）；

　　基于稳定匹配视角的中国家庭农业传承及模式创新研究，2017年度教育部人文社会科学研究基金项目（编号：17YJC790111）；

推进都市农业高质量发展的新型农林人才核心能力体系研究，2020年度教育部新农科研究与改革实践项目（见：教高厅函〔2020〕20号文）；

乡村振兴战略下社会人才下乡的动力机制与促进政策研究，2019年度国家社会科学基金项目（编号：19BGL176）。

本书在撰写过程中参考了大量资料，主要来自各国际机构、中华人民共和国外交部、吉尔吉斯斯坦国家统计局、西安财经大学"一带一路"大数据平台，以及国内各类公开出版的学术期刊、大众报刊、学术或科普著作，在此一并致谢。同时，本书还使用了来自吉尔吉斯斯坦国征集到的若干一手资料，因为新冠肺炎疫情的影响，课题组成员没办法亲赴吉尔吉斯斯坦收集资料。为此，本书作者要特别感谢来自吉尔吉斯斯坦外交部外交学院在读博士生佐菲娅（Zulfia Musarova Abdurakhmanovna）为主的青年学术同行给予的协助，谢谢她/他们的辛勤付出。

本书是团队合作成果。宁泽逵教授负责总策划并与张文静博士共同承担第1章内容撰写，张学会博士负责大纲拟定、协调统稿并与张文静博士共同承担第2章、第3章、第5章内容撰写，景琴玲博士负责第4章内容撰写，张文静博士负责第6章、第7章内容撰写，苏珊珊博士负责第8章、第9章、第10章内容撰写，吉尔吉斯斯坦籍西安交通大学在读博士生阿米娜（Amina Musarova Abdurakhmanovna）负责协调吉尔吉斯斯坦数据采集并撰写部分资料专题。团队成员们不求短期现实回报，但求高效高质完成合作任务，甚为感动，在此专门感谢。

本书统稿过程中得到了中国—吉尔吉斯斯坦友好使者陈金玲女士的指导，并欣然应邀作序，在此特别感谢。

本书稿修订完善过程中，"内容简介""目录"的英文翻译得到了西安财经大学外国语学院副院长杨宪平教授的指导，俄文翻译得到了佐菲娅、阿米娜以及西安财经大学国际合作交流处李明华老师的帮

后　记

助，部分内容还得到了吉尔吉斯斯坦家畜和牧草研究所（KSRILP）Кыдырмаев Адашбек Кыдырмаевич 教授的指导与鼓励；本书出版过程中得到了西安财经大学、中国（西安）丝绸之路研究院、陕西省社会科学界联合会相关领导和朋友，以及中国财政经济出版社编辑同志的鼓励与特别支持。在此一并感谢。由于编者水平有限，书中难免有不妥之处，敬请诸位同仁和广大读者批评指正，以便以后补充、完善。联系邮箱 ningzekui@xaufe.edu.cn。

宁泽逵

2021 年 8 月于中国·长安